NOTES

SUR

L'ANGLETERRE

PAR

H. TAINE

DE L'ACADÉMIE FRANÇAISE

ONZIÈME ÉDITION

PARIS
LIBRAIRIE HACHETTE ET Cie
79, BOULEVARD SAINT-GERMAIN, 79

1899

NOTES
SUR
L'ANGLETERRE

OUVRAGES DU MÊME AUTEUR

EN VENTE A LA LIBRAIRIE HACHETTE ET C¹ᵉ

FORMAT IN-8°

Voyage aux Pyrénées; 3ᵉ édition. 1 vol. illustré. . . . 10 fr. »
Les Origines de la France contemporaine :
   1ʳᵉ partie. L'ancien régime; 16ᵉ édition. 1 vol. . . . 7 fr. 50
   2ᵉ partie. La Révolution, tomes I, II et III; 16ᵉ édition.
   3ᵉ partie. Le Régime moderne, t. Iᵉʳ.
     Chaque volume. . . . . 7 fr. 50

FORMAT IN-16 A 3 FR. 50 LE VOLUME

Essai sur Tite-Live; 6ᵉ édition. 1 vol.
   Ouvrage couronné par l'Académie française.
Essais de critique et d'histoire; 5ᵉ édition. 1 vol.
Nouveaux essais de critique et d'histoire; 5ᵉ édition. 1 vol.
Histoire de la littérature anglaise; 9ᵉ édition. 5 vol.
Les Philosophes classiques du XIXᵉ siècle en France; 6ᵉ édit. 1 vol.
La Fontaine et ses fables; 12ᵉ édition. 1 vol.
Voyage aux Pyrénées; 13ᵉ édition. 1 vol.
Notes sur l'Angleterre; 9ᵉ édition. 1 vol.
Notes sur Paris, Vie et opinions de M. Frédéric-Thomas Graindorge;
   11ᵉ édition. 1 vol.
Un séjour en France, de 1792 a 1795. Lettres d'un témoin de la
   Révolution française. Traduit de l'anglais; 3ᵉ édition. 1 vol.
Voyage en Italie; 7ᵉ édition. 2 vol. qui se vendent séparément.
   Tome Iᵉʳ. Naples et Rome.
   Tome II. Florence et Venise.
De l'intelligence; 6ᵉ édition. 2 vol.
Philosophie de l'art : 5ᵉ édition. 2 vol.

FORMAT IN-16, VOYAGES ILLUSTRÉS

Chaque vol.: Broché, 4 fr. — Relié en percaline, tranches rouges, 5 fr. »

Voyage en Italie. 2 vol. avec 48 gravures.
Voyage aux Pyrénées. 1 vol. avec 24 gravures.
Notes sur l'Angleterre. 1 vol. avec 24 gravures.

Du suffrage universel et de la manière de voter. Brochure. 50 c.

38545. — Imprimerie Lahure, rue de Fleurus, 9, à Paris.

NOTES
SUR
L'ANGLETERRE

PAR

H. TAINE
DE L'ACADÉMIE FRANÇAISE

ONZIÈME ÉDITION

PARIS
LIBRAIRIE HACHETTE ET Cie
79, BOULEVARD SAINT-GERMAIN, 79
1899
Droits de traduction et de reproduction réservés.

DEDICATED

TO

M^r AL. BEZANSON

BY HIS GRATEFUL PUPIL AND FRIEND

H. TAINE

PRÉFACE

Les Anglais ont une habitude très-bonne, celle de voyager en pays étranger, et, au retour, d'écrire leurs remarques; les divers témoignages ainsi recueillis se complètent, se contrôlent et se corrigent l'un par l'autre. Je pense qu'en cela nous ferions bien d'imiter nos voisins, et, pour ma part, je l'essaye. Que chacun dise ce qu'il a vu, et seulement ce qu'il a vu; les observations, pourvu qu'elles soient personnelles et faites de bonne foi, sont toujours utiles. Ajoutez qu'elles sont faciles : il suffit, chaque soir, d'écrire le récit de sa journée; cette petite besogne est à la portée du premier venu; le seul point nécessaire est de la faire avec attention et sans prévention. J'avais l'attention; j'ai tâché de ne point avoir la prévention, et j'ose affirmer que j'ai écrit sans aucune envie de plaire ou de déplaire aux Français ni aux Anglais.

Les notes, d'après lesquelles ce livre a été rédigé ont été prises en 1861 et en 1862. Les traits permanents m'avaient surtout frappé; c'est pourquoi j'espère qu'aujourd'hui encore le portrait est fidèle; du moins, il m'a semblé tel après un troisième voyage en 1871. Le changement qui s'est fait et qui va continuer n'est que la suite du changement qui s'opérait déjà. Depuis cinquante ans la constitution, les idées, les mœurs deviennent tous les jours moins féodales et plus libérales; même, depuis dix ans, le mouvement s'accélère; de bons juges trouvent qu'aujourd'hui il est trop prompt, et qu'il court risque de devenir précipité. Là-dessus, un étranger n'ose avoir d'avis, il ne peut que former des vœux; c'est aux hommes expérimentés qui conduisent la machine d'en serrer ou relâcher les freins, juste au moment et au degré utile. Un Français rapportera toujours d'Angleterre cette persuasion profitable, que la politique n'est pas une théorie de cabinet applicable à l'instant, tout entière et tout d'une pièce, mais une affaire de tact où l'on ne doit procéder que par atermoiements, transactions et compromis.

Novembre 1871.

CHAPITRE PREMIER

LES DEHORS

Juin 1862. en mer.

Il est onze heures ; Boulogne recule et s'amoindrit à l'horizon. Les navires du port, les mâtures grêles se sont d'abord fondus dans la vaste obscurité ; à présent, les feux diminuent, et bientôt ne sont plus au bas du ciel qu'un amas d'étoiles blêmes.

C'est une sensation étrange et profonde ; la mer se tait, et sur elle plane la brume immobile. Tout a disparu ; seul à l'horizon un phare tournant pose de temps en temps son reflet sur un flot qui passe. Il semble qu'on entre dans le royaume du silence et du vide, dans le monde incolore et informe des choses qui ne sont pas. L'ombre est partout, énorme et vague. Le navire s'y enfonce et s'y perd. Tout à l'heure on devinait encore, bien loin, du côté de la poupe, un rebord incertain, la terre lointaine ; maintenant, autour du bateau, il n'y a plus qu'une noirceur mouvante. Ainsi englouti, il avance pourtant, d'un instinct sûr, et fait sa trouée dans l'invisible. Comme un laborieux insecte, il remue infatigablement ses grandes pattes d'acier et soulève autour de sa carène des vagues phosphorescentes. Elles luisent avec des reflets changeants d'opale et de nacre. On suit leur longue ondulation qui va s'enflant, s'abaissant et développe sa clarté molle. Des diamants irisés, des perles bondissantes tournoient dans ses creux, et sa frange d'écume fait une bordure d'argent mat, un cadre ouvragé, tortueux, ondoyant au miroir nocturne.

Dans la Tamise.

Le soleil est levé depuis une demi-heure, mais on ne le voit pas ; il n'y a qu'une faible éclaircie à l'est ; tout le reste est couvert de nuages.

A l'orient, c'est la mer à perte de vue, qui raye de sa barre nette l'horizon clair et calme. A droite et à gauche du bateau, une mince bande lointaine sort de l'eau : c'est la terre, et dans la brume on commence à distinguer sa dentelure verdâtre.

On avance ; mais, dans cet énorme estuaire, la terre si plate, si petite, ne semble qu'une traînée de boue ; l'humidité noie les couleurs ; tous les tons sont détrempés, éteints ; vous diriez d'une aquarelle pâle sur laquelle un enfant, avec le doigt, aurait promené des gouttes d'eau.

Vers la droite, la côte se rapproche ; voici déjà le

vrai paysage anglais que j'ai vu de Newhaven à Londres, l'an dernier : des collines d'un vert terne, coupées de haies, parsemées d'arbres isolés ; un pâturage entre des clôtures, puis un autre, puis encore un autre, et des bestiaux seuls, parqués à demeure : une Belgique moins plate et moins unie que l'autre, éclatante au soleil, mais bien triste et bien sombre quand le ciel est pluvieux ; et ce ciel l'est si souvent !

Le fleuve est énorme, mais sali, assombri de teintes blafardes et fausses. Refoulé par la marée montante, il oscille entre des berges de boue que tour à tour il couvre et quitte ; sous la vapeur charbonneuse, ses petits flots hérissés ont un aspect lugubre ; il roule ainsi livide et fangeux, mais utile ; c'est un travailleur et un portefaix unique en son genre. Déjà, sur son dos, les navires commencent à défiler par bandes, la plupart chargés, grands, petits, de toute forme et de toute taille, et les matelots qui grimpent dans les cordages semblent des araignées actives.

———

Conversation avec un Anglais de la classe moyenne, fils d'un négociant, je suppose ; il ne sait ni le français, ni l'allemand, ni l'italien ; ce n'est pas tout à fait un gentleman. Vingt-cinq ans, figure moqueuse, décidée, incisive ; il vient de faire pour son plaisir et pour son instruction un voyage qui a duré douze mois, et revient de l'Inde et de l'Australie. En tout quarante mille milles. « Pour connaître les peuples, dit-il, il faut les voir. »

Il est de Liverpool. Là, moyennant trois ou quatre cents livres sterling, un ménage qui n'a pas de voiture peut vivre confortablement. Il faut se marier, cela est dans la nature; il espère bien l'être avant deux ou trois ans. Mieux vaut rester garçon, si on ne rencontre pas la personne avec qui on souhaite passer toute sa vie. « Mais on la rencontre toujours; il s'agit seulement de ne pas la manquer. » Il a rencontré plusieurs fois, étant tout jeune homme, mais il n'avait pas assez de fortune; à présent qu'il est « indépendant, » il va chercher. Une dot n'est pas nécessaire. Il est naturel et même agréable de se donner la charge d'une femme pauvre et d'une famille. « Si votre femme est bonne et vous aime, elle vaut bien cela. »

Il est clair pour moi que voilà le bonheur pour eux : le *home* à six heures du soir, avec une femme avenante, fidèle, du thé, quatre ou cinq enfants sur les genoux, et des domestiques respectueux. Dans le bateau, il y a une famille de quatre enfants, dont l'aîné a quatre ans et demi, et la mère vingt-trois ou vingt-quatre ans. Aux bains de mer, sur la plage, j'ai vu souvent des couvées entières, le père de famille en tête; il n'est pas rare de rencontrer des enfants qui s'échelonnent, depuis le baby à la mamelle jusqu'à la fille de dix-huit ans. Les parents ne s'en trouvent ni surchargés ni embarrassés. Selon mon Anglais, ils ne doivent aux enfants que l'éducation; les filles se marient sans dot, les garçons se tirent d'affaire comme ils peuvent. Je connais un *solliciter* qui gagne beaucoup d'argent et dépense tout, sauf trois ou quatre cents livres sterling par an, qu'il place en assurances sur la tête de ses enfants. A chaque nouvel enfant, nouvelle assurance pour un capital de deux mille livres, payables à l'enfant à la mort du père. De cette façon, l'enfant est pourvu, et d'ailleurs le commerce, l'industrie lui fournissent quantité de débouchés qui manquent au jeune Français.

De tous les pays qu'a vus mon Anglais, l'Angleterre est « le plus moral. » Encore à son avis, le mal de la nation est « le manque de moralité. » Par suite, il juge la France à l'anglaise. « Les femmes y sont mal élevées, ne lisent pas la Bible, aiment trop le bal, ne s'occupent que de chiffons. Les hommes vont au café et ont des maîtresses ; de là tant de mauvais ménages. Cela tient non à la race, mais à l'éducation. Des Françaises élevées sérieusement à l'anglaise, en Angleterre, font ici de très-bonnes femmes.

« — Tout est-il bon dans votre pays ?

« — Non, le vice national, terrible, est l'ivrognerie. Tel homme qui gagne vingt shillings par semaine en boit dix. Ajoutez à cela l'imprévoyance, les chômages et la misère.

« — Mais en cas de détresse, vous avez les maisons pauvres, les workhouses ?

« — Ils n'y vont pas, ils aiment mieux jeûner, mou- de faim.

« — Pourquoi ?

« — Pour trois raisons. Parce qu'ils veulent boire à leur aise. Parce qu'ils détestent d'être enfermés. Parce qu'il y a des formalités ; on doit prouver qu'on est de la paroisse ; mais la plupart ne savent où ils sont nés, ou trouvent trop difficile de se procurer les papiers. »

Très-causeur et pas du tout gourmé. Deux autres

Anglais à qui je parle dans le bateau sont de même ; j'ai toujours trouvé cette disposition chez les Anglais ; probablement si on leur a fait la réputation contraire, c'est qu'en pays étranger, lorsqu'ils sont obligés de parler une autre langue, ils se taisent par timidité, et s'observent pour ne pas donner prise. Parlez-leur anglais mal, avec un mauvais accent, ils ne sont plus inquiets, ils se sentent supérieurs. Si, poliment, doucement, vous leur faites une question, ou que vous leur demandiez un petit service, ils sont complaisants et même empressés. Je l'ai éprouvé vingt fois, l'an dernier, à Londres et partout.

Autres figures dans le bateau.—Deux jeunes couples qui restent sur le pont, enveloppés de couvertures, sous des parapluies ; une longue averse est venue ; ils sont restés ; à la fin, ils étaient mouillés comme des canards ; c'est pour que le mari et la femme ne soient pas séparés dans les appartements du bas.—Autre jeune femme que le mal de mer rend très-malade ; son mari, qui a l'air d'être un commis marchand, la prend dans ses bras, la soutient, essaye de lui faire la lecture, la soigne avec une liberté et une expansion de tendresse infinies. — Deux jeunes filles de quinze à seize ans, qui parlent fort bien et sans accent l'allemand et le français ; grands yeux mobiles, grandes dents blanches ; elles bavardent et rient avec un parfait abandon, avec une admirable pétulance de gaieté animale ; pas la moindre nuance de coquetterie ; rien de nos petites gentillesses apprises et voulues ; elles ne pensent pas à la galerie. — Dame de quarante ans en lunettes à côté de son mari ; robe fripée, restes d'ornements féminins, dents extraordinaires en manière de défenses ; très sérieuse et du plus haut comique ; une Française, même mûre, n'oublie jamais de s'arranger, de disposer sa robe.— Patience et flegme d'un grand Anglais sec, qui n'a pas bougé du canapé, s'est promené une seule fois, n'a parlé à personne, s'est suffi à lui-même. Par contraste, trois Français, qui questionnaient à tort et à travers, affirmaient au hasard, s'impatientaient, gesticulaient, et faisaient des calembourgs par à peu près, m'ont paru des gamins gentils.

———

Peu à peu les nuages ont disparu et le ciel rayonne. A droite et à gauche passent de petites maisons de campagne, jolies, propres et fraîchement peintes. On voit à l'horizon monter des gazons verts, et çà et là de grands arbres bien posés, bien groupés. Gravesend sur la gauche entasse ses maisons brunes autour d'un clocher bleuâtre. Les navires, les magasins se multiplient ; on sent l'approche de la grande ville. Les petits ponts d'embarquement s'avancent à cinquante pas dans la rivière par-dessus la bourbe luisante que le reflux laisse à sec. A chaque quart d'heure, l'empreinte et la présence de l'homme, la puissance par laquelle il a transformé la nature, deviennent plus visibles : docks, entrepôts, bassins de construction et de calfatage, chantiers, maisons d'habitation, matériaux préparés, marchandises accumulées ; on voit sur la droite la carcasse en fer d'une église qu'on ajuste ici pour la bâtir dans l'Inde.— L'étonnement finit par se changer en accablement. A partir de Greenwich, le fleuve n'est plus qu'une rue large d'un mille et davantage, où montent et descendent les navires entre deux files de bâtisses, interminables files d'un rouge sombre, en briques et en tuiles, bordées de grands pieux fichés dans la vase pour amarrer les navires, qui viennent là se vider et s'emplir. Toujours de nouveaux magasins pour le cuivre, la pierre, la houille, les agrès, et le reste; toujours des ballots qu'on empile, des sacs qu'on hisse, des tonneaux qu'on fait rouler, des grues qui grincent, des cabestans qui crient. La mer arrive à Londres par le fleuve, c'est un port en pleine terre; New-York, Melbourne, Canton, Calcutta abordent ici du premier coup. — Mais ce qui porte l'impression au comble, ce sont les canaux par lesquels les docks débouchent dans la grande eau; ils font des rues posées en travers, et ce sont des rues de navires; on les aperçoit tout d'un coup en enfilades qui ne finissent pas; de Greenwich, où je suis monté l'an dernier, l'horizon est cerné de mâts et de câbles. Les gréements innombrables, indistincts, étendent en cercle une toile d'araignée au bord du ciel. — C'est là certainement un des grands spectacles de notre planète; pour voir un pareil entassement de constructions, d'hommes, de vaisseaux et d'affaires, il faudrait aller en Chine.

Cependant, sur le fleuve, à l'occident, s'élève une forêt inextricable de vergues, de mâts, de cordages : ce sont les navires qui arrivent, partent ou stationnent, d'abord par paquets, puis en longues files, puis en un amas continu, accrochés, mêlés contre les cheminées des maisons et les poulies des magasins, avec tout l'attirail du labeur incessant, régulier, gigantesque. Une fumée brumeuse, pénétrée de lumière, les enveloppe ; le soleil y tamise sa pluie d'or, et l'eau saumâtre, demi-jaune, demi-verdâtre, demi-violacée, balance dans ses ondulations des reflets éclatants et étranges. On dirait l'air lourd et charbonneux d'une grande serre. Rien ici n'est naturel ; tout est transformé, violenté, depuis le sol et l'homme, jusqu'à la lumière et l'air. Mais l'énormité de l'entassement et de la création humaine empêche de songer à cette déformation et à cet artifice, à défaut de la beauté noble et saine, il reste la vie fourmillante et grandiose ; le miroitement des flots brunis, l'éparpillement de la lumière emprisonnée dans la vapeur, les douces teintes blanchâtres ou rosées qui viennent se poser sur tous ces colosses, répandent une sorte de grâce sur la ville monstrueuse ; cela fait comme un sourire sur la face d'un cyclope hérissé et noirci.

Premières semaines.

Un dimanche à Londres par la pluie : boutiques fermées, rues presque vides ; c'est l'aspect d'un cimetière immense et décent. Les rares passants, sous leur parapluie, dans le désert des squares et des rues, ont l'air d'ombres inquiètes qui reviennent ; cela est horrible.

Je n'avais pas l'idée d'un pareil spectacle, et l'on dit qu'il est fréquent à Londres. Petite pluie fine, serrée, impitoyable, à la voir, il n'y a pas de raison pour qu'elle ne dure jusqu'à la fin des siècles, les pieds clapotent, il y a de l'eau partout, de l'eau sale, imprégnée d'une odeur de suie. Une brume jaunâtre, épaisse, emplit l'air, rampe jusqu'à terre ; à trente pas, une maison, un bateau à vapeur semblent des taches sur du papier brouillard [1]. Dans le Strand surtout, et dans le reste de la Cité, après une heure de marche, on a le spleen, on conçoit le suicide. Les hautes façades alignées sont en briques sombres ; le brouillard et la suie y ont incrusté leurs suintements. Monotonie et silence ; mais les adresses en cuivre et en marbre, parlent, indiquent le maître absent, comme dans une grande manufacture de noir animal fermée pour cause de décès.

Quelque chose d'affreux, c'est, dans le Strand, l'é-

---

[1] Aucune parole ne peut décrire le brouillard en hiver. Il y a des jours où, tenant un homme par la main, on ne distingue pas sa figure. Là-dessus, voyez cette peinture du plus grand peintre anglais contemporain

« It was a foggy day in London, and the fog was heavy and dark. Animate London with smarting eyes and irritated lungs, was blinking, wheezing and choking ; inanimate London was a sooty spectre, divided on purpose between being visible and invisible, and so being wholly neither. Gaslights flared in the shops with a haggard and unblest air, as knowing themselves to be night-creatures that had no business abroad under the sun ; while the sun itself, when it was for a few moments dimly indicated through circling eddies of fog, showed as if it had gone out and were collapsing flat and cold. Even in the surrounding country it was a foggy day, but there the fog was grey, whereas in London it was, at about the boundary line, dark yellow and, a little within it, brown, and then browner, until at the heart of the city—which they call Saint Mary Axe—it was rusty-black. From any point of the high ridge of land northward, it might have been discerned that the loftiest buildings made an occasional struggle to get their heads above the foggy sea, and especially that the great dome of Saint Paul's seemed to die hard ; but this was not perceivable in the streets at their feet, where the whole metropolis was a heap of vapour charged with muffled sound of wheels, and enfolding a gigantic catarrh. »

DICKENS, *Our mutual friend*, III, ch i, p. 1

norme palais qu'on nomme Somerset-House. Massive et pesante architecture dont tous les creux sont passés à l'encre, portiques barbouillés de suie, simulacre de fontaine sans eau dans un trou au milieu d'une cour vide, flaques d'eau sur les dalles, longues rangées de fenêtres closes : que peuvent-ils faire dans ces catacombes? Jusque dans les parcs, il semble que le brouillard livide et charbonneux ait sali la verdure. Mais ce qui afflige le plus les yeux, ce sont les colonnades, péristyles, ornements grecs, moulures et guirlandes des maisons, toutes lessivées à la suie ; pauvre architecture antique, que vient-elle faire en pareil climat? Sur les façades du Bristish Museum, les cannelures des colonnes sont encrassées, comme si on y avait fait couler une boue gluante ; Saint-Paul, une sorte de Panthéon, a deux étages de colonnes, celles du bas, toutes noires, celles du haut, récemment raclées, encore blanches, d'un blanc blessant, où déjà la fumée charbonneuse a plaqué sa lèpre.

Ces taches sont lugubres, c'est la pourriture de la pierre. Et ces statues déshabillées en souvenir de la Grèce ! ce Wellington en héros combattant, nu sous les arbres ruisselants du parc ! ce hideux Nelson planté sur sa colonne, avec un cordage en forme de queue, comme un rat empalé au bout d'une perche ! — Toute forme, toute idée classique est ici un contre-sens. Un pareil marécage est un lieu d'exil pour les arts antiques. Quand les Romains y ont débarqué, ils ont dû se croire dans l'enfer d'Homère, dans la contrée des Cimmériens. L'énorme espace qui, dans le midi, s'étend entre la terre et le ciel, manque aux yeux qui le cherchent; plus d'air, rien que du brouillard coulant; dans cette fumée blafarde, les objets ne sont plus que des fantômes effacés ; la nature a l'air d'un mauvais dessin au fusain, sur laquelle quelqu'un aurait frotté sa manche. — Je viens de passer une demi-heure sur Waterloo-bridge ; Parliament House émoussé, indistinct, ne semble dans le lointain qu'un pauvre amas d'échafaudages ; rien de perceptible, et surtout rien de vivant, sauf les petits bateaux à vapeur qui courent sur le fleuve, noirs insectes fumeux, infatigables ; à voir leurs passagers qui embarquent et débarquent, un Grec eût pensé au Styx. Il aurait trouvé que vivre ici, ce n'est pas vivre ; en effet, on vit ici autrement que chez lui ; l'idéal a changé avec le climat. L'âme se retire du dehors, rentre en elle-même, s'y fait un monde. Il faut avoir ici un *home* soigné, bien rangé, des clubs, des associations, beaucoup d'affaires, quantité de préoccupations religieuses et morales ; surtout, il faut ne pas s'abandonner aux impressions extérieures, fermer la porte aux suggestions tristes de la nature hostile, combler le grand vide où se logerait la mélancolie et l'ennui. Pendant la semaine, on a le travail, le travail assidu, acharné, par lequel on se défend et on pourvoit contre l'inclémence des choses. — Mais que faire le jour du repos ? Le cabaret ou l'église, l'ivresse ou le sermon, l'étourdissement ou la réflexion ; pas d'autre emploi pour un dimanche comme celui-ci ; de cette façon, soit en pensant, soit en s'abrutissant, on s'abstrait, on oublie. Je vois quantité de portes entre-bâillées dans les celliers à spiritueux ; des figures mornes, éteintes ou sauvages, en sortent ou y entrent. Allons aux églises.

J'en visite quatre, et j'entends deux sermons, le premier dans une église dissidente du Strand. Vaisseau nu, froid, point d'ornements, sauf deux figures allégoriques au fond; de grands bancs de bois, où l'on est enfermé jusqu'au cou. Ce n'est pas le peuple qui les remplit, mais une bourgeoisie décente, très-proprement habillée, à physionomie sérieuse et sensée. Ils viennent s'approvisionner de conseils moraux, rafraîchir leurs principes. Le prédicateur a choisi ce texte : « Un seul esprit, une seule âme ! » et là-dessus il conseille à l'auditeur d'être ferme dans ses principes, mais conciliant avec les hommes. Bon sermon, un peu commun, mais solide ; à lire les essais si nombreux de la littérature anglaise, et encore aujourd'hui « les petites morales » du *Saturday Review*, on voit que le lieu commun ne les ennuie pas. Apparemment ils jugent que la morale n'est pas un objet de curiosité, mais d'usage ; c'est un outil d'emploi quotidien, auquel tous les dimanches il faut donner le fil.

Livres étalés sur le rebord des bancs : ce sont les psaumes et le *Common Prayer Book*, le livre de messe de l'Angleterre. Beaucoup de souffle et un certain grandiose hébraïque dans le goût de Milton; pas de tendresses, d'épanchements comme dans l'*Imitation;* pas de fleurs de rhétorique ni de douceurs sentimentales comme dans nos petits livres dévots, mais un ton imposant, passionné, parfois lyrique : la liturgie a été rédigée au temps de la Renaissance et en garde l'accent. Chose remarquable, ici la date et l'origine de chaque morceau sont indiquées en note ; celui-ci est du sixième siècle; cette prière est tirée des apocryphes, mais on l'a conservée à cause de son élévation. Par ces remarques, le fidèle est instruit, renseigné sur la critique et sur l'histoire ; voyez les sermons de Tillotson et de Barrow au temps de Bossuet, avec textes grecs et discussions du sens grammatical. Avec le temps, ceci doit conduire à l'exégèse allemande.

A Westminster-Abbey, superbe nef, admirable architecture gothique, c'est la seule qui convienne au climat : il faut ce fouillis de formes, ces nervures élancées et sinueuses, cette profusion de sculptures délicates, pour remplir l'air obscur et peupler le vague des intérieurs sombres. — J'y errais, regardant les monuments funéraires, quantité de sculptures gracieuses du dix-huitième siècle, d'autres froides et pédantes du nôtre, lorsque tout d'un coup des chants s'élèvent, non pas la psalmodie monotone de nos vêpres, le plain-chant rude et monacal, les versets et répons qui semblent des voix de religieuses malades, mais de beaux chants en parties, des récitatifs graves et nobles, des rondeurs mélodieuses, des tours et une harmonie qui sentent la meilleure époque. Puis, après une lecture sur Sisara, l'orgue et les chanteurs, voix d'enfants et voix de basses, reprennent un motet plein et riche. Toute cette musique est digne d'accompagner les psaumes et les prières que je viens de lire tout à l'heure. Ainsi compris, le culte est l'opéra des âmes élevées, sérieuses et croyantes. Rien de plus important; il faut que, chez un peuple, l'église et l'office soit de niveau avec les sentiments, non pas seulement de la foule et des ignorants, mais de l'élite.

Visite à deux autres églises dans l'après-midi. Ici encore les chants sont beaux, et c'est une bourgeoisie aisée qui remplit l'édifice. Les grands bancs fermés, toutes les galeries sont pleines de personnes bien habillées ; autant d'hommes que de femmes, et beaucoup sont des gentlemen ; ce n'est pas notre public de femmes, de vieux cacochymes, de servantes, de gens du peuple. Des trois ministres que j'ai vus, l'un digne, poli, qui m'a parlé, a l'air demi-professeur et demi-magistrat. Un autre ressemble à un notaire de Paris, mûr et soigné, qui prend la voix douce et l'air sentimental pour faire signer un contrat de mariage. J'en ai vu d'autres l'an dernier, à Londres et à la campagne. Avec leur petit rabat, leur demi-robe, le ton dont ils parlent en chaire, on dirait des juges ou des présidents. Par leur éducation, leur mariage, leurs mœurs, leur office, ce sont des laïques un peu plus graves que les autres ; même costume hors du temple, sauf l'éternelle cravate blanche ; la différence morale n'est pas beaucoup plus grande que la différence physique. — Ceci est essentiel ; mettre de plain-pied, ou tout au plus à un degré de distance, le prêtre et le laïque, voilà l'œuvre principale de la Réforme.

En rentrant à mon hôtel, je lis dans le *Friday's Gazette* la proclamation suivante : « Nous, Victoria, reine ; considérant très-sérieusement et très-religieusement que c'est notre devoir indispensable de nous appliquer avant toutes choses à maintenir et à augmenter le service et l'honneur du Dieu tout-puissant, comme aussi à décourager et à supprimer tout vice, pratique profane, débauche et immoralité... nous interdisons et nous défendons par ces présentes à tous nos fidèles sujets, de quelque condition et qualité qu'ils puissent être, de jouer le jour du Seigneur aux dés, aux cartes, ou à tout autre jeu quelconque, dans les habitations publiques ou privées, ou ailleurs, quelque part que ce soit, et, par ces présentes, nous les requérons, et nous leur commandons, à tous et à chacun d'entre eux, d'assister avec décence et révérence au culte de Dieu, chaque jour du Seigneur. »

Ordre aux magistrats « de prendre des soins efficaces pour empêcher les personnes tenant des tavernes ou toute autre maison publique de vendre du vin, de la bière, ou toute autre liqueur, comme aussi de recevoir ou de consentir à garder dans leur maisons des hôtes pendant la durée du service divin, le jour du Seigneur. »

Cet ordre n'est pas exactement observé ; la porte des tavernes se ferme pendant l'office, mais on peut l'ouvrir, et on y boit dans l'arrière-boutique. — En tout cas, voilà un reste de l'ancien puritanisme, tout à fait choquant en France. Défendre aux gens de boire et de s'amuser le dimanche? Mais à un ouvrier, à un paysan français, le dimanche ne semble fait que pour cela. Stendhal disait qu'ici, en Ecosse, dans les pays vraiment bibliques, la religion gâte un jour sur sept et détruit un septième du bonheur possible. Il juge l'Anglais, l'homme du Nord, d'après le patron de l'homme du Sud que le vin égaye et n'abrutit pas, qui peut sans inconvénient s'abandonner à son instinct, chez qui la joie est poétique. Ici le tempérament est autre, plus violent et plus militant; le plaisir est chose brutale et bestiale ; j'en citerais vingt exemples. « Quand un Français est ivre, me disait un Anglais, il bavarde ; quand c'est un Allemand, il dort; quand c'est un Anglais, il se bat. »

Autres traces de sévérité puritaine, entre autres, les recommandations dans les escaliers qui descendent à la Tamise et dans les Rambuteaux ; on vous avertit d'être décent. — A la gare du chemin de fer, il y a de grosses bibles enchaînées pour que le voyageur puisse lire en attendant. — Un long gaillard jaune et osseux me donne à Hyde-Park deux pages imprimées sur le serpent d'airain de Moïse, avec applications à la vie présente. « Vous aussi, ô lecteur, vous avez été mordu par les serpents de feu. Pour vous guérir, levez les yeux vers celui qui a été élevé en signe de salut. » — D'autres indices montrent un pays d'aristocratie. A la porte de Saint-James-Park est affiché l'arrêté suivant : « Les gardiens du parc ont pour instructions d'interdire l'entrée des jardins à tous les mendiants, à toute personne très-déguenillée, ou dont les habits sont très-sales, ou qui ne sont point décentes d'extérieur ou de tenue. » — A chaque pas, on se sent plus éloigné de la France.

———

Trois millions deux cent cinquante mille habitants ; cela fait douze villes comme Marseille, dix villes comme Lyon, deux villes comme Paris en un tas ; mais des mots sur le papier ne peuvent remplacer la sensation des yeux. Il faut prendre un cab plusieurs jours de suite, et pousser en avant, au sud, au nord, à l'est, au couchant, pendant toute une matinée, jusqu'aux confins vagues où les maisons s'éclaircissent et laissent commencer la campagne.

Énorme, énorme, c'est le mot qui revient toujours. Et, de plus, riche et soigné ; par conséquent, ils doivent nous trouver négligés et pauvres. Paris est médiocre à côté de ces squares, de ces *crescents*, de ces cercles et de ces files de maisons monumentales en pierres massives, à portiques, à façades sculptées, de ces rues si larges ; il y en a cinquante aussi vastes que celles de la Paix ; certainement Napoléon III n'a démoli et rebâti Paris que parce qu'il a vécu à Londres. Dans le Strand, dans Piccadilly, dans Regent-street, aux environs du pont de Londres, en vingt endroits roule une foule, un bruissement, un encombrement que notre boulevard le plus affairé et le plus fourmillant n'atteint pas. Tout est ici sur un plus grand module ; les clubs sont des palais, les hôtels sont des monuments ; la rivière est un bras de mer ; les cabs vont deux fois plus vite ; les mariniers et les conducteurs d'omnibus avalent toute une phrase en un mot, on économise les paroles et les gestes, on tire tout le parti possible de l'action et du temps ; l'homme produit et dépense deux fois autant que chez nous.

Du pont de Londres jusqu'à Hamptoncourt, il y a huit milles, presque trois lieues de bâtisses. Après les rues et les quartiers construits d'un jet, d'un bloc, par massifs, comme une ruche sur un modèle, viennent d'innombrables maisons de plaisance, cottages entourés de verdure et d'arbres, dans tous les styles, gothique, grec, byzantin, italien du moyen âge ou de la renaissance, avec tous les mélanges et toutes les nuances des styles, ordinairement par files ou paquets de cinq, dix, vingt semblables, et visiblement de la main du même entrepreneur, comme autant d'exemplaires du même vase ou du même bronze. Ils manient les maisons comme nous manions les articles-Paris. Quelle multitude de vies aisées, confortables et riches! On devine des gains multipliés, une bourgeoisie opulente, dépensière, tout autre que la nôtre, si gênée, si resserrée. Les plus modestes, en briques brunes, sont jolies à force de propreté, on y voit des carreaux luisants comme des glaces, presque toujours un parterre vert et fleuri, sur la façade un lierre, un chèvrefeuille, une glycine. — Tout le pourtour de Hyde-Park est couvert de maisons semblables, mais plus belles, et qui, au milieu de Londres, gardent un air de campagne. Chacune est à part, dans son carré de gazon et d'arbustes ; deux étages d'une correction et d'une tenue parfaite ; un portique, une sonnette pour les fournisseurs, une sonnette pour les visiteurs, un sous-sol pour la cuisine et les domestiques, avec un escalier de service ; très-peu de moulures et d'ornements ; pas de persiennes extérieures ; de grandes fenêtres claires qui laissent bien entrer le jour : des fleurs sur les rebords et au péristyle ; des écuries dans un renfoncement distinct, pour que l'odeur et la vue soient écartées ; tout le dehors enduit d'un stuc blanc, luisant, vernissé ; pas une tache de boue ni de poussière ; les arbres, les gazons, les fleurs, les domestiques sont soignés comme pour une exposition de produits modèles. — Comme on comprend l'habitant d'après sa coquille ! C'est d'abord le Germain qui aime la nature et qui a besoin d'un semblant de campagne ; c'est ensuite l'Anglais, qui veut être seul chez lui, dans son escalier comme dans sa chambre, à qui la promiscuité de nos grandes cages parisiennes serait insupportable, et qui, même à Londres, arrange sa maison en petit château indépendant et fermé. Simple d'ailleurs et sans besoin d'étalage extérieur ; par contre, exigeant en matière de tenue et de confortable, et séparant sa vie de celle de ses inférieurs. — Quantité étonnante de maisons pareilles dans le West-End. — Environ six mille francs de loyer, de cinq à sept domestiques ; le maître dépense de trente à soixante mille francs par an. Il y a dix de ces fortunes et de ces vies en Angleterre contre une en France.

———

Même impression quand on visite les parcs ; le goût, les dimensions sont tout autres que chez nous. Saint-James Park est une vraie campagne, et une campagne anglaise : vieux arbres énormes, prairies véritables, large étang peuplé de canards et d'oiseaux nageurs, des vaches, des moutons parqués broutent l'herbe toujours fraîche. Il y a des moutons jusque dans l'étroite bordure verte qui encadre Westminster Abbey ; ces gens aiment de cœur la campagne. Il n'y a qu'à lire leur littérature, de Chaucer à Shakespeare, de Thompson à Wordsworth et Shelley, pour en avoir la preuve. Quel contraste avec les Tuileries, les Champs-Élysées, le Luxembourg! En général, le jardin français, celui de Louis XIV, est un salon ou une galerie en plein air pour se promener et causer en compagnie ; dans le jardin anglais, tel qu'ils l'ont inventé et propagé, on est mieux seul ; les yeux et l'âme font la conversation avec les choses naturelles. Nous avons construit un parc sur ce modèle au bois de Boulogne, mais nous avons fait la faute d'y composer un groupe de rochers et de cascades ;

l'artifice paraît tout de suite et choque ; des yeux anglais l'auraient senti.

A Regent's-Park : celui-ci est plus grand que le Jardin des Plantes et le Luxembourg mis ensemble ; j'ai souvent remarqué que notre vie leur semble claquemurée, étriquée ; ils ont plus que nous besoin d'air, d'espace ; des Anglais que j'ai connus à Paris laissaient en tout temps leur fenêtre ouverte pendant toute la nuit ; de là, leur besoin de mouvement, leurs courses à cheval et à pied dans la campagne. Stendhal disait justement qu'une jeune fille anglaise fait plus de chemin à pied en une semaine, qu'une jeune Romaine en un an ; il faut à l'homme du Nord, au tempérament athlétique, la respiration libre et l'exercice. — Ce parc est dans un quartier retiré ; on n'y entend plus le roulement des voitures, on y oublie Londres, c'est une solitude. Le soleil luisait, mais l'air était toujours chargé de nuages moites, arrosoirs ambulants qui, tous les quarts d'heure, se fondaient en pluie. Les grandes prairies mouillées avaient une douceur charmante, et les verdures s'égouttaient avec un petit bruit monotone sur l'eau dormante des étangs. Je suis entré dans une serre ; orchidées splendides, les unes avec le velouté opulent de l'iris, d'autres couleur de chair, de ce ton inexprimable, délicieux, fondu, tout pénétré de lumière, dont palpite une chair vivante, un sein de femme ; la main a peur et envie de s'y poser ; tout à côté, des palmiers dressent leur fût dans une atmosphère tiède. — Chose singulière pour nous, il n'y a point de gardiens ; entre qui veut, et nul dégât ; je comprends qu'ils se moquent de nos établissements et fêtes publiques avec leur accompagnement de municipaux. De même aux gares de leurs chemins de fer, chacun est libre, stationne sur le bord de la voie, vient prendre ses amis à la porte du wagon ; ils sont étonnés et choqués de nous voir encagés dans nos salles d'attente, parqués, menés comme des moutons, et toujours sous l'œil ou la main d'un employé.

Retour à pied jusqu'à Piccadilly ; de nouveau voici le *London weather*, la petite pluie continue, la boue noire qui fond. F...., qui vient de passer ici l'hiver, dit qu'il y a peu de neige, pas plus qu'au centre de la France, mais en revanche, un brouillard éternel, de la pluie presque tous les jours, et pour les piétons le plus exécrable barbotage. Comme documents, voyez la chaussure et les pieds des dames ; bottines qui sont des bottes, forts pieds d'échassiers et démarche assortie. — Ma question revient toujours : Que font-ils aux heures vides, entre autres le dimanche? Le club et souvent le porto.— F..., au sien, avait un voisin qui, dans la chambre de lecture, buvait un grand verre de vin, s'endormait, buvait un autre coup une demi-heure après, se rendormait, et ainsi de suite, toujours sans mot dire. Un autre, immensément riche, grand négociant, et qui a seize jardiniers à sa campagne, passe la journée à ses affaires, rentre le soir, parle à peine, vit en automate parmi ses enfants; sa fille, pour se distraire, voyage toute l'année avec une gouvernante ; dans la vie de famille, il ne fournit que l'argent ; c'est là un trait fréquent du caractère anglais ; peu expansifs et peu aimables.

De Regent's-Park à Piccadilly, aspect funèbre des larges et interminables rues; la chaussée est un macadam noir ; les files de bâtisses, toujours semblables, sont en briques noircies, où les vitres luisent avec des reflets noirs, chaque maison est séparée de la rue par sa grille et son fossé. Presque pas de boutiques, pas une qui soit jolie, point de vitrines ni d'estampes ; cela serait trop triste pour nous ; rien qui occupe ou amuse les yeux ; impossible de flâner ; il faut travailler chez soi, ou prendre son parapluie pour aller à son bureau, à son comité.

Hyde-Park est le plus vaste de tous, avec une petite rivière, de grandes pelouses, des bestiaux, des ombrages, comme un parc champêtre transporté tout d'un coup au centre d'une capitale. — Vers deux heures, la grande allée est un manége : il y a dix fois plus d'hommes à cheval et vingt fois plus d'amazones qu'au bois de Boulogne dans les grands jours ; de toutes petites filles, des garçons de huit ans sont à côté de leur père, sur leur poney ; j'ai vu trotter des matrones larges et dignes. — C'est là un de leurs luxes ; joignez-y les domestiques ; par exemple, dans une famille de trois personnes à qui je viens de faire visite, il y a sept domestiques et trois chevaux. La mère et la fille viennent tous les jours galoper au parc ; souvent même elles font leurs visites à cheval, elles économisent sur d'autres points, sur le théâtre, par exemple, où elles vont très-rarement et toujours dans des loges données. — Ce grand mouvement paraît indispensable à la santé ; les jeunes filles, les dames viennent ici, même par la pluie. Trois chevaux et une voiture coûtent à peu près deux cents livres sterling par an. A voir cette foule de gens à cheval, on conclut comme d'après les maisons et les domestiques ; la classe riche est bien plus nombreuse en Angleterre qu'en France. — Autre indice, la dépense en linge, habits, gants, toilettes toujours fraîches. Le climat salit beaucoup, il faut renouveler souvent. Dans chaque journal, je trouve des adresses de marchands qui viennent chez vous vous acheter vos habits un peu passés; c'est une obligation pour un gentleman que la tenue irréprochable; son habit, une fois passé, va à un homme de la classe inférieure, finit en loques sur un dos de pauvre, et marque ainsi le rang social de son propriétaire. — Nulle part la distance des conditions n'est écrite aussi visiblement dans les dehors des hommes. Imaginez l'habit de soirée d'un élégant ou le chapeau rose à fleurs d'une lady; vous retrouverez l'un sur un misérable hébété, accroupi dans un des escaliers de la Tamise, l'autre à Shadwell, sur la tête d'une vieille qui trie les ordures.

De cinq à sept heures, revue des toilettes. La beauté et la parure abondent; mais le goût manque. Les couleurs sont outrageusement crues, et les formes disgracieuses : crinolines trop bouffantes et mal bouffantes, en cônes géométriques ou bosselés, volants verts, dorures, robes à ramages, profusion de gazes flottantes, paquets de cheveux tombants ou frisés; sur cet étalage, de tout petits chapeaux historiés et imperceptibles. Le chapeau est trop paré, les cheveux trop lustrés collent durement sur les tempes, le mantelet ou la casaque déborde sans forme jusque sur les hanches, la jupe bouffe monstrueusement, et tout l'échafaudage mal attaché, mal agencé, bariolé, ouvragé, crie et jure de toutes ses couleurs voyantes et surchargées. — Au soleil surtout, avant-hier, à Hampton-Court, parmi des femmes de *shopkeepers*, le ridicule était énorme; il y avait quantité de robes violettes, d'un violet farouche, cerclées à la taille par une ceinture d'or, et qui auraient fait crier un peintre. — Je disais à une dame : « La toilette est plus *showy* (éclatante) chez vous qu'en France. — Mais c'est de Paris que viennent nos robes ! » — Je me suis bien gardé de répondre : « C'est vous qui les choisissez [1]. »

Sauf dans la très-haute classe, elles se fagotent à plaisir. On devine des corps sains, bien bâtis, parfois beaux, mais il faut les deviner. La physionomie est souvent pure, mais aussi souvent monotone. Beaucoup sont de simples *babies*, poupées de cires neuve, avec des yeux de verre, et qui semblent parfaitement vides de toute idée. D'autres figures ont rougi et tournent au bifteck cru ; il y a un fond de bêtise ou de brutalité dans ces chairs inertes, trop blanches ou trop rouges. Quelques-unes vont à l'extrême de la laideur et du grotesque, pattes de héron, cous de cigogne, et toujours la grande devanture de dents blanches, la mâchoire saillante du carnivore. — En revanche, d'autres vont à l'extrême de la beauté. On voit là des figures d'anges ; les yeux de pervenche pâle sont doucement profonds, le teint est celui d'une fleur ou d'un enfant, le sourire est divin. Ces jours-ci, vers dix heures du matin, près de *Hyde-Park-corner*, je suis resté planté sur mes jambes, immobile d'admiration, devant deux jeunes filles : seize ans et dix-huit ans, en toilette bruissante de tulle blanc et dans un nuage de mousseline, grandes, sveltes, agiles, la taille aussi parfaite que le visage

---

[1] « Je ne sais qui comparait une Anglaise à un champ clos, où des couleurs ennemies se rencontrent et se livrent bataille. »

(*Souvenirs*, par le comte Joseph d'Estourmel, p. 52.)

d'une fraîcheur incomparable, pareilles à ces fleurs étonnantes qu'on voit dans les expositions choisies, une blancheur de lis ou d'orchis; par-dessus tout cela, une gaieté, une innocence, une surabondance de séve intacte et d'expansion naïve, des rires et une démarche d'oiseau, la terre ne les portait pas.—Quantités d'amazones sont charmantes; si simples et si sérieuses, pas un grain de coquetterie; elles viennent ici, non pour être regardées, mais pour prendre l'air; le geste est franc, sans prétention; la poignée de main toute loyale, presque virile; aucune fanfreluche dans la toilette; la petite veste noire, serrée à la taille, montre la bonne pousse, la structure saine; à mon sens, le premier devoir d'une jeune fille est de se bien porter. Elles manient leur cheval avec une aisance et une sûreté complète. Parfois, le père ou le frère s'arrête, cause d'affaires ou de politique avec un ami; elles écoutent, et s'habituent ainsi aux idées graves. — Ces pères et ces frères eux-mêmes font plaisir à voir : figures expressives, décidées, qui portent ou ont porté le poids de la vie, moins usées que chez nous, moins promptes aux sourires et au manége de la politesse, mais plus rassises, plus arrêtées, et qui laissent souvent dans le spectateur une vague impression de respect, tout au moins d'estime, et parfois de confiance. Peut-être est-ce parce que je suis informé de leur condition; il me semble pourtant que l'on ne peut guère se méprendre : nobles, députés, propriétaires, leurs façons et leur physionomie montrent des hommes habitués à l'autorité et qui ont agi.

Beaucoup de visites et quelques promenades. Ce qui me plaît le mieux, ce sont les arbres. Tous les jours en sortant de l'Athenæum, je vais m'assoir une heure dans Saint-James-Park. Le lac miroite doucement sous la brume qui l'enveloppe, pendant que les feuillages obscurs se penchent sur les eaux tranquilles. Les arbres arrondis, les grands dômes verts font une sorte d'architecture, bien plus délicate que l'autre. L'œil se repose sur ces formes effacées, sur ces tons affaiblis. Ce sont là des beautés, mais tendres et touchantes, celles des pays brumeux, de la Hollande. — Hier, à huit heures du soir, de Suspension-bridge, quoique le temps fût beau, toutes les choses semblaient vaporeuses ; les dernières clartés se perdaient dans une fumée blanchâtre, à droite, un reste de rougeur ; sur la Tamise et dans le reste du ciel une teinte d'ardoise pâle. Il y a de ces tons dans les paysages de Rembrandt, dans les crépuscules de van der Neer. La lumière noyée, l'air peuplé de vapeurs, les changements insensibles et continus de la vaste exhalaison qui amollit, bleuit, émousse les contours, tout cela laisse l'impression d'une grande vie, vague, diffuse, mélancolique, celle de la contrée humide.

Je l'ai encore mieux sentie à Richmond. De la terrasse, on voit plusieurs lieues de pays, la Tamise qui n'est pas plus grosse que la Seine, et tournoie dans des prairies, entre des bouquets de grands arbres. Tout est vert, d'un vert doux, presque éteint par la distance. On sent la fraîcheur et la paix de la végétation infinie ; le ciel grisâtre lui fait un dôme mat et bas ; à l'horizon, par assises flottantes, sont des brouillards blanchâtres, çà et là une nue noircissante, ou la tache violacée d'une averse. De tous les fonds monte une brume lente; on la suit comme une mousseline qui traîne entre les interstices des arbres, et, par degrés, la gaze flottante de la terre vient rejoindre le voile uniforme du ciel. — Quel silence dans le parc! Des troupeaux de daims paissent dans la fougère humide; les biches viennent contre les barrières regarder le passant, et ne s'effrayent pas. Se peut-il une campagne mieux disposée pour détendre les nerfs de l'homme qui lutte et travaille? Les chênes, les tilleuls, les marronniers épanouis, énormes, sont de nobles créatures qui semblent parler à voix basse, avec majesté et sécurité; à leurs pieds le gazon dru et haut, l'herbe où la pluie a laissé ses larmes, sourit avec une grâce tendre et triste. De l'air, du ciel et des choses se dégage une sorte de quiétude affectueuse; la nature fait accueil à l'âme lassée, endolorie par l'effort. Comme on sent que leur paysage leur convient et pourquoi ils l'aiment!—Sans doute, leur climat est meilleur pour les arbres, et, en outre, ils n'ont point eu d'invasions, de révolutions populaires, pour les mutiler ou les abattre. Mais le goût national a contribué à les préserver; lord B. est *ranger* de ce parc, il y a une maison par droit d'office. Voilà un vieux souvenir des usages féodaux; les choses antiques ont été plus respectées, mieux conservées qu'en France, et parmi elles il faut compter les arbres.

Ceux de Windsor et de Hampton-Court sont aussi beaux. De Kew-Gardens à Hampton-Court se développe une allée de gigantesques marronniers dont les grappes roses et blanches semblent des girandoles. Les feuillages sont si touffus qu'il y fait frais en plein soleil. Sur le velours des gazons constellés de fleurs et bordés de

glycines, bombent des massifs de rhododendrons, hauts
comme deux hommes, tout chargés de fleurs roses où
les abeilles bourdonnent. Il y en a tant, elles sont si
magnifiques, d'un tissu si frêle et d'un ton si fin, elles
s'entassent avec une telle prodigalité en un seul bouquet tout imprégné de lumière, qu'on demeure ébloui ;
cela est délicieux, enivrant, presque au delà de la nature. Un peu plus loin, dans une serre énorme, des
palmiers grands comme des chênes étendent leurs végétations étranges, et des bananiers ouvrent des feuilles
qui couvriraient un enfant de douze ans. Voilà un de
leurs talents ; ils entendent admirablement l'architecture des arbres, des gazons et des fleurs ; je n'ai pas
vu un palais même classique, un cottage même pauvre, où elle ne fût comprise. Parfois l'impression est
trop vive ; au soleil, elle est excessive ; l'incomparable
verdure prend alors des tons si riches et si intenses
qu'on ne saurait les transporter sur la toile; ils choqueraient, ils seraient trop crus. C'est avec l'âme qu'il
faut les sentir, non avec les yeux ; ils sont une fête et
comme une explosion de joie. Pour les préparer et les
entretenir, pour gonfler et épanouir les tissus, il a fallu
l'humidité surabondante, la caresse et la protection
de la vapeur molle ; sous un ciel plus ardent, de
telles fleurs se seraient durcies et séchées. Elles ne sont
point habituées au plein soleil ; c'est pour cela qu'aujourd'hui, sous sa flambée, elles éclatent. Leur teint est
celui d'une belle lady ; elles aussi, elles sont des patriciennes développées, préservées, embellies par tous
les raffinements de l'art et du luxe. J'ai eu la même
impression dans une matinée d'apparat, devant un escalier rempli de bas en haut de jeunes dames rieuses

en robes bouffantes et traînantes de tulle ou de soie, la tête chargée de diamants, les épaules nues ; il y avait là comme ici une sensation unique, celle de la splendeur et du lustre portés au comble, toutes les fleurs de la civilisation et de la nature en un seul bouquet et en un seul parfum.

Hampton-Court est un grand jardin à la française, arrangé au temps de Guillaume III; alors notre style régnait en Europe. Mais le goût anglais s'y retrouve ; on a peuplé les plates-bandes de rosiers qui montent serrés le long d'espaliers minces et font des colonnes de fleurs. Des canards, des cygnes nagent dans toutes les pièces d'eau ; des nénuphars y ouvrent leurs étoiles satinées. Les vieux arbres sont étançonnés avec des tiges de fer ; quand ils meurent, pour ne pas les perdre tout entiers, on fait, avec le reste de leurs troncs, des sortes de grandes urnes. Visiblement on les respecte et on les aime. Point de grillages ; je vois des pensions de petites filles qui se promènent et jouent sur les gazons ; mais elles ne cueillent pas une fleur ; il suffit pour garantir le jardin de l'inscription suivante : « On espère que le public s'abstiendra de détruire ce qui est cultivé pour l'agrément public. » J'ai vu des gens du peuple par familles faisant des petits dîners sur les pelouses de Hyde Park ; ils n'arrachaient ni ne gâtaient rien.—Cela est parfait ; le but dans toute société est que chacun soit toujours son propre constable, et finisse par n'en avoir d'autre que celui-là.

Mes amis anglais confirment ce que je devinais du grand nombre et de la grandeur des fortunes. « Allez à cab en Sydenham ; vous longerez pendant cinq milles des maisons qui indiquent une dépense de quinze cents livres sterling par an, et au-dessus. » — D'après les relevés officiels, en 1841, sur 16 millions d'habitants, l y avait un million de domestiques[1]. — Les salaires des professions libérales sont bien plus hauts que sur le continent. Je connais à Leipzig un musicien du premier talent ; on lui paye sa leçon un thaler au Conservatoire de Leipzig, deux thalers en ville, une guinée à Londres. La visite d'un médecin qui n'est pas célèbre coûte à Paris cinq francs ou dix francs, ici une guinée. Chez nous, un professeur au Collége de France a 7,500 francs, à la Sorbonne 12,000 francs, à l'Ecole de médecine 10,000 francs. A Oxford, un professseur, un head-master a le plus souvent de mille à trois mille livres sterling. Tennyson, qui écrit peu, gagne, dit-on, 125 mille francs par an. Le principal du collége d'Eton a 152,000 francs de traitement ; celui d'Harrow 157,000 fr., celui de Rugby 74,000 fr., beaucoup de professeurs dans ces établissements ont de 30 à 40,000 fr.; l'un d'eux, à Harrow, 63,000. L'évêque de Londres, 250,000 ; l'archevêque d'York 375,000 francs. La feuille d'impression se paye 200 francs à la *Revue des Deux Mondes*, 500 dans les trimestriels anglais ; il y a tel article que le *Times* a payé 2,500 francs. Thackeray, le romancier,

[1] En 1841, dans l'Angleterre et le pays de Galles, 16,097,786 habitants ; 999,048 domestiques (233,000 hommes et 766,000 femmes). — (D'après Porter, *Progress of the nation*.)
En 1861, 137,447 domestiques mâles, et 1,071,201 domestiques femmes, total 1,208,648 domestiques. — (D'après le recensement de 1861, *British Almanach and Companion*, 1864.)

a gagné 4,000 fr. en vingt-quatre heures, au moyen de deux *lectures*, l'une à Brighton, l'autre à Londres ; présentement, dans le Magazine auquel il donne ses romans, il reçoit 2,000 livres sterling par an, et en outre dix livres sterling par page; ce Magazine a 100,000 abonnés; lui-même estime ses gains annuels à 120,000 fr. par an. Bien entendu, je laisse de côté les fortunes énormes des grands industriels, celles des nobles, les profits ou revenus de 200,000 livres sterling par an; leur dépense est proportionnée. Un jeune ingénieur, fils cadet, et qui a besoin de faire fortune, me disait un jour : « Avec huit mille livres sterling par an, on n'est pas riche (*wealthy*) en Angleterre, on n'est que très-confortable. » Un autre, qui passe l'été à la campagne, ajoute : « Voyez les intérieurs de nos fermiers ; leurs filles apprennent le français, le piano, s'attifent magnifiquement. » — Beaucoup gagner et beaucoup consommer, telle est la règle; l'Anglais ne met pas de côté, ne songe pas à l'avenir; tout au plus il s'assure, c'est l'inverse du Français, qui est frugal, économe (*abstemious*).

D'où vient tout cet argent, et comment se distribue-t-il? Je tâcherai d'avoir des statistiques ; en attendant, regardons l'un des grands réservoirs d'où l'or coule sur toutes les conditions et sur tout le pays, les docks de Londres.

Le tunnel d'abord : on descend cent marches; d'en bas le trou paraît haut comme notre Panthéon ; cinq cents pas de long; l'œuvre est prodigieuse, mais, jusqu'ici, c'est une folie inutile. Petites boutiques dans l'intérieur, où l'on vend des jouets d'enfants et où on entend une pauvre et grêle musique ; le gaz jette une lueur vacillante, et les murs suintent; cela est énorme et lugubre comme l'intestin d'une Babel. — Je trouve toujours que Londres ressemble à l'ancienne Rome, comme Paris à l'ancienne Athènes.— Cette Rome moderne, de quel poids elle doit, comme l'autre, peser sur la classe laborieuse? Car toute bâtisse monstrueuse, Babylone, l'Égypte, la Rome des empereurs, indique une accumulation d'efforts, un excès de fatigue. Je n'ai jamais vu de grande ville, capitale ou manufacturière, sans songer aux nations qui ont disparu autour de la Méditerranée, sous la pression de la machine romaine. A la vérité, aujourd'hui, il n'y a plus d'esclaves devant la loi ; mais, de fait et par la contrainte de sa condition, l'homme est souvent un esclave.

Ces docks sont prodigieux, accablants ; il y en a six, dont chacun est un grand port et contient un peuple de vaisseaux à trois mâts. Toujours des navires, et navires sur navires, alignés, montrant leur tête et leur poitrine évasée, comme de beaux poissons, sous leur cuirasse de cuivre. L'un d'eux vient d'Australie, et jauge 2,500 tonneaux; d'autres en ont 5,000 et davantage; il y en a de toutes les parties du monde; c'est ici le rendez-vous du globe. La plupart sont magnifiques. A voir de près la carène, ce sont des léviathans, et ils sont sveltes, élégants comme des cygnes. Un négociant qui surveille ici des arrivages d'épiceries de Java et des transbordements de glaces de Norwége me dit qu'il entre ici environ quarante mille navires par an, et qu'en moyenne, il y en a de cinq ou six mille à la fois dans les docks et sur le fleuve.

Quartier des vins : il y a trente mille tonneaux de Porto dans les celliers; une grue les décharge, ils ont l'air de se mouvoir eux-mêmes; arrivés sur un petit traîneau à roues, ils glissent sur une pente, jusqu'à leur place, presque sans efforts. Les machines jouent si bien qu'elles semblent des auxiliaires vivants, esclaves volontaires. Voici un pont qui pèse cent tonnes et qu'un seul homme meut au moyen d'un cric. — Quartier des épiceries. — Quartier des peaux et des cuirs. — Quartier des suifs. — Les celliers et les magasins sont colossaux; sous leur courbe égale à celle d'un grand pont, on voit s'enfoncer l'ombre peuplée et profonde; Rembrandt eût trouvé des tableaux tout faits dans les lointains mystérieux, dans les noirceurs vacillantes de ces soupiraux comblés, de ces réceptacles infinis où s'agite une fourmilière d'hommes. Ils roulent les futailles sans confusion, avec calme. On entend des voix de commis qui appellent les numéros. Au milieu du cellier, un *foreman* assis à une petite table inscrit ou regarde. Les maîtres, graves, en chapeau noir, se promènent et surveillent sans mot dire. Cependant alentour les cabestans crient, et les matelots dans des barques grattent ou raclent leur navire. Ainsi occupés, avec leur habit de travail, leur air sérieux, leurs figures flegmatiques ou fatiguées, ils font plaisir à voir; c'est qu'on les sent dans leur monde; chaque être vivant, animal ou homme, est beau dans son milieu.

Je fumais assis sur un ballot, quand un homme qui passait m'a dit sans s'arrêter : « Cinq shillings d'amende! — C'est donc défendu? — Oui. » Rien de plus. Il n'y a rien de meilleur pour agir ou faire agir que l'économie des gestes et des paroles. — A Hyde-Park-corner sont des policemen que j'ai regardés plusieurs fois et longtemps; ils ne parlent jamais; s'il y a quelque embarras de voitures, ils lèvent le bras pour arrêter le cocher, et l'abaissent pour lui dire d'aller : obéissance immédiate et muette du cocher. Notre steward du bateau à vapeur, beaucoup d'employés, de négociants que j'ai vus, font de même. Quand, dans le commandement et l'obéissance, on supprime ainsi le bavardage, les exclamations, les impatiences, les tâtonnements et le tumulte, l'ordre et l'exécution s'engrènent l'un dans l'autre aussi vite et aussi sûrement que deux rouages.

Au bout d'une heure, l'esprit se sent encombré ; il faut laisser les images se tasser, s'ordonner. J'étais au coin de Shadwell-Basin, et je regardais devant moi le grand fleuve ardoisé, luisant, d'où transpirait la brume. La berge du nord tourne et borde l'horizon de sa frange noirâtre bariolée de rouge ; quelques bateaux descendent avec le mouvement souple et lent d'un oiseau de mer ; leurs coques sombres et leurs voiles rousses se balancent sur l'eau qui miroite. Au nord et au sud, un amas de navires dresse ses mâts serrés. Le silence est presque parfait : on n'entend que des coups de marteau lointains, le vague bourdonnement d'une cloche et des piottements d'oiseaux dans les arbres. Un peintre hollandais, Van der Heyden, Backhuysen, aurait plaisir à voir cette plaine d'eau, les tons lointains de la brique et du goudron, cet horizon indéterminé où s'allongent des nues dormantes. Je n'ai rien vu de plus pittores que à Londres. Le reste est trop lessivé et trop verni, ou trop affairé et trop sale.

Tout près de là est Shadwell, un des quartiers pauvres ; par la grandeur de ses misères et par son étendue, il est proportionné à l'énormité et à la richesse de Londres. J'ai vu les mauvais endroits de Marseille, d'Anvers, de Paris, ils n'en approchent pas. Des maisons basses, de pauvres rues de briques sous leurs toits rouges se croisent en tous sens, et descendent d'un air morne vers la rivière. Mendiants, voleurs et filles, celles-ci surtout remplissent Shadwell-street. On entend une musique grinçante dans les celliers à spiritueux ; parfois c'est un nègre qui tient le violon ; par les fenêtres ouvertes on aperçoit des lits défaits, des femmes qui dansent. Trois fois en dix minutes, j'ai vu des foules assemblées aux portes ; il y avait des rixes, surtout des rixes de femmes ; l'une d'elles, la figure ensanglantée, les larmes aux yeux, ivre, criait d'une voix aigre et rauque, et voulait se jeter sur un homme. Les assistants riaient ; au bruit, les *lanes* voisines dégorgeaient leur population, enfants déguenillés, pauvres, filles publiques, comme un égout humain qui se vide tout d'un coup.

Quelques-unes ont un reste de propreté, un chiffon neuf ; mais la plupart sont en haillons salis et disparates. Figurez-vous ce que peut devenir un chapeau de dame, après avoir roulé trois ou quatre ans de tête en tête, avoir été bossué aux murs, avoir reçu des coups de poing ; car elles en reçoivent. J'ai remarqué des yeux pochés, des nez bandés, des pommettes saignantes. Elles gesticulent avec une véhémence extraordinaire ; mais le trait le plus horrible est leur voix grêle, aiguë, fêlée, comme celle d'une chouette malade.

Déjà, à partir du tunnel, les *street-boys* pullulent, pieds nus, crasseux, et faisant la roue pour avoir l'aumône. Dans les escaliers de la Tamise, ils grouillent, plus rabougris, plus blêmes, plus déformés, plus rapoussants que les voyous de Paris ; sans doute, le climat est pire et le gin plus meurtrier. Près d'eux, accôtés aux murs gluants, ou inertes sur les marches, sont des hommes en loques étonnantes ; on n'imagine pas, avant de les avoir vus, ce qu'un paletot, un pantalon, peut porter de couches de saleté. Ils rêvassent ou sommeillent, la bouche ouverte, le visage terreux, blafard, et parfois marbré de filets rouges. C'est dans ces quartiers qu'on a trouvé des familles sans autre lit qu'un tas de suie ; elles y dormaient depuis plusieurs mois. Pour la créature ainsi usée, surmenée, il n'y a qu'un refuge : l'ivresse. « Ne pas boire ! disait un déséspéré, dans une enquête ; alors mieux vaudrait tout de suite mourir [1]. »

Un marchand me dit : « Attention à vos poches, monsieur ! » et le policeman m'engage à ne pas entrer dans certaines allées (*lanes*).

Je parcours quelques-unes des plus larges ; toutes les maisons, sauf une ou deux, sont visiblement habitées par des filles. D'autres petites rues, des cours poudreuses, infectées par une odeur de chiffons pourris, sont pavoisées de haillons et de linge qui sèche. Les enfants fourmillent. En un instant, dans une cour étroite, j'en ai vu quatorze ou quinze autour de moi, sales, les pieds nus, la petite sœur portant dans ses bras l'enfant à la mamelle, le nourrisson d'un an dont la tête blanchâtre n'a pas de cheveux. Rien de plus lugubre que ces corps blancs, ces cheveux de filasse

---

[1] M. de Talleyrand disait dans une conversation (1834) : « La canaille anglaise est très-lâche ; victorieuse, elle serait cruelle ; mais trente constables, armés de baguettes blanches, suffisent pour la faire reculer. Chez nous, elle est brave et sait se faire tuer. »
(*Mémoires du vicomte de la Rochefoucauld*, t. IV, 261.)

pâle, ces joues de chair mollasse empâtées de crasse ancienne. Ils accourent, ils se montrent le gentleman avec des gestes curieux et avides. Les mères immobiles, d'un air éteint, regardent par la porte. On aperçoit l'étroit logis, parfois la pièce unique où tout cela s'entasse dans le mauvais air. Les maisons sont le plus souvent d'un étage, basses, étriquées, un taudis pour dormir et mourir. Quel séjour en hiver quand, dans les semaines de pluie et de brouillard continus, la fenêtre reste close ! Et, pour que cette couvée ne meure pas de faim, il faut que le père ne boive pas, ne chôme jamais, et ne soit jamais malade [1] !

Çà et là, un dépôt d'ordures. Des femmes y travaillent pour faire le détri. L'une, vieille et fanée, avait un brûle-gueule à la bouche ; elles se sont redressées du milieu de leur fumier pour me regarder : figures abruties, inquiétantes de yahous femelles ; peut-être cette pipe et un verre de gin est la dernière idée qui surnage dans leur cervelle idiote. Y trouverait-on autre chose que les instincts et les appétits d'un sauvage et d'une bête de somme? Un misérable chat noir, efflanqué, boiteux, ahuri, les épiait du coin de l'œil avec crainte, et quêtait furtivement dans un tas de débris ; il avait peut-être raison d'être inquiet ; la vieille l'a suivi d'un regard aussi fauve que le sien, en rognonnant ; elle avait l'air de penser qu'il y avait là deux livres de viande.

Je me souviens des ruelles qui débouchent dans Oxfort-street, de leurs *lanes* étouffantes, encroûtées de

---

[1] En hiver, 150,000 mendiants (*paupers*) à Londres, vivent entièrement de l'assistance publique. Mes amis estiment le nombre des *roughs* (gens sans aveu, populace dangereuse) à 180.000 dans Londres.

vapeur humaine, de leurs troupeaux d'enfants pâles accroupis dans les escaliers boueux, des bancs de London-bridge où des familles grelottent la nuit serrées et la tête basse, surtout de Haymarket et du Strand le soir. Sur cent pas, on heurte vingt filles; quelques-unes vous demandent un verre de gin; d'autres disent : « Monsieur, c'est pour payer mon terme. » Ce n'est pas la débauche qui s'étale, mais la misère, et quelle misère ! La déplorable procession dans l'ombre des rues monumentales fait mal au cœur; il me semblait voir un défilé de mortes. Voilà une plaie, la vraie plaie de la société anglaise[1].

Courses à Epsom : c'est aujourd'hui le derby, jour de liesse; le parlement fait relâche; depuis trois jours, on ne parle que de chevaux et de leurs éleveurs.

Nous partons par Waterloo-station. Le ciel est sans nuages, sans brouillard; mes voisins anglais disent

[1] (*Statistical Abstract*, 1871.)
Nombre des pauvres assistés dans l'Angleterre et le pays de Galles.

1861	890,423
1862	946,166
1865	1,142.624
1868	1,034.823
1870	1,079,391
1871	1,081,926

Le compte est établi ie 1ᵉʳ janvier de chaque année, d'après le nombre des indigents inscrits aux bureaux de bienfaisance de chaque union et paroisse.

qu'ils n'ont jamais vu une telle journée à Londres. Partout des cultures vertes, des prairies entourées de haies, et souvent la haie est parsemée d'arbres. La splendeur de ce vert, l'entassement et la séve des fleurs lustrées, dorées, regorgeantes sont extraordinaires. Les velours constellés de diamants, les soies moirées, les plus magnifiques broderies n'égalent pas cette teinte profonde La couleur est excessive, au delà des moyens de la peinture; mais jamais la floraison et l'épanouissement des plantes, le luxe et la joie de la terre parée, ne m'ont ébloui d'un si vif éclat.

Le derby est une grande plaine verte, un peu onduleuse ; sur un flanc montent trois échafauds publics et plusieurs autres plus petits. En face, des tentes, des centaines de boutiques, des écuries improvisées sous la toile, et un pêle-mêle incroyable de voitures, de chevaux, de cavaliers, d'omnibus particuliers ; il y a peut-être ici deux cent mille têtes humaines.—Rien de beau ni même d'élégant; les voitures sont des véhicules, et les toilettes sont rares ; on ne vient pas ici pour se montrer, mais pour regarder ; le spectacle n'est intéressant que par sa masse. Du haut du *Stand*, l'énorme fourmilière grouille, et sa rumeur monte. Mais au delà, sur la droite, une ligne de grands arbres, derrière eux les ondulations bleuâtres, indistinctes de la campagne verdoyante font un cadre magnifique au tableau médiocre. Quelques nuages blancs comme des cygnes voguent dans le ciel, et on voit leur ombre courir sur l'herbe ; une brume légère, pleine de soleil, plane dans les lointains, et l'air illuminé enveloppe comme une gloire la plaine, les collines, l'immense espace et toute l'agitation de la kermesse humaine.

C'est une kermesse, en effet ; ils sont venus pour s'amuser avec fracas. Partout des bohémiennes, des chanteurs et danseurs grotesques déguisés en nègres, des tirs à l'arc et à la carabine, des charlatans qui à coups d'éloquence débitent leurs chaînes de montre, des jeux de quilles et de bâton, des musiciens de toute espèce, et la plus étonnante file de cabs, calèches, droskis, four-in-hands, avec pâtés, viandes froides, melons, fruits, vins, surtout du champagne. On déballe ; on va boire et manger, cela refait l'animal et l'exalte ; la grosse joie et le franc rire sont l'effet de l'estomac rempli. — Devant cette ripaille toute prête, l'aspect des pauvres est pénible à voir ; ils tâchent de vous vendre des poupées d'un sou, des mémoriaux du derby, de vous faire jouer au jeu du bâton (*aunt Sally*), d'obtenir le cirage de vos bottes. Presque tous ressemblent à de misérables chiens affamés, battus, lépreux, qui attendent un os sans l'espérer beaucoup. Ils sont venus à pied pendant la nuit et comptent pour dîner sur les miettes de la grande ripaille. Beaucoup sont couchés par terre entre les pieds des promeneurs et dorment béants, la face en l'air. Les figures ont une expression d'hébêtement ou d'âpreté douloureuse. La plupart sont pieds nus, tous horriblement sales, et de plus ridicules ; la cause en est qu'ils ont de vieux habits de gentlemen, d'anciennes robes élégantes, de petits chapeaux jadis portés par de jeunes filles. Cette défroque, qui a passé sur trois ou quatre corps, en se délabrant au passage, me fait toujours mal à voir. Elle avilit ; par elle, l'être qui s'en affuble se déclare ou s'avoue le rebut de la société. Un paysan, un ouvrier, un manœuvre est, chez nous, un homme différent, non pas un homme inférieur ; sa blouse est à lui comme à moi mon habit; elle n'a servi qu'à lui. Cet usage des haillons est plus qu'une singularité : il dénote un manque de fierté ; les pauvres ici se résignent à être le marche-pied d'autrui.

Une de ces femmes, avec un vieux châle qui semblait avoir traîné dans le ruisseau, avec un ci-devant chapeau bossué, lessivé par la pluie, avec un pauvre bébé sale et blafard dans les bras, vient rôder autour de notre omnibus, ramasse une bouteille jetée et boit la dernière goutte. Sa seconde petite fille qui marche, ramasse aussi et grignote une croûte de melon. On leur donne un shilling, des gâteaux. Impossible de décrire leur sourire humble de reconnaissance. Elles ont l'air de dire, comme le pauvre âne de Sterne : « Ne me battez pas, je vous supplie ; cependant vous pouvez me battre si vous voulez. » Figures brûlées, tannées par le soleil ; la mère a une cicatrice à la joue droite, comme d'un coup de botte ; toutes deux, l'enfant surtout, sont des créatures ensauvagées et rabougries. Le grand moulin social écrase et broie ici la dernière couche humaine sous son engrenage d'acier.

Cependant une cloche sonne, et la course se prépare. Les trois ou quatre cents policemen font vider la piste ; les échafauds sont comblés, et en face d'eux la prairie n'est plus qu'une grosse tache noire. Nous montons à nos places ; rien de grandiose. A cette distance, les foules sont des fourmilières ; les cavaliers et les voitures qui avancent et se croisent ressemblent à des scarabées, à des hannetons, à de gros bourdons sombres éparpillés sur un tapis vert. Les jockeys en rouge, en bleu, en jaune, en couleur mauve, font un petit tas à part, comme un vol de papillons posés. Probablement je manque d'enthousiasme, mais il me semble assister à un jeu d'insectes. — Trente-quatre coureurs ; après trois faux départs, ils partent ; quinze ou vingt font masse, les autres sont par petits paquets, et on les voit avancer le long de la piste. Pour l'œil, la vitesse n'est pas très-grande ; c'est celle d'un chemin de fer vu à une demi-lieue ; en ce cas, les wagons ont l'air de petits chariots d'enfant qu'un enfant traîne au bout d'un fil, certainement, ici l'impression physique n'est pas plus forte, et il ne faut pas parler ni d'ouragan, ni de tourbillon. — Pendant plusieurs minutes, la tache brune, semée de points rouges et clairs, chemine régulièrement sur le vert lointain. Elle tourne, on sent venir le premier groupe. « Chapeaux bas ! » et toutes les têtes se découvrent, et tout le monde se lève ; un hourrah étranglé court sur les échafauds. Les figures froides ont pris feu, des gestes courts, saccadés remuent subitement les corps flegmatiques ; en bas, dans l'enceinte des paris, la secousse est extraordinaire, comme d'une danse de Saint-Guy universelle ; imaginez un tas d'automates qui reçoivent une décharge électrique et gesticulent de toutes leurs pièces comme des télégraphes fous. — Mais le spectacle le plus curieux est celui de la marée humaine qui, tout de suite et tout d'un coup, s'épand et roule sur la piste derrière les coureurs, pareille à un flot d'encre ; la masse noire immobile a fondu subitement et coule ; en un instant, elle s'étend énorme, à perte de vue, et la voici devant les échafauds. Sur deux ou trois rangs, les policemen font digue, et boxent au besoin pour protéger le carré où ils reçoivent chevaux et jockeys. On va peser et vérifier.

Il y a un moment grandiose, celui où les chevaux ne

sont plus qu'à deux cents pas ; en un instant la vitesse devient tout d'un coup visible, et le peloton de cavaliers et de chevaux fond en avant, cette fois comme une tempête.

Un cheval peu connu, Caractacus, a gagné, et de très peu ; on ne pariait pour lui que 1 contre 40 ; au contraire, on pariait 1 contre 3, ou 2 contre 9 pour deux autres très-renommés ; partant mécomptes et débâcle. Le prix avec les accessoires est de 6,775 liv. st. ; avec les paris, le propriétaire gagnera près d'un million de francs. On nous parle de pertes énormes, 20,000 livres, 50,000 livres sterling ; l'an dernier, un colon e s'est tué après la grande course, parce qu'il se voyait insolvable ; s'il eût attendu l'issue des suivantes, il gagnait assez pour s'acquitter. Le propriétaire d'un des échafauds particuliers a crié au moment du départ : « Tout ce que je viens de faire d'argent pour Buckstone ! » — Plusieurs cabs ont perdu leurs chevaux et leurs voitures, qu'ils avaient pariés.

A mon sens, ces paris sont pour l'esprit ce que l'eau-de-vie est pour le palais, un excitant nécessaire à des machines lourdes et rudes ; il leur faut des impressions violentes, la sensation d'un risque énorme ; ajoutez-y l'instinct militant et hasardeux ; tout pari est un duel, et tout gros pari est un danger. — Quant aux raisons qui rendent si universelle et si nationale la passion des chevaux et des courses, il me semble qu'il faut les chercher dans la vie gymnastique et rustique : les gens aisés ou riches vivent une grande partie de l'année à la campagne ; dans un pays boueux, on ne se promène bien qu'à cheval ; leur tempérament a besoin du grand mouvement physique ; toutes ces mœurs aboutissent au derby, qui est leur fête spéciale.

Nous descendons ; on s'encombre et on s'étouffe dans les escaliers, dans les buffets; mais la plupart des voitures ont apporté leurs provisions, et les gens festinent en plein air, par petits groupes. Bonne humeur et joie expansive : les classes se mêlent ; un des nôtres, P..., a rencontré son cocher ordinaire attablé avec un gentleman, deux dames et un enfant. Le gentleman avait employé, puis invité son cocher; le cocher présente P..., qu'on oblige amicalement à boire du porto, du sherry, du stout et de l'ale. — Bref, aujourd'hui, on est tout à tous; mais ce n'est qu'un jour, à la façon des saturnales antiques. Demain, les distinctions du rang seront aussi fortes que jamais, et le cocher sera respectueux, *distant*, comme d'habitude. — Un autre de nos amis aperçoit un gentleman qu'il connaît et qui est venu avec un omnibus, amenant ses filles et ses voisines, en tout huit dames; arrêtés au passage, nous sommes tous obligés de boire et de manger ; l'accueil est franc, jovial et cordial ; ce gentleman, qui ne m'a jamais vu, m'invite à venir chez lui à la campagne. — Cependant, sur toute la plaine, les mâchoires travaillent, les bouteilles se vident, et vers le soir, la kermesse est dans sa fleur. Vingt-quatre gentlemen rangent triomphalement sur leur omnibus soixante-quinze bouteilles, qu'ils ont bues. Les groupes se bombardent avec des os de poulet, des pelures de homard, des mottes de gazon. Deux compagnies de gentlemen sont descendus de leur omnibus et se boxent dix contre dix ; l'un a deux dents cassées. Il y a des incidents grotesques; trois hommes et une dame sont debout sur leur voiture ; les chevaux font un mouvement, tout le monde tombe, la dame les jambes en l'air ; éclats de rire. — Peu à peu les fumées du vin montent dans les têtes ; eux si corrects, si délicats, ils se permettent des actions étranges ; des gentlemen viennent à une voiture où sont des dames, des jeunes filles, et là, debout contre la roue, ils sont sans vergogne; la mère essaye de les repousser avec son parapluie. Un des nôtres, qui est resté jusqu'à minuit, a vu plusieurs énormités que je ne puis écrire ; l'animal est lâché ; il n'y a rien d'exagéré dans la kermesse de Rubens au Louvre : ce sont les mêmes instincts, débridés de même. Seulement, au lieu de chairs amples, débordantes, rougeaudes, imaginez des figures qui restent graves et des habits modernes bien coupés. Le contraste est grotesque entre l'homme artificiel et l'homme naturel, entre le gentleman qui, par habitude et mécaniquement, reste digne, et la bête qui fait éruption.

Au retour, la route disparaît sous la poussière ; des morceaux de champ ont été rongés par les pieds ; chacun revient horriblement sale et blanc de poudre. Il y a des ivrognes sur tout le chemin ; encore à huit heures du soir, à Hyde-Park-Corner, on en voyait qui trébuchaient et qui étaient malades; leurs camarades les soutenaient en riant, et les figures des spectateurs n'exprimaient pas le dégoût. Aujourd'hui, tout est permis : c'est un débouché pour une année de contrainte.

Vers onze heures du soir, nous allons à Cremorn-Gardens, qui est une sorte de bal Mabille, et où continue pendant la nuit la folie du jour. Foule et bousculades à l'entrée, une bande d'Anglais perce en criant : « Place aux ambassadeurs japonais ! » A l'intérieur, surtout aux tournants, la presse est horrible, mais on peut trouver de l'air dans des coins sombres. Tous les hommes sont bien ou proprement vêtus ; les femmes sont des lorettes,

mais d'un rang plus haut que celles du Strand : châles
clairs, étoffes blanches de gaze ou de tulle, mantelets
rouges, chapeaux frais ; il y a telle robe de douze livres
sterling ; mais le visage est un peu fané, et parfois, dans
la presse, elles poussent d'horribles cris, des cris de
chouette. — Ce qui est plus comique et qui montre le
degré d'excitation, c'est l'idée qu'elles ont de pincer les
gens, surtout les étrangers. Un des nôtres, qui a quarante ans, pincé ferme, et encore plus scandalisé, quitte
la place. Une autre femme arrive à grands coups de
poing dans le dos d'un gentleman qui lui a marché sur le
pied ; il rit, et toute la galerie est en joie.—Décidément,
ils sont bons enfants ; je n'ai vu personne se fâcher dans
cette bagarre ; et ils étaient provoqués ; un de nos amis
français raillait tout haut, avec imprudence. Il faut voir
cela pour comprendre les joyeuses fêtes rustiques du
seizième siècle, la *Merry England* de Shakespeare, la
pleine séve primitive de l'arbre que le puritanisme est
venu tondre, élaguer et rendre rigide autant que droit.

Nous nous asseyons près de trois jeunes femmes à
une table écartée, et nous leur offrons du sherry et de
la bière ; elles ne boivent pas trop. Notre anglais des
livres et leur parole accentuée se heurtent en un charivari grotesque. L'une d'elles est la plus gaie et la plus
folle des créatures ; je n'ai jamais vu la verve animale
couler à si pleins bords. Une autre, modeste, assez jolie, un peu triste, est modiste (*milliner*), vit de son
travail ; elle a un ami qui vient passer le dimanche avec
elle. Je l'ai bien regardée, il y avait en elle de quoi faire
une aimable et honnête femme tout comme une autre.
A quoi tient la chance ?—Impossible de dire leur nombre
à Londres ; on parle de 50,000. Certaines maisons en

sont pleines du haut en bas. Nous les reconduisons jusqu'à la porte et nous payons leurs voitures. La nôtre revient par des rues, des croissants, des squares que je ne reconnais pas. Une lueur sépulcrale luit sur la Babel vide, et pose des blancheurs de suaire sur les architectures colossales. L'air épais, malsain, semble encore imprégné des exhalaisons humaines; de loin en loin, sous la lueur mourante d'un bec de gaz, on aperçoit une femme attardée qui a faim, un pauvre en haillons, les pieds enveloppés dans un linge. — Je pensais, tout en cheminant, au défilé de Haymarket le soir, à Argyle-Rooms, sorte de casino galant que j'avais visité la veille. Le spectacle de la débauche ne laisse ici dans l'âme qu'une impression de malheur et de dégradation. Rien de brillant, de hardi, de déluré comme en France ; quand un gentleman veut danser, un huissier à plaque, en cravate blanche, va lui chercher une femme ; souvent tous les deux dansent sans se dire un mot. Ces pauvres filles sont souvent belles, plusieurs ont un air doux et honnête ; toutes dansent très-convenablement, sourient un peu et ne gesticulent pas ; elles sont décolletées, mais, pour danser, elles gardent leur mantelet. — Quant aux hommes, leur extérieur indique de gros commerçants, des propriétaires de magasins sur la Tamise, des industriels de la classe moyenne, ou leurs fils, leurs contre-maîtres, qui viennent se délasser des chiffres, du commerce et du charbon. Il leur faut un éclat grossier, une illumination en verres de couleurs, des femmes en grande toilette, des robes voyantes et panachées, des châles blancs brodés de fleurs rouges et d'oiseaux exotiques. Ils ont de l'argent ; une bouteille de champagne coûte douze shellings ; c'est une soirée de six livres.

Chose tragique, l'homme et la femme boivent, et commencent par l'ivresse : c'est la brutalité et la misère qui se rencontrent, entraversant d'abord la déraison, l'imbécillité, la stupeur. — On s'en revient navré, avec un sentiment amer et profond de la grossièreté et de l'impuissance humaines ; une société est un bel édifice, mais au dernier étage, quel cloaque ! La civilisation polit l'homme ; mais comme l'instinct bestial est tenace ! — Je n'ose pas encore porter un jugement ; mais pourtant il me semble que le mal et le bien sont ici plus grands qu'en France.

CHAPITRE II

LES TYPES

Au fond, l'essentiel dans un pays, c'est l'homme, depuis mon arrivée, je fais collection de types, et je les joins à ceux que j'ai déjà recueillis l'an dernier. — Expérience faite, la meilleure méthode à mes yeux est toujours celle des artistes et des naturalistes : noter chaque figure ou expression très-saillante, la suivre dans ses nuances, ses dégradations et ses mélanges ; vérifier qu'elle se rencontre dans beaucoup d'individus ; dégager ainsi les principaux traits caractéristiques, les comparer, les interpréter et les classer. Ainsi font par instinct les peintres et les romanciers, quand, au moyen de quelques personnages, ils nous donnent le résumé de leur temps et de leur milieu. Ainsi font par système les botanistes et les zoologues lorsque, choisissant quelques plantes ou quelques animaux dont les caractères sont bien tranchés, ils nous montrent dans cinq ou six représentants toutes les espèces d'une classe.

On va s'asseoir sur un banc dans une promenade publique, et l'on se plante le matin au débarcadère d'un chemin de fer. Très-promptement, des yeux français, habitués à des physionomies françaises, saisissent des différences; la mémoire les garde présentes, sans que l'intelligence puisse encore les comprendre nettement. On continue tous les jours, à table, dans un wagon, en omnibus, en soirée, en visite, à la ville, à la campagne. Au bout de quelques jours, certains types nouveaux, rares en France, fréquents ici, surgissent et se détachent; de semaine en semaine, ils s'éclaircissent, se complètent, provoquent des questions et des réponses, se relient entre eux, et finissent par faire un ensemble.
— Maintenant, considérez que, pour les décrire, il faut le plus souvent les montrer dans leurs saillies, c'est-à-dire dans leurs excès, et que jamais l'excès n'est ordinaire. Le type pur, tel que la plume ou le crayon peut le rendre, est une exception; presque toujours dans la nature il est plus ou moins altéré. Mais, autour de lui, dans la nature, se rangent ses degrés et ses variétés, et d'après lui, en défalquant ce qu'il faut, le lecteur et le spectateur peuvent se les représenter sans trop d'inexactitude. — Voici, par groupes, ceux qui m'ont le plus frappé :

I. L'homme robuste, grandement et solidement bâti, le beau colosse, parfois haut de six pieds, et large à proportion. Très-fréquent chez les soldats, notamment dans les *life-guards*, troupe d'élite. Visage frais, florissant, charnure magnifique; on les dirait triés pour une exposition des produits humains, comme des betteraves ou des choux-fleurs d'apparat et de montre. Fonds de bonne humeur, parfois de bonhomie, ordinairement de gaucherie. Leur fatuité est d'espèce particulière. En veste rouge collante, une petite canne à la main, ils se prélassent, étalant leur torse et la chute de leurs reins ; sous la galette qui les coiffe, on voit leur raie claire entre leurs cheveux pommadés. Un d'eux, arrêté au coin d'une rue, bien cambré, les épaules effacées, posait avec majesté devant des gamins. En fait de masse, ce sont des monuments ; mais trop est trop, et le mouvement est si essentiel à la matière !

Autres monuments un peu moins hauts, mais encore plus frais et mieux vernis, les domestiques de grande maison. Cravates blanches à large nœud irréprochable, culottes écarlates ou jaune serin, taille et ampleur magnifiques ; les mollets surtout sont énormes. — Dans les quartiers élégants, sous le vestibule, vers cinq heures du soir, le *butler* assis, son journal à la main, déguste un verre de *porto* ; autour de lui, des huissiers à chaîne, des laquais galonnés, des valets de pied munis de leur longue canne, regardent d'un air indolent et seigneurial les bourgeois qui passent. — Carrures et culasses prodigieuses des cochers ; que d'aunes de drap il faut pour contenir un pareil torse ! — Ce sont les favoris de la création, les mieux nourris, les plus reposés, tous choisis et triés pour être les représentants de la nation au physique. Dans les grandes maisons, on les appareille ; les deux laquais doivent être de la même taille, comme les deux chevaux. Dans les annonces des journaux, chacun d'eux indique sa taille : 5 pieds 9 pouces 1/2, 5 pieds 11 pouces. Tant pour la plénitude des mollets, tant pour la belle attache des pieds, tant pour la prestance noble, l'air décoratif leur vaut jusqu'à vingt livres par an de surplus. On les soigne et ils se soignent en conséquence. Table servie presque aussi bien que celles des maîtres; plusieurs sortes de vins et de bière, et des loisirs ! — Leur extérieur doit annoncer la richesse et la tenue de la maison ; ils le savent et ils en sont fiers. Partant leur bêtise majestueuse est passée en proverbe. Thackeray en a tiré plusieurs figures de ses romans, et un de ses romans tout entier. Caricatures du *Punch* sur le même sujet : un valet donne congé à mylord parce qu'il a vu mylord sur l'impériale d'un omnibus ; un autre, parce que le ton de sa livrée cadre mal avec son teint. Le laquais derrière la voiture est si beau, qu'il a l'air d'une grande poupée ; les *street-boys* lui piquent les mollets pour savoir s'il est vivant ou empaillé.

Même type athlétique et charnu chez des gentlemen ; j'en ai quatre ou cinq parmi les personnes de ma connaissance [1]. — Parfois l'excès de nourriture ajoute une nuance ; tel un gentleman dans mon wagon le jour du derby : large face rougeaude à joues molles et retombantes, grands favoris roux, yeux bleus inexpressifs, tronc énorme dans une courte jaquette claire, souffle bruyant ; le sang teintait en rose les mains, le col, les tempes et jusqu'au-dessous des cheveux ; quand les sourcils se fronçaient, c'était la physionomie inquiétante et trouble qu'on voit aux portraits de Henri VIII ; au repos, devant cet amas de chairs, on a l'idée d'une

---

[1] *Matrimonial News*, n° 1927 :

« Un gentilhomme campagnard de première classe, cultivant sa terre patrimoniale d'une valeur de 25,000 livres sterling. Blond ardent. Taille . 6 pieds 2 pouces. Poids : 16 stones (102 kilogr.), remarquablement bien proportionné, d'une vigoureuse santé. »

bête de boucherie, on suppute tout bas les cent vingt kilos de viande. — Vers cinquante ans, par l'effet du même régime assaisonné de porto, la taille et le visage se déforment, les dents font saillie, la physionomie se grime et tourne à la caricature horrible et tragique ; par exemple, le jour de la revue des volontaires, près de Hyde-Park, un gros général en rouge avec un air de bouledogue et une figure rouge brique marquetée d'excroissances violettes. — Dernière nuance, chez des gens du peuple, quand la mauvaise eau-de-vie remplace le porto, entre autres, dans les rues basses qui bordent la Tamise, plusieurs figures apoplectiques et gonflées, dont le ton écarlate pousse presque au noir, des yeux éteints, injectés, de homard cru ; la brute abrutie.

Diminuez la quantité de sang et de graisse, en gardant la même ossature, et en accroissant l'air campagnard : barbe et moustaches énormes et sauvages, chevelure embrouillée, yeux roulants, mufle truculent, larges mains noueuses : c'est le Germain primitif qui sort de ses forêts; après l'animal de parade (*portly*), après l'animal à l'engrais (*overfed*), l'animal de combat (*fierce*), le taureau anglais.

Tout cela est assez rare, ce sont les extrémités du type. Bien plus fréquent est l'animal de labeur, le grand corps osseux, plein de saillies et de ressauts, pas très-bien agencé, *ungainly*, maladroit, un peu automatique, mais de forte structure, et aussi capable de résistance que d'effort. Il n'est pas moins fréquent chez les gentlemen, les clergymen, dans les professions libérales que dans le peuple. J'en ai trois exemplaires sous les yeux :

Un long clergyman, roide, gelé, et qui ne dégèlera jamais ; gestes de télégraphe, opinions étroites et absolues, mais charitable et qui prouve son dévouement. Il a fallu cette dure charpente pour résister trente ans à ce métier apostolique : prédications incessantes, visites dans les *lanes* infectes, veilles, grandes courses à pied dans la boue des faubourgs.

Un membre du parlement, épaules, pieds et mains de charretier, grandes dents blanches trop serrées, forte mâchoire qui s'entre-bâille à peine pour parler, traits irréguliers et très-marqués, toute la personne grandement et rudement taillée comme à coups de serpe, et insuffisamment dégrossie. L'habit moderne, les gants, la cravate bleue, le linge éclatant de blancheur, sont étranges sur les muscles qui pourraient traîner un camion et soutenir un assaut de boxe. L'œil est terne ; peu de gestes, peu de paroles, point d'esprit, ni, ce semble, d'idées. Ce n'est pas un *leader*, il n'est que membre dans un parti, il vote et travaille. Mais pour les longues séances de nuit, pour le dépouillement des paperasses et la vérification des comptes, pour les meetings, les comités, les clubs, pour le travail ennuyeux et indéfini, il est bien bâti et excellent.

Le troisième est un Anglais de la classe moyenne que j'ai rencontré hier avec son ménage en omnibus. Trente-deux ans, vêtu de neuf (douze ou quinze mille francs par an, je suppose), air de solidité et de résolution, bonne machine bien assise, bien construite, bien tenue, infatigable et régulière, le vrai *pater familias* qui commence ; visage froid, correct, immobile, un peu lourd et terne. A côté, la jeune femme en velours noir, chapeau et fanfreluches trop voyantes, naïve et

gracieuse, toujours occupée de son bébé ; celui-ci très-
blanc, regorgeant de chair, de santé, d'embonpoint, de
jupes bouffantes et brodées qui font paquet et étalage.
En face, la bonne de trente-cinq ans, qui essaye de
complaire et de sourire avec respect.—Voilà un bon spécimen du ménage anglais : le mari traîne énergiquement,
consciencieusement et sans bâiller, sa charrette conju-
gale. Son bonheur doit être de prendre du thé le soir,
chez lui, en pantoufles ; il aura beaucoup d'enfants,
qui, ne sachant comment vivre, émigreront, et auront
besoin, contre les *hardships*, d'une constitution pareille
à la sienne.

Sur cette vigoureuse charpente d'os et de muscles,
mettez l'intelligence lucide, calme, active, développée par
l'éducation spéciale ou par l'éducation complète, vous
aurez la belle nuance du même type, l'homme sérieux,
capable, digne de commander, en qui, dans un cas
urgent, on pourrait et on devrait avoir confiance, qui
viendrait à bout de choses difficiles. En habits neufs et
trop soignés, en costume trop clair, la disparate du
contenant et du contenu n'est pas loin d'être grotesque.
Mais supposons-le sur le pont d'un navire, dans une bataille, ou simplement dans un bureau à la tête de vingt
commis, dans un tribunal pour porter arrêt sur les fortunes et sur les vies, il sera beau, d'une beauté morale.
Ce corps peut porter l'âme sans défaillir

Même force de pousse et de structure chez beaucoup
de femmes, et bien plus souvent qu'en France : sur dix
jeunes filles, il y en a une admirable, et cinq ou six
qu'un peintre naturaliste aurait du plaisir à regarder. A
cheval surtout et en plein galop, ce sont des amazones,
non-seulement pour l'adresse et la ferme assiette, mais

pour la taille et la santé ; devant elles, on pense à la vie naturelle, grecque et gymnastique. Telle hier, dans un salon, grande, bien développée de buste et d'épaules, les joues en fleur, active et sans trop d'expression, me semblait faite pour vivre sous les allées d'un parc ou dans les grandes *halls* d'un château, comme sa sœur, la statue antique, dans l'air libre des montagnes ou sous le portique d'un temple au bord de la mer ; ni l'une ni l'autre ne pourraient respirer dans nos petits appartements de Paris. La soie mauve de la robe suit la forme depuis le col jusqu'aux hanches, descend et s'étale comme une vague lustrée ; pour la peindre en déesse, il faudrait la palette de Rubens, ses rougeurs de roses répandues sur un ton de lait, ses grandes coulées de chair versées d'un seul jet ; seulement, ici le contour est plus sobre et la tête est noble. — Lady Mary Wortley Montaigu, qui venait de voir la cour du Régent en France, raillait durement nos beautés minces, fardées, maniérées, et leur opposait avec orgueil « les vives couleurs et la fraîcheur parfaite » des carnations anglaises. En revanche, on peut quelquefois se rappeler ce portrait moqueur d'Hamilton : « Madame Wetenhall était proprement ce qu'on appelle une beauté toute anglaise : pétrie de lis et de roses, de neige et de lait quant aux couleurs ; faite de cire à l'égard des bras et des mains, de la gorge et des pieds ; mais tout cela sans âme et sans air. Son visage était des plus mignons, mais c'était toujours le même visage ; on eût dit qu'elle le tirait le matin d'un étui, pour l'y remettre en se couchant, sans s'en être servie durant la journée. Que voulez-vous ? la nature en avait fait une poupée dès son enfance, et poupée jusqu'à la mort resta la blanche Wetenhall. »

Cependant, même quand la physionomie et la forme sont vulgaires, l'ensemble laisse l'esprit content ; une solide ossature et par-dessus une chair saine, voilà l'essentiel pour la créature vivante. L'impression est la même que devant une maison en bonnes pierres de taille, dont les plâtres et les vernis sont neufs. On n'exige pas qu'elle soit d'une architecture parfaite, ni même élégante. Elle résistera au mauvais temps, elle est confortable, agréable à son hôte ; cela suffit.

Deux causes probables : l'une qui est la nature spéciale, la conformation héréditaire de la race ; l'autre qui est l'habitude de la vie en plein air et de l'exercice corporel. Une Revue parlait dernièrement de cette *rude unfeeling health*, qui effarouche un peu les étrangères délicates, et l'attribuait à l'usage du cheval, aux longues promenades à pied que les Anglaises font à la campagne. — A ces avantages sont joints plusieurs inconvénients : le teint clair s'altère aisément et vite ; chez beaucoup de jeunes femmes, le nez rougit de bonne heure ; elles ont trop d'enfants, ce qui les déforme. Vous épousez un ange blond, svelte et candide ; dix ans après, vous aurez peut-être à côté de vous et pour la vie une ménagère, une nourrice, une couveuse. J'ai dans l'esprit deux ou trois de ces matrones, larges, roides, et sans idées ; figure rouge, yeux d'un bleu faïence, énormes dents blanches : c'est le drapeau tricolore.

D'autres fois, le type s'exagère ; on voit des asperges extraordinaires, des poteaux plantés dans des robes bouffantes. De plus, deux fois sur trois, les pieds chaussés de *boots* solides sont tout virils, et, quant aux dents longues, plantées en avant, on ne peut s'y habituer ; est-ce là une cause ou un effet du régime carnivore ? — Le

costume trop orné et mal agencé achève ces disparates
Ce sont des soies violettes ou ponceau, des robes vert-
pré et à fleurs, des écharpes d'azur, des orfévreries, le
tout pour enharnacher tantôt des haridelles gigantesques qui font penser à des chevaux réformés de grosse
cavalerie, tantôt des tonnes massives bien sanglées qui
débordent malgré leur sangle. De ce genre, ces jours-ci,
à Hyde-Park, était une dame à cheval suivie de son
groom : cinquante-cinq ans, plusieurs mentons, le reste
à l'avenant, mine impérieuse et hautaine; le tout ballot-
tait au moindre trot, et il était difficile de ne pas rire.

Autre spécimen, les enfants. J'ai vu Eton, Harrow-
on-the-Hill. Pour les tout petits, dans les *nurseries*, ce
sont des fleurs vivantes, des roses épanouies ; à la campagne surtout, les grosses joues de chérubin, la fermeté
et l'ampleur des chairs annoncent la séve opulente qui
fera plus tard un gaillard solide.— Vers sept ans et au
delà, ce n'est pas l'intelligence qui domine, mais l'énergie physique et morale. Souvent l'air est boudeur, très-
peu aimable; on pense à de jeunes dogues. Par exemple,
les petits H et M., fils de grandes familles, semblent et
sont de simples rustres rétifs à la culture, bons pour la
chasse et les coups de poing de leurs écoles.

« Un petit Anglais, me dit un observateur, est féroce,
indomptable; il y a dans ses veines du sang de *rover*
scandinave; de là l'emploi des verges; dans nos écoles
on ne saurait s'en passer. » — Peu de précocité et de
vivacité, mais beaucoup d'initiative et de ténacité. Eliot
en a donné un très-bon spécimen dans le caractère de
Tom, le frère de son héroïne[1].—Très fréquemment il est

---

[1] Voir le roman intitulé . *The Mill on the Floss*.

butor; les caricatures ont saisi ce trait. « Charlotte, dit un petit bonhomme de huit ans à sa sœur qui en a dix-huit, prêtez-moi votre boîte de peinture. — Non, monsieur, vous savez comme vous y avez tout abîmé la dernière fois. — Très-bien; alors je vais mettre mon cochon d'Inde sur votre cou. » — Et il lève le cochon d'Inde pour exécuter sa menace. — Les instincts animaux sont trop forts en lui, il a trop de santé, les livres lui répugnent, il ne veut ni ne peut apprendre. Il aime mieux manger, boxer, jouer au cricket, aller à cheval.

Par un autre effet des mêmes instincts, il est brave, endurant, hardi, aguerri aux coups et aux risques de toute sorte. « C'est une chose étrange, dit l'auteur de *Tom Brown's School-Days*, que de voir combien presque tous les petits garçons anglais sont amoureux du danger. Vous en trouverez dix pour s'adjoindre à une chasse, grimper à un arbre, traverser à la nage un courant, s'il y a chance de se casser un membre ou de se noyer; et vous n'en trouverez qu'un pour jouer aux boules, rester tranquille sur le sol uni, ou se baigner où il a pied. » Le petit Tom, allant à l'école, passe une nuit très-froide sur l'impériale de la diligence, et, tout gelé qu'il est, il persiste, parce qu'il a le « plaisir silencieux, si cher à tout Anglais, d'endurer, de résister, de lutter contre quelque chose et de ne pas céder. » — J'ai dans la mémoire cinquante petits faits semblables. Au total, il est certain pour moi que l'animal physique, l'homme primitif, tel que la nature le livre à la civilisation, est ici d'espèce plus forte et plus rude.

Voici quelques-uns de ces petits faits. Ces jours-ci, aux brasseries et dans deux fermes, j'ai vu des chevaux de labour et de trait : ils ressemblent à des éléphants;

un des fermiers en a douze qui coûtent de cinquante à soixante livres. Ce sont des athlètes de l'espèce : poil luisant, reins musclés, croupes colossales. L'un d'eux, plus petit, est Français, et le fermier le dit plus faible, moins capable de résister aux intempéries. Or, partout j'ai trouvé cette sorte de parenté entre le cheval et l'homme. Par exemple, suivez-la tour à tour dans le Var, à Orléans, en Normandie et en Angleterre.

D'autre part, un médecin habile qui traite ici un Français ne lui donne que demi-dose ; la dose anglaise serait trop forte pour lui et lui ferait mal. Si vous demandez un purgatif au pharmacien, c'est du calomel qu'il vous apporte ; un Anglais en a très-souvent chez lui, et en avale une pilule quand il se sent la tête un peu lourde ; les médecines ici seraient faites pour des chevaux français. — Pareillement leurs vins ordinaires, porto, sherry, très-chauds, très-liquoreux, sont en outre coupés d'eau-de-vie ; ce mélange leur ôte leur finesse. Mais, s'ils étaient purs, les Anglais les trouveraient fades ; nos vins de Bordeaux et même de Bourgogne sont trop légers pour eux. Dans la classe moyenne, on préfère l'ale, le stout, le porter, surtout le *brandy and water*, sorte de grog où l'eau-de-vie entre pour moitié. Pour leur plaire, il faut que la boisson soit âpre ou brûlante ; le palais doit être gratté ou raclé.

Même impression si on goûte leur cuisine ; sauf dans les très-beaux clubs et chez les Anglais *continentaux*, qui ont un cuisinier français ou italien, elle n'a pas de saveur. J'ai dîné exprès dans vingt tavernes, depuis les plus basses jusqu'aux plus hautes, à Londres et ailleurs. De grosses portions de viande graisseuse et des légumes sans sauce : on est amplement et sainement nourri, mais on n'a pas de plaisir à manger. Le meilleur restaurant de Liverpool ne sait pas accommoder un poulet. Si votre palais veut avoir une jouissance, voici un plateau de piments, des poivres, des condiments, des vinaigres indiens; une fois, par mégarde, j'en mis deux gouttes dans ma bouche ; autant avaler un charbon ardent. A Greenwich, ayant déjà mangé du *white bait* ordinaire, j'en prends dans une seconde assiette; c'était un plat au curris, excellent pour peler la langue. Enfin, sur les diligences et sur le pont des bateaux à vapeur, beaucoup de gentlemen et même des dames restent par préférence au vent et à la pluie, sauf à être ébouriffés et mouillés ; les intempéries leur plaisent. — A mon avis, tous ces traits indiquent des sens moins fins et un tempérament plus robuste.

Ce corps si robuste a de grands besoins. — Ils nous trouvent sobres ; partant, nous devons les trouver voraces. Les économistes disent qu'en moyenne un Français mange un mouton et demi par an, et un Anglais, quatre. Aux tables des restaurants, on vous sert un petit pain pour un très-copieux morceau de viande. — Caricatures dans le *Punch* sur les petits garçons gourmands : « Quelle terrible existence ! dit une jeune fille en voyant deux énormes porcs à l'engrais. Ne rien faire que manger et dormir ! » — Son frère, de dix ans, répond : « C'est justement de toutes les choses au monde celle que j'aimerais le mieux. » Exagération visible, mais qui indique un trait de mœurs. Van Brugh, dans son *Voyage à Londres*, a déjà peint le portrait du petit squire glouton, inconnu en France. — De tout temps, ils se sont glorifiés d'être carnivores et amplement nourris, c'était, à leurs yeux, un privilége de leur race, et un aliment de leur courage. « Race vigoureuse et vaillante, dit un de leurs récents historiens [1], saine de corps, fière et hautaine de cœur, amplement fournie de muscles qui, nourris par les grandes pièces de bœuf, étaient la merveille de leur siècle... Ils devaient en partie cette grande force physique à l'abondance prodigue où ils vivaient... Ennemis et amis, tous les décrivent comme la plus belliqueuse et la plus redoutable race de l'Europe... Cellini les appelle les bêtes sauvages anglaises... Quatre cents aventuriers, apprentis vagabonds de Londres, et qui formaient un corps de volontaires dans la garnison de Calais, furent, pendant des années, la terreur de la Normandie. Quand ils périrent à la fin, ils tombèrent entourés par une troupe six fois plus nombreuse et ils se firent tailler en pièces, en désespérés qui ne regardent plus à rien. »

Un Anglais, avec qui je causais au derby, partait du même principe pour ne pas approuver tout à fait les sociétés de tempérance. Selon lui, la race a besoin d'excitants ; même dans l'Inde, où il a vécu cinq ans, les Anglais auraient tort de renoncer entièrement aux spiritueux. « Nos matelots ne vivraient pas sans leur verre d'eau-de-vie. Nous sommes un peuple éminemment énergique ; il nous faut une nourriture et une boisson fortes pour remonter notre machine ; sans cela point d'*animal spirits*. C'est à cause de ce régime que nos marins sont si endurants et si braves. Quand ils vont à l'abordage, et qu'ils ont tiré leurs pistolets, ils les jettent sur le pont ennemi au hasard, disant qu'ils sont sûrs de les retrouver après la victoire. »

[1] Froude, *History of England*, tom. I, ch. xix.

Il est possible qu'il ait raison ; certaines organisations sont dépensières ; il y a des cheminées qui tirent mal, si l'on n'y fait pas beaucoup de feu. D'ailleurs, le climat, le brouillard, la grandeur du travail physique et mental poussent à la consommation ; tel ouvrier anglais, qui fait à lui seul l'ouvrage d'un Français et demi et vit dans le *fog* de Manchester, est une locomotive dont la chaudière ne bout qu'à force de spiritueux et de viande. Pitt n'avait pas trop de deux bouteilles de Porto à son dîner. — Mais je reviens à mes types.

II. Le flegmatique : les impressions se font en lui sans provoquer l'expression, à plus forte raison, l'ébranlement, le trouble, l'explosion. C'est le contraire absolu de la pétulance et de la passion méridionales. Air froid, figé, gestes d'automate, physionomie immobile, peu ou point de paroles.

B...., adressé à une famille, fait visite ; il est en train de causer avec la maîtresse de la maison ; arrive le mari, qui le voit dès la porte, traverse le salon en silence et les yeux tournés ailleurs, s'assoit, et, au bout d'une minute, lui dit sans remuer un muscle du visage ; « Content de vous voir, monsieur. » Rien de plus : après cinq autres minutes, il prend un journal et lit. Ce n'est pas mécontentement : il est hospitalier et bienveillant.

Récit d'un officier : un amiral anglais, après un long combat, force le vaisseau ennemi à se rendre, et reçoit sur sa dunette le capitaine prisonnier avec ce seul mot : « Fortune of war. » (Ce sont les chances de la guerre.) — Politesse, mais abréviative, à la laconienne.

Voici un fragment de lettre d'un de mes amis, après

quelques semaines de séjour : « Vous dirai-je ce qui m'a le plus frappé dans ce pays-ci? C'est l'assoupissement du système nerveux. Je regardais jouer au cricket l'autre jour, dans le *green* de Kew ; il y avait là sept ou huit jeunes Anglais qui se renvoyaient les balles. Certainement, ils ont dû faire des fautes, être maladroits plusieurs fois. Eh bien, pendant plus d'une heure et demie, il n'y a pas eu un cri, pas une seule observation faite à haute voix et d'un ton de reproche. Ils se renvoyaient les balles, changeaient de camp, tout cela avec le plus grand calme et le plus souvent en silence. — Vous avez dû remarquer que les Anglais parlent extrêmement bas. Une société italienne, dans laquelle je me suis fourvoyé par hasard, m'a positivement assourdi ; je m'étais habitué à ce ton modéré des voix anglaises.

« Mon cocher, l'autre jour, s'avise de se lancer à toute bride dans un *mews* (écurie) ; il fait peur à deux chevaux de maître qu'on était en train d'atteler. Le groom accourt, prend ses chevaux par le mors, les calme. Pas un seul mot vif échangé entre ces deux hommes. Figurez-vous la même scène en France, les injures du laquais fier de son maître, les grossièretés du plébéien jaloux, etc.

« Voilà, mon cher ami, ce que j'ai vu de plus significatif en Angleterre, et ce par quoi je m'explique la liberté anglaise. Ces gens-là ont de l'eau dans le sang, tout comme leur bétail dont la viande manque de suc : comparez les gigots de Saint-Léonard à ceux de Londres. Voilà pourquoi on peut leur permettre de se réunir, de brailler, d'imprimer ce qu'ils veulent. Ce sont des primates à sang froid et à circulation lente. »

Parmi les personnes que j'ai fréquentées, il y a deux

ou trois hommes très-instruits, très-considérés, qui pensent, qui ont écrit et qui parlent bien. Mais parler leur est désagréable. Ils font les honneurs de leur maison, et assistent aux conversations les plus intéressantes presque sans mot dire : non pas qu'ils soient inattentifs, ennuyés, distraits ; ils écoutent, cela leur suffit. Si on les interroge directement, ils résument leur expérience en une phrase ; cette dette payée, ils redeviennent muets, et cela n'étonne point ; on dit seulement pour expliquer leurs façons : « C'est un homme de peu de paroles. » (*Few words*.)

A présent, joignez à cette disposition le tempérament robuste et un peu grossier qu'on a décrit tout à l'heure, vous aurez une nuance particulière, le *sluggish*, lent, lourd, terne, matériel, impropre à toute culture fine, content de son occupation machinale, le vrai *boor* flamand de Van Ostade. Voici une biographie qui montre ce caractère joint à l'aptitude pratique et à un talent spécial.

John S... est fils d'un ouvrier aux environs de Bristol ; il a travaillé dès l'enfance à la petite forge de son père. Ayant des dispositions pour la mécanique, il inventa une espèce de boulon pour attacher les rails à leurs solives ; là-dessus un gentleman riche, bien élevé et qui le connaissait, lui offrit de l'argent afin de monter une usine. John consulte son père qui est demeuré simple ouvrier, d'esprit étroit, et qui refuse l'association. John persévère, étudie beaucoup, apprend ce dont il a besoin en mécanique, s'exerce longtemps, reçoit les fonds et monte l'usine ; l'an dernier elle a rapporté aux associés vingt mille livres sterling de bénéfices nets. Maintenant il a vingt-huit ans, il est déjà riche, et passe sa journée de la façon suivante. Le matin, il va à son usine, inspecte, surveille, prend la lime, enseigne le tour de main à un ouvrier maladroit, rentre horriblement sale, se lave et déjeune. De même l'après-midi. Il dîne. Le soir, il s'assied dans un petit café voisin, boit pour six pence de bière, fume sa pipe, et rentre pour se coucher à dix heures. Depuis trois ou quatre ans, il a une fiancée et ne l'épouse pas ; pourtant, elle a vingt-quatre ans, il l'aime, il a l'intention de l'épouser, il l'épousera ; mais il est *sluggish*, se trouve bien comme il est ; c'est inertie, inertie morale. Pour elle, elle l'attend patiemment, elle est douce, soumise. Il va la voir le samedi soir, fait de petits voyages avec elle, visite des amis ; tous deux découchent, et reviennent ensemble le lundi. Tout cela très-honnêtement ; les mœurs tolèrent ces libertés, et personne n'en cause. Au reste, pas une idée, pas une curiosité ; à peine s'il sait l'orthographe ; il ne lit pas, il ne s'intéresse qu'à son état : une jaquette usée pour le travail, et une jaquette propre pour le dimanche ; rien au delà ; son cercle est tracé, il y reste comme un escargot dans sa coquille. Pourtant, sur le conseil du gentleman, son associé, il vient de se faire bâtir une belle maison ; mais il n'y est pas à l'aise. — Eliot, dans ses romans, a peint admirablement ces naturels pesants, bornés, si fréquents en Angleterre, qui demeurent fixés et comme à l'attache dans la vie animale, ou manuelle, ou locale, gardent la tradition, et n'en sortent que de loin en loin, par exception, et sur un point.—Voyez aussi l'hôtelier John Willet dans *Barnaby Rudge*, de Dickens, caricature excellente. Le personnage est moitié bœuf et moitié taureau ; dans cette masse épaisse de chair, les idées rares et courtes sont comme figées, et aucune idée nouvelle ne pénètre.

Au contraire, quand l'homme est un gentleman intelligent et cultivé, le tempérament flegmatique lui donne l'air parfaitement noble. J'en ai plusieurs dans la mémoire, au teint pâle, aux yeux d'un bleu pâle, aux traits réguliers, qui font un des plus beaux types de l'espèce humaine. Rien de trop chevaleresque, de brillant et galant, à la façon du gentilhomme français ; on sent un esprit absolument maître de soi, et que le vertige ne peut atteindre. — Ils érigent en vertu cette qualité de leur tempérament ; selon eux, le principal mérite d'un homme est de garder toujours sa tête froide et lucide (*clear and cool head*). Ils ont raison ; rien de plus utile dans le malheur et dans le danger, et c'est bien là un de leurs traits nationaux, le don par lequel ils réussissent. Un officier français qui a fait la guerre de Crimée me conte comment à Inkermann un bataillon anglais de chasseurs détruisit deux régiments russes. Les Russes tiraient toujours et ne reculaient pas d'une semelle ; mais ils étaient troublés et visaient mal ; au contraire, les chasseurs anglais évitaient de se presser, ajustaient, et ne perdaient presque aucun de leurs coups. L'homme est dix fois plus fort quand son pouls reste calme et que son jugement demeure libre.

Les conséquences et les nuances d'un type sont innombrables. Si l'on part de ce principe que, chez le flegmatique, les gestes, le mouvement et l'expression sont nuls, rares ou difficiles, on s'explique les figures suivantes ; je copie des croquis pris sur place :

Le *swell*, ou dandy de second ordre. Absolument une gravure de modes ; tout ce qu'il y a de plus neuf et de plus correct en linge et en habits ; les favoris, la moustache et les cheveux sortent des mains du coiffeur, et il a l'air lui-même d'une poupée de coiffeur; son teint clair et ses yeux de verre conviendraient à une figure de cire ; attitude immobile, gestes compassés, il ne dérangera pas un pli de sa cravate ; ses habits sont sur lui comme pour la montre. Le mouvement diversifié, imprévu, la physionomie gracieuse, gaie, amusante, qui peuvent seuls faire tolérer cette espèce, manquent tout à fait, et il ne reste qu'un sot empaillé.

Le personnage roide, qui marche comme s'il avait un pieu dans le corps.—Très-fréquent chez les clergymen.

La grande machine mal agencée dont les rouages sont rouillés. Voyez beaucoup de grands jeunes gens et aussi des hommes de cinquante ans qui ont travaillé : toutes les pièces qui les composent grincent d'être ensemble. Les gestes et la physionomie, n'ayant pas l'agilité nécessaire, partent maladroitement, hors de propos et avec une explosion discordante. Cela est surtout visible dans le mouvement convulsif de la bouche.

Le timide. L'expression lui étant difficile, il s'en exagère la difficulté. S'il a peu d'esprit, son silence habituel l'enfonce toujours plus avant dans sa niaiserie native ; s'il en a beaucoup, il se concentre, il vit solitaire dans un monde de sentiments intimes dont il n'a ouvert l'accès à personne, et, à mesure qu'il se sent plus étranger, il se renferme davantage. — Ces deux sortes de caractères sont plus nombreux ici qu'on ne saurait le dire. Non-seulement des jeunes filles, mais des femmes de quarante ans s'effarouchent d'une figure nouvelle ; on me cite une lady du premier rang ayant l'habitude des grandes cérémonies et qui devient muette, rouge, quand un étranger lui est présenté. Des hommes, extrêmement instruits, savants même, ayant voyagé, sachant plusieurs langues, sont embarrassés en compagnie; on vivrait six mois avec eux sans s'apercevoir de leur mérite; ils n'ont ni l'art ni le désir de se produire; pour ouvrir la bouche, il faut une grande secousse, un intérêt urgent. J'en sais un qui bégayait dans un salon, et qui les jours suivants, dans huit meetings, a parlé avec une très-grande éloquence.— Cette sorte de maladresse et de honte, toute physique, est propre aux nations germaniques. Au contraire, l'Italien, le Français parlent naturellement, avec aisance et confiance; le Français encore plus que l'Italien, parce qu'il se fait tout de suite le camarade de son interlocuteur. Un vieil historien a noté ce trait que le Français est celui de tous qui parle avec le moins de trouble aux rois et aux princes.

Par un autre effet de ce tempérament, maintes fois la créature humaine se trouve attardée, peu précoce; elle n'ose pas se développer, elle demeure plus longtemps dans la vie animale ou enfantine; elle est souvent naïve, innocente, primitive. La physionomie reste jeune ici bien plus tard que chez nous, surtout qu'à Paris, où elle se flétrit si vite. Parfois elle reste candide jusque dans la vieillesse; je me rappelle en ce moment deux dames âgées en cheveux blancs dont les joues étaient unies et doucement rosées; après une heure de conversation, on découvrait en elles des fraîcheurs d'âmes égales à celles de leur teint. — Comme tout trait un peu général celui-ci produit des grotesques et des chefs-d'œuvre.

— Le piquet solennel (*dignified*) ; corps et esprit ankylosés ; beaucoup de principes.

— L'effarée, qui ouvre la bouche niaisement et a l'air de ne pas comprendre.

— La grande génisse grasse, lymphatique, aux cils blancs.

— L'oie femelle : grands yeux niais à fleur de tête, longue taille mal emmanchée au-dessus des bouffissures de la crinoline.

— La jeune fille enfant, rose, folâtre, aux cheveux épars sur le col, véritable oiseau, qui rit et gazouille incessamment, et sans plus d'idées qu'un oiseau. Dickens a peint ce type dans Dora, la *child-wife* de David Copperfield.

— La vierge blonde, aux yeux baissés, rougissante, plus pure qu'une madone de Raphael, sorte d'Ève incapable de chute, dont la voix est une musique, adorable de candeur, de douceur, de bonté, et devant laquelle on est tenté de baisser les yeux par respect. Depuis Virginia, Imogène et les autres femmes de Shakspeare ou de ses grands contemporains, jusqu'aux Esther et aux Agnès de Dickens, la littérature anglaise les a mises au premier plan ; elles sont la plus parfaite fleur du pays.

— La parfaite honnête femme, calme, sérieuse, de qui la tentation n'a jamais approché, et dont la vie est arrangée de façon à écarter toute curiosité, toute mauvaise pensée, toute chance de faillir. — Dans ce genre, beaucoup de jeunes quakeresses sont frappantes: chapeau court auvergnat, ou doublé d'un voile blanchâtre, teint reposé d'une religieuse. L'expression est celle d'une personne qui a vécu dans un enclos moral sans avoir jamais eu l'idée d'en sortir.

Comme la toilette est une sorte d'expression, un dehors superposé aux autres dehors, elle dénote ce que manifestaient déjà la physionomie et les gestes, à savoir la maladresse, le manque d'habileté, de souplesse, de tact. Règle générale, le costume doit traduire la personne, et ici presque toujours il la traduit mal. — Deux exceptions : l'habit de cheval, l'amazone noire qui prend la taille, qui est simple, sans ornements, et montre la hardiesse, l'agilité, la force, la santé physiques ; l'habit de voyage, le petit chapeau de paille avec un seul ruban, la robe unie, les bottines de cuir solide, tout ce qui indique la bonne marcheuse, dépourvue de coquetterie, capable de monter avec son mari sur une impériale de diligence, d'être la vraie compagne de l'homme, et non une poupée délicate, embarrassante. — Hors de ces deux costumes, leur toilette emphatique et surchargée est d'une lorette ou d'une parvenue; on est tout surpris de voir cet attirail sur une figure de jeune femme honnête. A Hyde-Park, le dimanche, sur des dames ou des jeunes filles de la bourgeoisie riche, l'exagération du costume est choquante : chapeau semblable à des touffes empilées de rhododendrons, ou d'une blancheur de neige, d'une petitesse extraordinaire, avec des paquets de fleurs rouges et d'énormes rubans ; robes de soie violette et lustrée à reflets éblouissants, ou de tulle roide sur une envergure de jupons hérissés de broderie : immenses châles de dentelle noire qui descendent jusqu'aux talons ; gants immaculés blancs ou d'un violet vif ; chaînes d'or, ceintures d'or avec des agrafes d'or ; cheveux tombants sur la nuque en masse luisante. L'éclat est brutal ; elles semblent sortir d'une armoire et défiler pour le compte d'un magasin de nouveautés. Non pas même cela, car elles ne savent pas porter leurs toilettes. Elles ont la tête roide sur le cou, comme un suisse à la procession ; leurs cheveux sont plaqués ou trop tombants ; leurs habits sont posés sur elles comme sur un portemanteau de bois. La crinoline fait cuve en bas, les mantelets se relèvent par derrière en bouffissures maladroites et prétentieuses ; il n'y a pas trois jolies tailles. La blanche rangée de dents est une tache crue sur le rouge des lèvres ; les pattes noires fortement chaussées se montrent sous les jupons ballonnants. Ainsi boursouflées, elles marchent en bruissant ; leur robe les suit et les précède, avec le va-et-vient d'une cloche. Comparé à l'ondulation souple, aisée, muette, serpentine d'une robe et d'une d'une démarche espagnole, le mouvement ici est énergique, discordant, saccadé comme d'une mécanique.

III. Dernier type, la créature active, énergique, capable d'entreprise, d'efforts, d'*endurance*, de persévérance, et qui aime l'effort pour l'effort. Les éléments d'un pareil caractère sont nombreux, et je ne les débrouille pas bien encore. Voyons des cas particuliers, des exemples.

Un jour, comme je revenais d'une visite à la campagne, deux jeunes gens font demander si je veux les prendre dans mon *fly* pour les conduire à la station, et offrent de payer la moitié du *fly*. Naturellement, j'accepte le commencement de la proposition et je refuse la fin. Nous causons. Ce sont deux frères, dix-neuf ans, dix-sept ans ; ils ont dix frères et sœurs, et partent pour la Nouvelle-Zélande, ils comptent rester douze ans et revenir avec une fortune ; ils seront *sheep-farmers*, éleveurs de moutons. Impossible de rendre l'élan, l'ardeur, la décision de leurs gestes et de leur accent ; on sent la surabondance d'énergie et d'activité, la *plenty of animal spirits*, qui déborde. Ils ont l'air de lévriers bien découplés, humant l'air, en pleine chasse. Selon l'aîné, il y a déjà en Nouvelle-Zélande des villes de dix mille âmes. Avec mille ou deux mille livres sterling de capital, on peut, au bout de douze ans, en rapporter vingt mille. — « Vous aurez une trentaine d'années ; vous reviendrez juste à temps pour vous marier. — Yes, sir. » — Ce mot a été dit avec le plus vif éclat, avec une admirable explosion juvénile. — La première année il apprendra son métier ; puis il se lancera, il nagera de lui-même. Là-bas, on est son propre manœuvre. « Bâtir, fendre le bois, labourer, moissonner, paître les bestiaux, tondre les moutons, tout avec ces mains-là ! » Et de rire avec le plus âpre et le plus joyeux entrain. — Il a quelque préparation : il a vécu dans une ferme, il sait un peu de mathématiques appliquées, l'allemand, pas le français, et il a voyagé en France, en Allemagne, en Suisse ; ses phrases sont hachées, vibrantes et comme dardées ; « Obligé d'aller aux colonies ; familles nombreuses, vous savez ; obligé de s'aider soi-même. » — Ces deux jeunes gens gais, hardis, entreprenants, m'ont fait plaisir ; voilà une belle manière d'entrer dans la vie ; on ose beaucoup ici ; le monde est ouvert et on l'écrème. L'Angleterre reste le but du retour, le trésor où tout afflue et reflue. Une fois la fortune faite, l'élan continue ; les enfants d'un père riche sont tenus de travailler à cause de leur nombre, et parce que la loi d succession donne la plus grosse part à l'aîné. En outre, riches ou enrichis, ils ont tous pour emploi la politique, les associations, la vie publique, locale ou générale. Toujours le travail qui apparaît comme but ou terme du travail. Chez nous, on fait fortune pour se retirer, se reposer, être oisif, et procurer à ses enfants le moyen de l'être.

Otez la jeunesse : avec des dehors plus calmes, le même besoin d'agir et de faire subsiste dans l'âge adulte. A ce sujet, voici l'historique d'une vie que j'ai connue. M. W... est fils d'un petit commerçant (*shop-keeper*) qui avait six enfants. Ce père lui fit donner une éducation d'ingénieur praticien, et, sitôt que le jeune homme eut dix-huit ans, lui ordonna, non par dureté, mais par principe, de se suffire à lui-même. Beaucoup de parents ici croient qu'ils ne doivent à leurs enfants que l'éducation. — W... s'en alla en Ecosse, trouva une place de trente à quarante livres par an. Quelques années après, il est envoyé dans l'Inde pour poser un phare : trois cents livres par an. Le phare est bien installé, il repart et en pose un second : quatre cents livres par an et cent livres de gratification. — De retour, il travaille à la construction d'un pont tubulaire, en dirige les comptes rendus, devient secrétaire d'une compagnie à Londres: cent cinquante livres de fixe ; il se marie avec une jeune fille qui est *governess* et n'a pas le sou. — Présentement le voici secrétaire d'un grand établissement à six cents livres par an. Il y va tous les jours, y travaille dans son bureau pendant neuf ou dix heures à toute vapeur (*full steam*). l'e trente à soixante-dix lettres à écrire, environ vingt-cinq visites à recevoir, et l'inspection d'une infinité d'objets et de personnes. — Rentré chez lui, il collabore à un Dictionnaire des antiquités grecques ; pour cela il a d'abord lu les anciens dans les traductions, puis, aidé et conseillé par ses amis savants, les entrepreneurs du Dictionnaire, il est arrivé à les lire couramment dans le texte. Il passe à cela une partie des nuits ; notez qu'il a choisi les articles petits, ennuyeux, parce que personne ne les aurait pris, et qu'il fallait quelqu'un pour les faire. Le but commandait en souverain ; il a fourni un homme de bonne volonté, lui-même.— Outre cela, il a trouvé le temps d'apprendre et de savoir bien l'allemand, le français, la musique, de se cultiver en toute façon, d'être au courant de tout. Il avoue qu'il a besoin d'agir, qu'une fois, ayant passé deux jours tout à fait oisif, il mourait d'ennui ; qu'il aime à voyager, parce que tous les jours on se bourre de faits, d'idées neuves ; il prétend que ce besoin de travail est le fonds anglais ; la machine se broie elle-même, si elle tourne à vide. — La jeune femme gracieuse, bien élevée et instruite, avait pour grand-père le menuisier d'un collége. Son père, le fils du menuisier, entré par faveur au collége, fit de très-belles études, eut les honneurs, sortit *tutor* ; ayant pris des noblemen en pension chez lui, il obtint par leur crédit une cure qui valait par an cinq cents livres ; de plus il était très-bon prédicateur : ses sermons se vendaient beaucoup. Aidé par sa réputation, il vint à Londres, fonda une chapelle avec le secours de quelques personnes riches, et finit par gagner environ douze cents livres par an. Marié deux fois, la première avec une femme qui n'avait rien, la seconde avec une personne aisée, il a eu quatorze enfants du premier lit, six du second ; les fils sont professeurs, hommes de loi, clergymen, presque tous fort à l'aise; parmi les filles, plusieurs sont restées au logis, d'autres se sont faites gouvernantes, entre autres madame W... *to be independant.* — Ce dernier mot est tout à fait caractéristique, et selon moi, admirable. — W..., sa femme et leurs trois enfants vivent confortablement ; ils louent pour cent livres par an un cottage aux environs de Londres; tous les ans ils font un voyage en famille. — Il est clair pour moi qu'ils dépensent tout ; s'ils pourvoient à l'avenir, c'est tout au plus par quelque assurance. — Très-bon spécimen de la vie anglaise : être confié de bonne heure à soi-même, épouser une femme sans fortune, avoir beaucoup d'enfants, dépenser tout son revenu, ne point économiser, travailler énormément, mettre ses enfants dans la nécessité de travailler de même, s'approvisionner incessamment de faits et de connaissances positives, se distraire d'une besogne par une autre besogne, se reposer par des voyages, toujours produire et toujours acquérir ; ils ne souhaitent rien de mieux, ni pour eux-mêmes, ni pour leurs enfants.

Une pareille disposition de cœur et d'esprit s'explique par beaucoup de causes concourantes ; voici celles que j'entrevois :

Le droit d'aînesse, et le grand nombre des enfants ; par suite, chacun est tenu de s'aider lui-même et acquiert, tout petit, l'idée qu'il doit être l'artisan de sa fortune. Mais, pour expliquer ce grand nombre d'enfants, il faut, entre autres causes, admettre chez les parents plus de courage et surtout plus d'insensibilité que chez nous :

plus de courage, car ils craignent moins les embarras d'une nombreuse famille, et l'obligation de travailler dans leur vieillesse; plus d'insensibilité, car ils acceptent d'avance cette idée que leurs enfants devront lutter, peiner, que leurs filles les quitteront pour toujours, iront s'établir dans l'Inde, en Australie. Au contraire, le premier désir d'un père français est d'éviter à son fils les misères qu'il a subies lui-même; il se prive pour doter ses filles, et ne supporte pas la pensée d'en avoir une demi-douzaine qui seront gouvernantes, ou dont il se défera par l'exportation.

Deuxième cause, le climat; j'y reviens toujours, car il n'y a pas de plus grande puissance. Songez que cette humidité et ce brouillard existaient, et pires encore, sous les rois saxons, et que cette race y a vécu, aussi loin qu'on peut la suivre, jusque dans sa première patrie, sur les côtes de l'Elbe et du Jutland. — A Manchester, l'hiver dernier, un de mes amis me conte que dans le principal hôtel de la ville, il a fallu tenir le gaz allumé cinq jours durant : à midi, on ne voyait pas assez clair pour écrire; le sixième jour, le brouillard durait encore, mais la provision de gaz était épuisée. Pendant six mois, et pendant beaucoup de jours des autres mois, ce pays-ci semble fait pour des canards sauvages.— Après avoir vu Londres, les maisons de campagne, tout le luxe et tout le confortable, je disais à un Anglais : « Le salon et la salle à manger sont parfaits, il me reste à voir la cuisine, les industries, Manchester, Birmingham et Liverpool; comment vivent là-bas vos ouvriers? — Ils travaillent; que peut-on faire d'autre dans ces rues et dans ce *fog?* » — La tristesse et la sévérité de la nature coupent net et par la racine toute conception voluptueuse de la vie. L'idéal, sous ce ciel, c'est un logis sec, propre, bien clos, bien chauffé, le tête-à-tête avec une femme fidèle, bonne ménagère, habillée avec soin, les joues roses d'enfants bien lavés et en linge frais, l'aspect d'un feu riant, l'abondance des meubles, ustensiles, brimborions utiles ou agréables, bien rangés et bien vernis, dont la présence rappelle à l'homme qu'il est défendu contre les intempéries et l'ennui, approvisionné pour tous les besoins possibles de son corps et de son esprit. Au contraire, en Provence, en Italie, dans les contrées méridionales, l'idéal est la flânerie à l'ombre, sur une terrasse, en plein air, avec une maîtresse, devant un noble paysage parmi des senteurs de roses, des statues et des sons d'instruments. Pour savourer délicatement la beauté de la lumière, l'air tiède, les fruits délicieux et l'architecture des paysages, les sens n'ont qu'à s'ouvrir ; ici le climat les ferme, et, à force de les boucher, les rend obtus. — Prenez un exemple réduit: Un pauvre, à Marseille ou à Milan, achète pour un sou une livre de raisins dignes d'être servis à la table des dieux, et il acquiert ainsi l'*idée de la sensation exquise ;* comment voulez-vous qu'une pareille idée puisse naître dans un cerveau dont le palais ne connaît rien au delà d'un morceau de viande et d'un verre de *gin* ou d'ale? Exclu de cette voie, l'homme ne songe pas à la jouissance fine et sensuelle; il ne saurait plus l'éprouver, il s'est endurci, roidi, accommodé aux exigences et à l'inclémence de son milieu. Partant, sa pensée se tourne ailleurs, et il le faut bien, car il n'aurait pas le temps de paresser, de goûter et de jouir, s'il en avait l'envie. Le froid, la pluie, la boue, le mauvais temps, le sol ingrat, sont des ennemis qu'il est tenu de combattre incessamment. En outre, sa machine consomme davantage et a besoin de réparations plus fortes, elle ne subsisterait pas sans spiritueux et grosses viandes.— Un pauvre n'est pas malheureux dans le Midi, il a gratis les plus belles et les meilleures choses, presque pour rien les choses nécessaires, et il y a tant de choses qui sont nécessaires dans le Nord, et dont il n'a pas besoin : la nourriture abondante, la lumière artificielle, le feu, l'habitation bien close, les habits chauds, le linge souvent renouvelé, et le reste! Ici il fait peine à voir. Rien de plus horrible qu'un habit, un logis, une chemise, une figure de mendiant anglais; à Hyde-Park, le dimanche, quand une famille d'indigents s'assoit sur l'herbe, elle fait tache. Ayez vingt mille livres de rente ici, ou coupez-vous le cou : voilà une idée qui me suit sans cesse, et les affiches des omnibus me la suggèrent encore davantage en m'apprenant que « les célèbres rasoirs de Mappin ne coûtent qu'un shilling. »— Ils sont de cet avis, et disent, pour s'excuser, que très-ordinairement, chez eux, la misère dégrade. C'est en partie pour éviter cette chute que l'Anglais recherche si âprement la richesse. Il la prise parce que, à ses yeux, elle est l'accompagnement, l'aliment, la condition de la moralité, de l'instruction, de toutes les qualités qui font le gentleman. Sous ce coup de fouet perpétuel, chacun avance tirant sa charrette; or l'habitude se tourne en besoin; même arrivé au but, il tire encore, et, à défaut de sienne, il s'attelle à la voisine, celle de sa commune, de son association, ou de l'État.

Autre mobile: il a besoin d'exercice rude, il a les instincts militants, par suite le désir de vaincre et de se rendre l'orgueilleux témoignage qu'il accomplit une tâche difficile. De cela, il y a mille indices. — J'ai déjà noté les besoins de mouvement physique, les grandes marches des jeunes filles, l'habitude universelle du cheval ; le climat humide et froid réclame le jeu des muscles ; ajoutez les innombrables yachts de plaisance, les périlleuses courses au clocher, la chasse. Un ambassadeur qu'on me nomme passait, quand il était jeune, tout l'été en Ecosse ; pendant six jours de la semaine, il chassait avec un camarade dans les highlands, couchait en plein air, rentrait le samedi soir, repartait le lundi à quatre heures du matin. Nombre de jeunes gens et d'hommes faits vont tous les ans pêcher le saumon en Norwége, tirer le daim au Canada ou l'éléphant au Cap ; quant aux voyages pleins de dangers et de *hardships*, les femmes mêmes les affrontent et seules ; là-dessus, j'ai cinquante exemples pour un, et d'ailleurs leur réputation est faite. — Appliquons ce besoin d'action et de lutte aux métiers et aux professions ; il produira l'énergie nécessaire pour en supporter la fatigue et l'assujettissement, surtout si l'on tient compte de deux circonstances qui allégent beaucoup le principal poids du travail moderne, je veux dire l'ennui. L'une est le tempérament flegmatique qui supprime les sursauts d'idées, l'improvisation, les petites émotions intervenantes, et permet à l'homme de fonctionner avec la régularité d'une machine. L'autre est le manque de délicatesse nerveuse, l'insensibilité acquise, l'habitude des sensations ternes, qui supprime en l'homme le besoin du plaisir vif et varié, et l'empêche de se révolter contre la monotonie de son ouvrage. J'ai vu nettement cela en France en suivant, dans une manufacture d'impression sur étoffes, le travail de deux ouvriers anglais parmi trente Français: longues figures froides, silencieuses, sans expression, sans distraction, sans hâte, qui se donnaient juste le degré de mouvement nécessaire, ne s'animaient et ne se détendaient jamais, et travaillaient aussi bien à la dixième heure qu'à la première. — En résumé, nulle autre issue aux facultés que l'action utile ; tyrannie des besoins nombreux auxquels le travail seul peut donner pâture ; goût naturel pour l'effort physique et la lutte morale ; nulle aversion pour la monotonie du labeur insipide : il y a là de quoi faire, en toute carrière manuelle ou libérale, de puissants et patients ouvriers.

Par une conséquence très-naturelle, ce caractère est devenu ici le modèle idéal ; car tout peuple consacre et dresse sur un piédestal le type qui manifeste le mieux ses facultés et sert le mieux ses besoins. C'est pourquoi l'opinion et la morale disent à l'Anglais : « Travaille et concours à quelque œuvre utile ; sinon, tu n'es pas un homme, et tu n'as pas le droit de t'estimer. » — Voilà une nouvelle impulsion qui est un contre-coup des précédentes, mais qui n'en est pas moins distincte, et qui est ici d'importance capitale. Car elle est une idée, une conviction de l'esprit ; or, dans les hommes de ce pays, les pures idées, les convictions, les opinions réfléchies de la cervelle raisonnante sont beaucoup plus dominatrices et efficaces qu'ailleurs. — Rien de plus rare que cet empire dans les races vives et méridionales. A mon sens, un Français raisonne pour raisonner ; il lui est agréable de nouer des idées les unes au bout des autres ; si la conclusion est neuve et de grande portée, son plaisir est extrême : mais il s'en tient là ; il s'est donné à lui-même un beau spectacle d'espèce très-relevée ; cela lui suffit. — Au contraire, pour une tête germanique, surtout pour une tête anglaise, la conclusion lentement élaborée n'est qu'un point de départ ; elle devient un principe, *un ressort d'action*, une des puissances, souvent la plus grande des puissances, qui gouvernent sa conduite. Il n'agit pas, comme l'autre, par impulsion, sous la secousse du moment, par l'effet de passions vives que la réflexion a laissées intactes, et qui débordent d'elles-mêmes en chaudes volontés. Ces impulsions reculent chez lui à l'arrière-plan ; c'est son idée qui prend la première place et le détermine. Ayant admis qu'un homme doit faire effort et se rendre utile, il n'a pas besoin d'un autre motif pour faire effort et se rendre utile. — Je citais tout à l'heure ce mot de M. W... à propos des petits articles ennuyeux qu'il s'était réservés dans le Dictionnaire : « Il fallait bien qu'ils se fissent. » De même, Arthur Young qui, pendant deux ans, à cheval, visitait une à une toutes les provinces de France dans l'intérêt de l'agriculture ; les Français, auxquels il disait cela, avaient peine à le comprendre. A leurs yeux, la chose était jolie en paroles ; mais quitter sa famille et ses affaires, faire une corvée si longue, d'échéance si lointaine, de succès si douteux, tout seul, sans mission, par choix personnel, sans autre motif déterminant qu'une froide idée tout abstraite, cela leur paraissait étrange. — Mêmes causes que ci-dessus pour expliquer cette puissance d'une idée, surtout d'une idée morale. D'abord, dans le naturel flegmatique et endurci, les puissances rivales sont moindres ; il y a moins de vivacités, d'entraînements, d'impétuosités qui se jettent en travers et rompent la ligne de conduite uniforme. En outre, l'attrait du bonheur sensible est moindre, moins pénétrant et moins séduisant. Enfin, quand volontairement on s'est donné une consigne, quand par la réflexion on l'a jugée noble, quand à l'épreuve on la trouve pénible, l'orgueil et l'esprit militant s'y obstinent jusqu'au bout. — Voilà le sentiment du devoir; les Anglais disent qu'à tous les étages il est un des traits essentiels de leur caractère national.

Cela posé, revoyons les types. — Lorsqu'à huit heures du matin, au débarcadère d'un chemin de fer, on voit les gens arriver de la campagne pour leurs occupations de la journée, ou lorsqu'on se promène dans une rue affairée, on est frappé du nombre des figures qui manifestent ce type de volonté froide et opiniâtre. Ils marchent droit, d'un mouvement géométrique, sans regarder à côté d'eux, sans distraction, tout entiers à leur affaire, comme des automates poussés chacun par son ressort. La grande figure osseuse, le teint pâle, souvent jauni ou plombé, le regard rigide, tout, jusqu'au long chapeau noir perpendiculaire, jusqu'aux fortes et larges chaussures, jusqu'au parapluie serré dans son étui et porté d'une certaine façon, indiquent l'homme insensible aux idées d'agrément et d'élégance, uniquement préoccupé d'expédier vite et bien beaucoup de besogne. — Parfois, on retrouve la physionomie de Pitt, la mince figure impassible et impérieuse, les yeux pâles et ardents, le regard qui luit comme l'éclair fixe d'une épée ; l'homme alors est d'une trempe plus fine ; mais sa volonté n'en est que plus incisive et plus âpre ; c'est le fer qui s'est fait acier. — L'effet est au comble quand cette expression se rencontre sur un visage de jeune fille ; je l'y ai vue plusieurs fois, et l'accent, la parole, la pensée étaient à l'unisson ; au bout de deux minutes, on sentait le tranchant du couteau. Probablement ce sont de pareilles femmes qui, en manière de promenade, vont seules d'Alexandrie à Khartoum, ou par philanthropie, conduisent de Londres en Australie des convois de femmes.

Je copie une note écrite à la fin d'un précédent voyage et qui est confirmée pour moi par celui-ci : « Si on excepte les beaux et les belles des promenades, quatre fois sur cinq le type anglais est le suivant : pour les femmes, la capacité de supporter beaucoup, et fréquemment la physionomie d'une personne qui a supporté beaucoup, partant l'air résigné, ou éteint, ou entêté, qui fait dire : *She has made up her mind*; pour les hommes, la capacité d'agir beaucoup, de faire effort longtemps, l'empreinte de l'attention prolongée, les traits tirés, point amollis ni rêveurs, la mâchoire contractée, la face impassible, *steadfastness*. »

L'excès de cette faculté et de ce genre de vie se montre de toutes parts, et notamment dans la classe pauvre. Nombre de figures parmi les ouvriers et les *day labourers* de la campagne, sont creusées, blémies, exténuées par la fatigue, et font penser aux rosses de fiacre qui stationnent patientes et inertes, les quatre jambes écartées, pendant que la pluie ruisselle sur leurs vieux flancs maigris. Cheveux grisâtres et pendants, en mèches rares; la bouche reste à demi ouverte, comme par un relâchement involontaire des muscles ; l'œil n'a plus de regard. L'homme va encore, mais il semble que ce soit par l'effet d'un mouvement acquis : il est devenu machine. Quand un peu d'expression lui revient, il semble sortir d'un mauvais rêve. — L'usure, le *wear and tear of life*, l'épuisement de la créature attelée à un fardeau trop lourd, surmenée, ahurie, est encore plus visible chez les femmes. Parfois, pendant une visite qu'on leur fait, sur une question qu'on leur adresse, leurs lèvres essayent de retrouver un sourire. Mais on détourne les yeux et on a le cœur gros, quand on a vu cette tentative de sourire.

IV. Le fort, le flegmatique, le travailleur ; autour de ces trois types se groupent bien des variétés, selon les différences de classe, d'éducation, de métier, de sexe et d'âge, elles-mêmes compliquées par les divers degrés de pureté et d'intensité que peut présenter chaque type. Mais tout ceci n'est qu'une esquisse; il faut maintenant la vérifier, la rectifier, l'approfondir, toujours au contact des choses vivantes.

CHAPITRE II

MŒURS ET INTÉRIEURS

Quantité de dîners ou déjeuners en ville, de promenades à la campagne, avec des personnes de la haute bourgeoisie et quelques-unes de la noblesse.

Les salons et les dîners sont comme partout; il y a un certain niveau de luxe et d'élégance où se rencontrent toutes les classes riches de l'Europe. La seule chose très-frappante à table ou en soirée, c'est l'extrême fraîcheur des femmes et aussi leur toilette; le ton de la peau est éblouissant. Hier, j'étais placé à côté d'une jeune dame dont le cou et les épaules semblaient de la neige, ou plutôt de la nacre; ce blanc extraordinaire est si fort que, pour mes yeux, il n'est pas vivant. Robe rose, couronne de fleurs rouges, fanfreluches vertes et un collier d'or au cou, comme une reine sauvage : elles ont rarement le sentiment des couleurs.

Grande soirée chez un ministre; l'escalier est monumental et les salons sont hauts, princiers. Mais cela est rare ; d'ordinaire, la maison n'est pas bien arrangée pour recevoir. Quand on a beaucoup de monde, les deux salons du premier ne suffisent pas : des gens fort riches et qui sont tenus de représenter donnent leur soirée aux deux étages ; les dames, faute de place et pour avoir de l'air, s'assoient sur les marches des escaliers. — Aujourd'hui, on me montre nombre de personnages marquants, mais je n'ai pas le droit de les décrire. Quelques jeunes femmes et jeunes filles sont fort belles, et tout ce monde est fort paré ; plusieurs ladies ont les cheveux pleins de diamants, et leurs épaules, très-découvertes, ont la blancheur incomparable dont je parlais tout à l'heure ; les pétales d'un lis, les luisants du satin n'en approchent pas. Mais il y a beaucoup de cigognes en gaze et en tulle, beaucoup de haridelles efflanquées, des nez proéminents, des mâchoires de macaques ; la laideur est ici plus laide que chez nous. — Pour les hommes, leur type physique et leur expression s'accommodent mal à ce milieu ; ils sont souvent trop grands, trop forts, trop automates, avec des yeux inertes ou sauvages, avec des traits anguleux et bosselés. Je retrouve là deux Français de l'ambassade ; comme leurs figures intelligentes et vivement gaies sont agréables par contraste !

Il suffit d'être présenté pour être accueilli avec une politesse parfaite. Les Français croient à tort qu'ils en ont le privilége ; à cet égard, en Europe, tous les gens bien élevés se ressemblent.

Autre soirée chez lady S... Une de ses filles chante au piano une chanson norwégienne, et la chante bien, avec entrain et expression, ce qui n'est pas commun. De l'avis de mes amis musiciens, les Anglais sont encore plus mal doués que nous pour la musique. Partant, à ce sujet, toutes les illusions leur sont possibles; miss B..., ayant écorché impitoyablement une sonate, s'arrête au milieu du recueillement général ; sa mère me dit : *She has quite a genius for it.* — Deux autres jeunes filles sont belles et gracieuses; cependant elles ont trop de rose, et sur ce rose trop d'agréments d'un vert criard qui désole les yeux.

Mais en revanche, comme elles sont simples et affables ! Deux fois sur trois, quand on cause ici avec une femme, on se sent reposé, touché, presque heureux ; leur accueil est bienveillant, amical; et quel sourire de bonté douce et calme ! Aucune arrière-pensée ; l'intention, l'expression, tout est ouvert, naturel, cordial. On est à l'aise bien plus qu'auprès d'une Française ; on n'a pas la crainte vague d'être jugé, raillé ; on ne se sent pas en présence d'un esprit affilé, perçant, tranchant, qui d'un trait va vous couper en quatre, ni d'une imagination vive, exigeante, ennuyée, qui réclame des anecdoctes, du piquant, du brillant, de l'amusement, de la flatterie, toutes sortes de friandises et vous plante là si n'avez pas de bonbons à lui offrir. La conversation n'est ni un duel, ni un concours; on peut présenter sa pensée telle qu'elle est sans l'enjoliver ; on a le droit d'être ce qu'on est, ordinaire. On peut même, sans l'ennuyer ni avoir l'air pédant, lui parler de choses graves, obtenir d'elle des renseignements positifs, raisonner avec elle comme avec un homme. Je transcris quelques conversations notées sur place.

Dîner chez mistress T....; ses deux nièces sont à table. Petites robes bien simples de pensionnaires.

L'aînée ne lève pas les yeux de tout le repas, ou coule timidement son regard. Ce n'est pas niaiserie : après le dîner, j'ai causé très-aisément une heure avec elles. Leur silence n'est que timidité, pudeur enfantine, sauvagerie naïve de biche effarouchée. Quand on leur adresse la parole, leur sang leur monte aux joues. Pour moi, j'aime cette jeunesse d'âme ; il ne faut pas qu'une jeune fille ait trop tôt l'assurance et les façons du monde ; la Française est une fleur trop vite ouverte.

Elles passent l'hiver et l'été à la campagne, à vingt milles de la ville. Deux heures au moins de promenade par jour ; puis on travaille en famille, ou l'on écoute une lecture faite à haute voix. Dessin, musique, visites aux pauvres, lectures (elles sont abonnées à une *circulating library*). Elles lisent des romans, des voyages, de l'histoire et quelques sermons. Le dimanche, l'office à l'église et la classe aux enfants pauvres du village. Elles ne s'ennuient pas, elles ne désirent pas voir le monde. — Cet hiver, elles sont venues en France, et trouvent les Françaises *very agreeable*, aimables, engageantes et gaies. Mais elles sont surprises et blessées de la surveillance continuelle qu'on exerce chez nous sur les filles. En Angleterre, elles sont bien plus indépendantes. A Londres même, chacune peut sortir seule, ou du moins avec sa sœur. Cependant, il y a de l'excès ; elles blâment les *fast girls* qui suivent la chasse, traitent les hommes en camarades, et parfois fument.

Tout est ordinaire dans ces deux jeunes filles, l'éducation, l'esprit, le caractère, la figure ; elles sont bien portantes, elles ont de la fraîcheur, rien de plus ; ce sont des *average girls*. Mais cette modestie, cette simplicité, cette santé, ce bon sens suffisent pour faire une bonne femme, qui se contentera de son ménage, aura des enfants sans être malade, sera fidèle à son mari, ne le ruinera pas en toilettes.

Le point capital est le manque de coquetterie ; je cite tout de suite les petits exemples excessifs, défavorables. Cet hiver, dans un salon de Paris où j'étais, entre un gros homme rougeaud, empâté, chauve, parent d'un assez grand personnage anglais, amenant sa fille de seize ans ; jolie figure douce, mais quelle ignorance de la toilette ! Elle a des gants bruns solides, des cheveux liés en boucles, non lustrés, une sorte de casaque blanche mal ajustée, et sa taille ressemble à une buche dans un sac de toile. Toute la soirée, elle demeure muette comme une Cendrillon, parmi les splendeurs et les élégances suprêmes des robes et des beautés qui l'entourent. — Ici, à Saint-James-Park, à l'Exposition, dans les galeries de peintures, plusieurs jeunes femmes, jolies, bien habillées, portent des lunettes. — Je laisse de côté plusieurs autres traits ; mais il est clair pour moi qu'elles ont à un bien moindre degré que les Françaises ce sentiment qui fait qu'à toute minute et devant toute personne, une femme se tient au port d'armes et se sent à la parade.

Partant, le naturel est moins contraint et fait plus franchement éruption. Ces jours-ci, à trente milles de Londres, nous avons fait une longue promenade avec les filles de la maison, et nous avons grimpé une colline assez escarpée. Celles-ci, très-jeunes encore, sont de vraies chèvres, toujours bondissantes, même en montant, sur les pentes roides et parmi les pierres. Exubérance et liberté de la séve et de la force animales ; rien de féminin ; en voiture, avant d'arriver, leur babillage

bruyant, emporté, leurs yeux brillants, surtout l'énergie, l'intensité de leur prononciation donnait l'idée de joyeux *boys* anglais en vacances. La plus jeune a des joues splendides d'incarnat, comme une pomme d'api ; chez toutes les deux, fortes mâchoires et grands pieds. Miss Charlotte (quinze ans) me disait qu'elle ferait bien vingt milles à pied.—Elles ont appris d'abord l'allemand avec une *nurse* ; mais elles ne savent pas encore le français. « Pourtant, vous avez une gouvernante française ?—Oui, mais quand on est stupide ! »—Et de rire, avec un éclat !
— Certainement l'amour-propre ne les gêne pas ; elles ne songent point à jouer un rôle ; grandes et développées comme les voilà, filles d'un nobleman qui est riche, ce sont encore des enfants ; pas une de leurs idées, pas un de leurs gestes ne trahit la femme.—Ni précoces, ni mondaines ; ces deux traits se tiennent et en entraînent une multitude d'autres.

Je puis constater par mes yeux cette grande liberté dont elles jouissent ; j'en vois beaucoup le matin à Hyde-Park qui viennent faire un tour à cheval, sans autre compagnie qu'un domestique.—A la campagne, arrivé depuis deux jours, on me prie d'offrir le bras à une jeune fille de la maison, pour la conduire à un mille de là. — S..., qui a passé un an ici, trouve charmant ce commerce loyal et libre. « Venez chez moi, lui dit un gentleman à qui il est présenté, je vous ferai connaître mes filles. » — Ce sont des camarades plus aimables et plus honnêtes. On monte à cheval avec elles, on les accompagne aux *archery meetings*, on leur cause familièrement de tout ou de presque tout ; on rit avec elles sans arrière-pensée ; impossible, même à un fat, de les traiter autrement que si elles étaient ses sœurs. — Deux

Français de mes amis, à Manchester, viennent dîner dans une maison ; à onze heures du soir, on les prie de ramener chez elles deux jeunes filles qui sont là. Tous les quatre montent en fiacre et roulent pendant une demi-heure ; elles causent gaiement, et sans aucun trouble ni embarras des deux côtés.

Grâce à ces mœurs, l'homme le plus habitué aux duretés et aux vilenies de la vie doit garder dans son âme un coin pour la poésie, pour les sentiments délicats. — Cela nous manque ; un Anglais qui a voyagé chez nous est étonné et scandalisé de voir les hommes à Paris regarder les femmes sous le nez, ne pas leur céder le trottoir. Il faut avoir vécu à l'étranger pour savoir combien nos façons, nos discours à cet endroit sont déplaisants et même blessants ; ils nous trouvent commis-voyageurs, fats et polissons. La vérité est que nous éprouvons difficilement le sentiment du respect ; les sexes, les conditions, les éducations, ne créent pas des différences aussi grandes chez nous que chez les autres peuples. D'ailleurs, outre que chez nous les individus sont plus égaux, ils ont à un plus haut degré le besoin de sentir cette égalité.

Dîner chez F... Les dames me content l'éducation des jeunes filles.

Dans les familles aisées ou riches, elles apprennent toutes le français, l'allemand, l'italien, en général dès l'enfance, par des bonnes et des gouvernantes étrangères.

Ordinairement on commence par le français; presque toutes le parlent couramment, et plusieurs sans aucun accent ; j'ai cité la seule exception que j'aie rencontrée. Elles lisent Dante, Manzoni, Schiller et Gœthe, nos classiques, Chateaubriand et quelques modernes. Plusieurs apprennent un peu de latin ; cela leur servira pour l'éducation de leurs enfants ou de leurs jeunes frères.— Beaucoup d'histoire naturelle, botanique, minéralogie, géologie ; elles ont du goût pour toutes les choses naturelles; et, à la campagne, au bord de la mer, dans leurs voyages si fréquents, elles peuvent voir des minéraux, des herbes, des coquillages, faire des collections. D'ailleurs, cela rentre dans une habitude anglaise qui consiste à s'approvisionner de faits; aussi sont-elles plus instruites, et plus solidement que chez nous. Un autre motif, c'est que beaucoup de jeunes filles ne se marient pas, et qu'il faut leur préparer d'avance une occupation. Lady M... cite une famille de son voisinage, où il y a cinq filles non mariées, toutes belles; les aînées ont trente-cinq et trente-six ans; c'est qu'elles ont été élevées avec luxe et n'ont presque pas de dot. — Souvent le père ne donne à sa fille qu'une somme équivalente au revenu futur du fils aîné son héritier; et, de plus, il oblige le gentleman qui se présente à constituer un *settlement* à sa fille, deux cents, trois cents, quatre cents livres sterling par an, dont elle aura la disposition complète étant mariée, et qui seront son argent de poche (*pin-money*). Cette exigence écarte beaucoup de partis; d'ailleurs, il est admis qu'on doit se marier par amour, inclination décidée ; or il arrive souvent qu'on n'éprouve pas cette inclination, ou qu'on ne l'inspire pas. — Partant beaucoup de filles manquent le coche et deviennent des *spinsters*. Il y en a presque dans chaque famille ; l'état de tante est très-bien accepté. Elles aident à élever les enfants, gouvernent un département de la maison, le fruitier ou la lingerie, font des herbiers, peignent à l'aquarelle, lisent, écrivent, deviennent savantes. Plusieurs composent des romans moraux et parfois des romans très-bons ; miss Yonge, miss Kavanagh, miss Brontë, l'auteur de *John Halifax*, miss Thackeray, d'autres encore sont connues. Le talent est fréquent parmi les authoresses ; il y en a de premier ordre, mistress Gaskell, G. Eliot, Elisabeth Browning ; ces deux dernières ont du génie. — Comptez encore les traductions ; quantité d'ouvrages allemands et français ont été traduits et bien traduits par des femmes. D'autres écrivent dans les magazines, font de petits traités populaires, entrent dans une association, tiennent des classes pour les enfants pauvres. — Il s'agit toujours de trouver un emploi aux facultés, ou d'acquérir un talent qui serve de remède à l'ennui. Le plus haut rang n'en dispense pas. Voyez les occupations de la famille royale : la reine et ses filles donnent aux ventes de charité des aquarelles, des eaux-fortes, des dessins exécutés par elles-mêmes ; le prince Albert était un des hommes les plus instruits, les plus actifs du royaume ; chacun se donne ainsi une ou plusieurs spécialités, travaille à quelque amélioration de l'agriculture, d'une science, d'une œuvre ou fondation quelconque.

Aussi, la vie est sérieuse, et tous, même les jeunes filles, savent qu'ils doivent se préparer et se pourvoir. N., qui vient tous les ans en Angleterre, fait visite à un de ses vieux amis, riche et père de famille ; celui-ci lui dit : « Je suis contrarié ; ma fille Jane a vingt-quatre ans, ne se marie pas, s'enferme souvent dans la bibliothèque et commence à lire de gros livres.

« — Combien lui donnez-vous de dot? — Deux mille livres sterling. — Et à vos fils? — L'aîné aura le domaine, le second une mine qui rapporte deux mille livres. — Donnez cinq mille livres à miss Jane. »

Ce mot ouvre des perspectives au père, il donne les cinq mille livres.—Cette année miss Jane est mariée, elle a un petit enfant, elle était faite pour être mère, c'eût été pitié que d'en faire une *spinster* docte, à lunettes ; si les prétendants ne se présentaient pas, c'est que le train de la maison était trop grand. — Moi, ce que j'admire ici, c'est le sang-froid, le bon sens, le courage de la jeune fille qui, se voyant dans une impasse, change de voie sans un murmure, et silencieusement se met à étudier.

Dans aucune des maisons que j'ai vues à Londres ou à la campagne, je n'ai trouvé un journal de modes. Un de mes amis anglais, qui a vécu en France, me répond qu'ici une femme bien élevée ne lit pas de telles platitudes. Tout au rebours, une revue spéciale, la *Revue des femmes anglaises* (British women Review), contient dans le numéro que je feuillette des documents et des lettres sur l'émigration en Australie, des articles sur l'instruction publique en France, et autres études aussi graves ; pas de romans, ni de causeries sur les théâtres, ni de courrier de modes, etc. Tout est sérieux, solide; voyez, par contraste, chez nous dans un château de province, les journaux de modes avec gravures enluminées, modèles de la dernière forme des chapeaux, explications d'un point de broderie, petites historiettes sentimentales, compliments doucereux aux lectrices, et surtout la correspondance de la directrice et des abonnés à la dernière page, chef-d'œuvre de grotesque et de fadeur. Il est honteux qu'une intelligence humaine puisse digérer une telle pâture. — Mieux vaut avoir une robe mal faite qu'une tête vide.

Je copie quelques titres d'articles, tous écrits par des femmes dans les *Transactions of the national Association for the promotion of social sciences* : Louisa Twining, sur *l'Éducation par les workhouses*; — Barbara Collett, sur *les Écoles de district pour les pauvres en Angleterre*; — Mary Carpenter, *Application des principes de l'éducation aux écoles des classes inférieures*; — Florence Hill, *État actuel de la colonie de Mettray*; — Florence Nightingale, *Statistique des hôpitaux*; — Bessie Parkes, *la Condition des femmes ouvrières en Angleterre et en France*; — Sarah Remond, *l'Esclavage en Amérique et son influence sur la Grande-Bretagne*; — Mistress Wiggins, *Amélioration des nurses dans les districts agricoles*; — Jane Crowe, *Rapport de la Société fondée pour fournir du travail aux femmes*, etc. — La plupart de ces authoresses ne sont pas mariées ; plusieurs sont secrétaires d'associations actives dont la Revue que je viens de citer est l'organe central ; une de ces associations fournit du travail aux femmes, une autre visite les workhouses, une autre les malades. — Tous ces articles sont instructifs et utiles; l'habitude de faire des classes, de visiter les pauvres, de converser avec les hommes, la discussion, l'étude, la vue personnelle des faits ont porté leurs fruits ; elles savent observer et raisonner; elles vont au fond des choses, et elles comprennent le vrai principe de toute amélioration. « Il faut avant tout et comme premier but, dit Mary

Carpenter, développer et diriger la volonté de l'enfant, l'enrôler comme le principal soldat, comme le plus efficace de tous les coopérateurs, dans l'éducation qu'on lui donne. » On ne peut être corrigé, perfectionné que par soi-même ; l'initiative, l'effort personnel, le *self-government*, sont indispensables ; la règle morale ne doit pas être appliquée du dehors, mais surgir du dedans. — Quiconque a lu des romans anglais sait avec quelle précision et quelle justesse ces authoresses décrivent les caractères ; souvent une personne qui a vécu à la campagne, dans un petit cercle, occupée de soins domestiques, se trouve obligée d'écrire une nouvelle pour gagner son pain, et l'on découvre qu'elle connaît le cœur humain mieux qu'un psychologue de profession. Être instruite, savante, utile, acquérir des convictions, les communiquer à autrui, employer ses forces et les bien employer, cela est quelque chose. On pourra rire, si l'on veut, dire que ces mœurs font des institutrices, des pédantes, des bas bleus, et non des femmes. Comme il vous plaira ; mais mettez en regard notre oisiveté vide de la province, l'ennui de nos dames, la vie d'une vieille demoiselle qui élève des serins, colporte des commérages, fait du crochet et suit tous les offices.

D'autant plus que là-bas toutes ne sont pas des pédantes. Je connais quatre ou cinq dames ou jeunes filles qui écrivent ; elles n'en restent pas moins gracieuses et naturelles. La plupart des authoressses que j'ai citées sont, au rapport de mes amis, des femmes d'intérieur qui ont des façons très-simples. J'en ai nommé deux qui ont du génie ; un grand artiste français, dont je pourrais dire le nom, et qui a passé plusieurs jours avec chacune d'elles, ne savait pas qu'elles eussent du talent ; pas une seule fois le bout d'oreille de l'auteur, le besoin de parler de soi et de ses livres n'avait percé en vingt heures de conversation. — M..., invité à la campagne, découvre que la maîtresse de la maison sait beaucoup plus de grec que lui, s'excuse et renonce ; alors, par plaisanterie elle lui écrit sa phrase anglaise en grec. Notez que cette helléniste est femme du monde et même élégante : de plus, elle a neuf filles, deux nurses, deux gouvernantes, des domestiques à proportion, une grande maison montée, des hôtes fréquents et nombreux : dans tout cela, ordre parfait ; jamais de bruit ni d'embarras ; la machine a l'air de rouler toute seule. — Voilà des assemblages de facultés et de contrastes qui peuvent nous donner à réfléchir. On croit trop volontiers en France que, si une femme cesse d'être une poupée, elle cesse d'être une femme.

Conversation avec plusieurs Anglais sur le mariage ; ils ont vécu à l'étranger, et je les crois impartiaux ; d'ailleurs, leurs renseignements concordent :

Une jeune fille anglaise ne veut se marier que par inclination ; elle se forge un roman, et ce rêve fait partie de sa fierté, de sa chasteté. Aussi plusieurs, d'un caractère élevé, croiraient déchoir, si elles se mariaient sans éprouver l'enthousiasme que comporte une préférence absolue. Se marier, c'est se donner tout à fait et pour toujours ; voyez sur ce sentiment profond les romans féminins, surtout *John Halifax, gentleman*, et autres de la même authoresse. Ce sont les théories d'une âme pure, exclusive, et qui semble avoir traversé le monde sans en recevoir, je ne dirai pas la souillure, mais l'atteinte.

Dans ce roman de cœur, la jeune fille reste Anglaise, c'est-à-dire positive et pratique. Elle ne rêve pas des effusions, des promenades sentimentales, la main dans la main et au clair de la lune, mais sa part dans un travail. Elle veut être l'auxiliaire, l'associé utile de son mari dans les longs voyages, dans les entreprises pénibles, dans tous les travaux même ennuyeux ou dangereux. Telles, par exemple, mistress Livingstone et lady Samuel Baker : l'une a traversé l'Afrique de part en part ; l'autre est allée aux sources du Nil, et a manqué en mourir. — J'ai vu l'évêque anglais d'une grande ile de la Sonde, pays de brutes et d'anthropophages ; sa pauvre femme porte sur son visage les traces de ce terrible climat. — Une jeune fille du voisinage, riche et de bonne famille, fait en ce moment ses apprêts, emballe un piano, etc. ; l'homme qu'elle épouse l'emmène en Australie ; elle reviendra une seule fois, dans cinq ou six ans, pour embrasser ses vieux parents. — Autre jeune dame de vingt-quatre ans, très-frêle et délicate ; son mari est au Pendjab (six mille livres sterling de traitement, douze cents livres de frais de représentation) ; elle est en Europe depuis deux ans avec une laryngite qui reviendra sitôt qu'elle sera de retour dans l'Inde ; quatre petits enfants ; avant deux ans, on les envoie en Europe ; là-bas le climat les tue ; il y a ici des pensions entières, recrutées par ces petits Anglais de l'Inde. — Très-souvent une lady, fille de marquis ou baronnet, avec soixante-quinze ou quatre-vingt mille francs de dot, épouse un simple *mister* (roturier) et tombe de son plein gré dans une fortune, un confort, une représentation, une condition moindre ou de beaucoup inférieure. Elle s'en accommode.

Le revers de la médaille, c'est la pêche aux maris. Les caractères mondains et vulgaires ne s'en font pas faute; certaines jeunes filles usent et abusent de leur liberté, pour bien s'établir. Un jeune homme riche et noble est fort poursuivi. Trop bien accueilli, flatté, tenté, provoqué, il devient défiant et se tient sur ses gardes. Il n'en est pas ainsi en France; les jeunes filles sont trop maintenues pour y prendre l'initiative; jamais le gibier n'y devient le chasseur.

Ordinairement, les dots sont très-minces. On me cite plusieurs familles où le fils aîné a cent ou deux cent mille livres sterling; les filles reçoivent de trois à cinq mille livres. Partant, pour se marier, il faut qu'elles fassent une passion. — Beaucoup ne se marient pas, par suite d'inclination contrariée, et continuent à vivre chez le frère aîné.

Tout Anglais a dans le cœur un coin de roman à l'endroit du mariage : il imagine un *home* avec la femme qu'il aura choisie, un tête-à-tête, des enfants; c'est là son petit univers, fermé, à lui seul; tant qu'il ne l'a pas, il est mal à l'aise, à l'inverse du Français pour qui ordinairement le mariage est une fin, un pis-aller. —Souvent il est obligé d'attendre, surtout s'il est cadet, parce qu'il gagne encore trop peu pour suffire aux frais d'un ménage (*to maintain his wife*). Il va dans l'Inde, en Australie, travaille de toute sa force, revient et se marie ; ici les passions sont tenaces et profondes. Quand un Anglais est amoureux (*in love*), me disait un de mes hôtes, il est capable de tout. — Thackeray a très-bien marqué l'intensité et la persistance de ce sentiment dans le portrait du major Dobbins, amoureux d'Amélia (*Vanity Fair*) ; il attend quinze ans, sans espérance ; c'est que pour lui il n'y a qu'une femme au monde. — De là des déchirements silencieux et de longues tragédies intimes. Nombre de jeunes gens s'éprennent, et la chasteté prolongée, les habitudes de concentration taciturne, une capacité d'émotions plus grande et moins éparpillée que chez nous, portent leur passion à l'extrême. Souvent elle n'aboutit point, parce qu'ils ne sont pas aimés, ou que la différence du rang est trop grande, ou qu'ils n'ont pas assez d'argent pour entretenir une famille, chose fort coûteuse ici. Alors ils deviennent à moitié fous, voyagent pour se distraire, vont au bout du monde. Un d'eux qu'on me nomme, très-distingué, a été planté là pour un rival qui avait un titre; pendant deux ans on a craint pour sa raison. Il est allé en Chine et en Australie ; maintenant il occupe un poste éminent, on l'a fait baronnet, il mène de grandes affaires ; mais il ne s'est pas marié ; de temps en temps il se dérobe, fait un voyage à pied, pour être seul et ne parler à personne.

J'ai déjà noté que les jeunes gens se voient et se fréquentent en toute liberté, sans surveillance ; ils peuvent donc s'étudier et se connaître autant qu'il leur plaît, quatre mois, cinq mois et davantage, monter à cheval et causer ensemble pendant plusieurs saisons de suite à la campagne. — Quand le jeune homme est décidé, c'est d'abord à la jeune fille qu'il s'adresse; il ne demande la permission aux parents qu'en second lieu : c'est le contraire des mœurs françaises, où l'homme se croirait indélicat s'il disait un seul mot net ou vague à la jeune fille avant d'avoir parlé aux parents. Sur ce point, les Anglais nous blâment, raillent nos mariages brusqués par-devant notaire. — Pourtant C..., qui est Anglais et connaît bien la France, reconnaît que leurs mariages d'inclination finissent plus d'une fois par la discorde, et nos mariages de convenance par le bon accord.

Presque toujours la dot de la femme est déposée entre les mains de fidéicommissaires (*trustees*) qui la gèrent sous leur responsabilité, et n'en remettent au ménage que le revenu; en général, ce revenu est l'argent de poche de la femme; là-dessus, elle doit s'habiller et habiller les enfants. La fortune devient ainsi une sorte de bien dotal ou paraphernal, soustrait à tous les accidents qui peuvent arriver au mari. — On prend cette précaution parce que la loi engloutit tous les biens de la femme dans ceux du mari; sans cette clause, elle entrerait dépouillée en ménage, elle ne peut rien posséder de son chef; elle est un simple enfant devant lui. Voilà une des raisons qui ont poussé M. Stuart Mill à réclamer si vigoureusement contre la sujétion des femmes. En effet, elles sont sujettes ici, de par la loi, la religion, les mœurs, et bien plus étroitement que chez nous. Le mari est leur seigneur (lord), et très-fréquemment il prend ce titre au sérieux; comme la femme n'apporte guère d'argent dans le ménage, et que son petit pécule reste à part, il se croit autorisé à ne lui rien dire de ses affaires. Parfois elle ignore ce qu'il fait, comment il gagne l'argent qu'il rapporte; il donne tant par mois pour les dépenses de la maison, et ne rend point compte du reste. Qu'il spécule, bâtisse, vende, achète, cela ne la regarde pas; souvent la ruine survient sans qu'elle ait pu rien en pressentir. Elle n'est qu'une intendante, elle ne doit s'occuper que de son ménage et de ses enfants. Le plus souvent elle se résigne à ce rôle; par conscience et par éducation, elle est douce et soumise. — Néanmoins, de l'aveu de mes amis, cette inégalité a des inconvénients graves; souvent le mari est un despote, et, s'il meurt, la femme, tenue toute la vie dans l'ignorance et la dépendance, n'est pas capable, comme chez nous, de débrouiller les affaires, de gouverner les enfants, de remplacer le chef de famille.

Le mariage est entouré d'un respect profond, et, à cet égard, l'opinion est intraitable; il n'y a qu'à lire là-dessus les livres, les gazettes, surtout les écrits où chez nous les écrivains prennent le plus de licence, par exemple, les romans, les journaux amusants; l'adultère n'est jamais excusé; même dans la liberté des entretiens intimes, d'homme à homme, il est toujours présenté comme un crime. — Il y a des accrocs dont je parlerai plus tard dans la classe des *tradesmen* (négociants), et dans une certaine noblesse du second ordre, fashionable, qui voyage et suit les mœurs du continent. —Mais, dans la masse de la nation, chez les gens bien élevés, dans le grand monde, les femmes sont presque toutes fidèles. C... me dit que je resterais ici dix-huit mois et que j'irais dans tous les salons sans rencontrer une exception; on n'en cite qu'une dans la très-haute classe. On en aurait trouvé davantage il y a cinquante ans, au temps de lord Byron et d'Alfieri. Depuis, l'opinion est devenue sévère, et la reine a travaillé en ce sens de toute sa force, par son exemple d'abord, ensuite par son influence; elle excluait de sa cour les dames de réputation douteuse; il a fallu toute l'urgence et la pression des affaires pendant la guerre de Crimée pour qu'elle tolérât sous le même toit qu'elle, à Windsor, un homme d'État connu comme *profligate*. — Une autre garantie est la crainte de la publicité et des journaux.

Sur cet article, nos façons lestes ou débraillées les choquent extrêmement. — C... me raconte que, dans un cercle à Paris, il a entendu un homme du monde dire à un autre : « Eh bien, mon cher, ta femme a donc un amant? » Ce propos lui semble monstrueux, et il a raison. — Un livre comme celui de Balzac, la *Physiologie du mariage*, ferait un scandale énorme; peut-être il serait poursuivi par la *Société pour la répression du vice*, et probablement il n'aurait pas trouvé d'éditeur. — Quant à nos romans ordinaires, une revue libérale, la *National review*, n'a pas d'expression assez forte pour les qualifier : « Ignominie sans nom, morale de boursicotiers et de lorettes. » Ils oublient trois points. D'abord ces désordres ne sont habituels chez nous que dans la classe des parvenus élégants; ils atteignent très-rarement la bourgeoisie riche ou aisée qui a des traditions de famille. En outre, en province, la vie est à jour, et le commérage, très-redouté, fait l'office de gendarme. Enfin, le Français étale ce que l'étranger cache; il a horreur de l'hypocrisie, et il aime mieux être un fanfaron de vice.

Selon mes amis, la bonne conduite des dames anglaises s'explique par les causes suivantes :

1° Elles sont plus habituées à se conduire, ayant été libres dès leur enfance.

2° Elles sont moins accessibles à l'illusion, au rêve

enthousiaste, parce qu'elles ont fréquenté les jeunes gens et pratiqué un peu le monde.

3° Elles ont des habitudes de réflexion et un fond de bon sens, parce qu'elles ont reçu une éducation plus sérieuse, ayant appris plusieurs langues, feuilleté quelques sciences, voyagé presque toujours en Angleterre et souvent à l'étranger, entendu leur père causer de politique et d'affaires graves avec ses amis. D'ailleurs, le protestantisme développe les habitudes de réflexion et de raisonnement. Enfin les romans sont tous moraux, et, au contact des pauvres, dans les sociétés de bienfaisance, au voisinage des discussions municipales, elles ont pris quelque connaissance de la vie réelle.

4° Elles vivent huit ou neuf mois de l'année à la campagne, et y sont plus abritées contre la tentation.

5° Elles ont beaucoup d'enfants qui les occupent : une *nursery* pleine, avec son cortége de bonnes et de gouvernantes, exige une surveillance continue.

6° Elles se donnent toutes sortes d'occupations de surcroît, classes du dimanche, ouvroirs à la campagne, visite aux pauvres, botanique, minéralogie, collections d'herbes et de papillons, lectures. Toute famille aisée à la campagne reçoit, outre le *Times*, outre divers autres journaux et revues très-substantielles, des livres nombreux que lui envoie la *circulating library* (cabinet de lecture). Celle de Mudie, la principale, achète cent cinquante mille volumes par an; elle a pris trois mille exemplaires du *Voyage de Livingstone en Afrique*, deux mille quatre cents de l'*Histoire d'Angleterre*, de Macaulay. Quantité de livres sérieux arrivent ainsi, et se renouvellent de mois en mois sur la table de la bibliothèque dans les *country-seats*. Parmi ces livres, les plus fréquents sont des ouvrages d'économie politique, d'histoire naturelle, d'histoire, et surtout des voyages. Chaque année, il s'en publie par vingtaines ; après le plaisir de voyager, le plus grand plaisir pour un Anglais est de lire un voyage; de cette façon il augmente sa provision de faits. Même goût chez les dames ; toutes celles que je connais sont allées en France, en Italie, en Allemagne ; une jeune femme, avec qui je dînais hier, passera l'hiver à Rome, le printemps à Jérusalem ; celles qui sont délicates de la poitrine vont au Caire aussi facilement que nous allons à Nice. Pendant leur voyage, elles prennent des notes, écrivent leur journal ; au retour, quelques-unes l'impriment ; d'autres le communiquent en manuscrit à leurs amies.—Elles tiennent ainsi perpétuellement le globe au bout de leurs doigts, et je les vois qui s'intéressent en connaissance de cause aux *settlements* de Melbourne, aux mines d'huile en Pensylvanie, à la révolte des taïpings en Chine, aux massacres annuels du Dahomey.— Ajoutez enfin le grand mouvement physique et les talents qu'on cultive ; il y a toujours une ou deux aquarellistes par famille, et toutes font chaque jour une promenade à cheval. — Par ces occupations, l'esprit est employé, et le temps est rempli, ce qui ferme l'entrée aux idées malsaines.

Ce sont là des auxiliaires du principe moral; mais il faut aussi tenir compte du principe lui-même. — En France, il est fondé sur le sentiment de l'honneur ; en Angleterre, sur l'idée du devoir. — Or, le premier est un peu arbitraire ; sa portée est différente selon les personnes. Tel se pique d'être rigide sur un point, et se croit libre sur le reste; dans le cercle des actions mauvaises, il découpe une part qu'il s'interdit; mais cette part varie selon ses préférences; par exemple, il sera véridique en parlant, mais non en écrivant, ou le contraire. Mon honneur est ce en quoi je mets ma gloire, et je puis la mettre en ceci aussi bien qu'en cela. — Au contraire, l'idée du devoir est stricte et ne souffre guère de compromis. L'Anglaise sait qu'en se mariant elle a promis fidélité, et ce souvenir demeure ancré dans sa conscience. Selon mes amis, cet ancrage est si fort que souvent, après une faute, la femme rompt net; tout son passé reflue sur elle comme une inondation, jusqu'à l'étouffer de honte et de douleur. D'ailleurs, elle n'a pas la flexibilité d'esprit, la dextérité de main nécessaires pour accorder une intrigue et un ménage; l'ambigu répugne à son caractère tranché; le partage la révolte, l'obligation d'un mensonge incessant lui est insupportable. Elle exige l'enlèvement pour arriver au divorce.

Je continue à rapporter des entretiens; rien de plus agréable pour moi qu'une soirée passée de la sorte, avec un ou deux interlocuteurs sincères, bienveillants, sans préjugés, qui ont vécu et voyagé. L'amour-propre national n'intervient pas; on cause pour s'instruire, non pour contester ou briller. On ose donner le petit fait caractéristique, le détail précis et probant; chacun fournit, le plus brièvement qu'il peut, le meilleur de son expérience, ses provisions amassées depuis longtemps, ses plats choisis. Voici ceux de mes amis : mon esprit ne s'est jamais tant ni si bien nourri ; je restais à les questionner et à les écouter jusqu'à une heure du matin.

Ordinairement, une Anglaise est plus franchement belle et saine qu'une Française. La cause principale en est l'hygiène ; les enfants montent à cheval, vont beaucoup au grand air, ne dînent pas avec les parents, ne mangent pas de sucreries. En outre, les nerfs sont moins excités, et le tempérament est plus calme, plus endurant, moins exigeant ; ce qui aujourd'hui use le plus, ce sont les désirs incessants et contrariés. Par exemple, en Crimée, les blessés français survivaient moins souvent que les anglais, parce qu'ils se résignaient moins vite. La chose est encore plus vraie dans la classe cultivée, notamment chez les femmes ; chez elles, la cervelle inquiète ou ardente trouble et tarit les sources de la vie ; de nos jours, une femme doit accepter sa condition, si elle veut se bien porter. — Par contre, l'Anglaise est moins agréable ; elle ne s'habille pas pour son mari ; elle ne sait pas se faire jolie femme, elle n'a pas le talent d'être dans son intérieur coquette et piquante ; elle ignore une quantité de grâces fines et délicates ; elle juge indignes d'elle les petits moyens de réveiller l'amour ou la tendresse ; plus souvent encore elle n'a pas l'esprit de les inventer. Elle met de belles robes neuves, soigne beaucoup sa propreté, rien de plus ; elle n'est pas attrayante ; on s'ennuie promptement auprès d'elle. Imaginez une très-belle pêche rosée, médiocrement savoureuse, et à côté une fraise parfumée et pleine de goût. — Il en est de même des autres affections ; B... dit qu'elles ont plus de charme en France lorsqu'elles sont sincères et fortes. En toutes choses, il y a le tour, la façon, la nuance ; dans les sentiments, ce sont les prévenances, les attentions, certains mots, le ton dont on les prononce, des égards, des ménagements qui renouvellent et diversifient incessamment l'émotion douce.

Selon C..., une Anglaise est incapable de tenir un salon aussi habilement qu'une Française ; j'entends un salon comme ceux de Paris où l'on s'amuse ; il connaît à peine deux ou trois femmes de son pays qui le pourraient. L'Anglaise n'a pas assez de tact, de promptitude, de souplesse pour s'accommoder aux gens et aux choses, pour varier son accueil, comprendre à demi-mot, glisser une louange, faire croire à chaque invité qu'elle tient beaucoup à sa présence. Elle n'est qu'affable, elle n'a que de la bienveillance et de la sérénité. Pour moi, je ne demande rien de plus, et je n'imagine rien de mieux. Mais il est clair qu'une femme du monde, c'est-à-dire une personne qui veut faire de sa maison un rendez-vous fréquenté et désiré par des gens distingués de toute espèce, a besoin d'un talent plus multiple et plus délicat. — C... admire beaucoup la facilité avec laquelle une jeune femme, chez nous, apprend le monde ; un mois après son mariage, elle sait faire à tous les honneurs de chez elle ; pareillement une petite bourgeoise s'assied au comptoir le lendemain de sa noce, entend le manége de la vente, parle, sourit, retient les chalands. — J'ai vu ce contraste à Dieppe dans un restaurant. Le mari, Français, toujours empressé et souriant, courait avec toutes sortes de politesse autour des tables, et semblait servir les gens par plaisir ; la femme, Anglaise, roide et sérieuse, disait d'un ton glacé aux gens qui se levaient de table : « Havé-vo payé, mosieur ? » Elle ne soupçonnaît pas que cette question ainsi faite pouvait choquer.

En revanche, mes amis disent que la politesse française n'est qu'un dehors et un décor, beaucoup d'étrangers s'y méprennent. Vous les avez bien reçus, ils vous croient leur ami, et sont fort étonnés d'être oubliés par vous trois jours après. Nos démonstrations obligeantes ne sont point l'effet d'une sympathie vraie, d'une bonté naturelle; nous les faisons par éducation, par habitude, par point d'honneur, et même un peu par égoïsme. Elles sont une preuve de notre savoir-vivre; nous sentons vaguement qu'on nous les rendra; nous entrons pour un quart d'heure dans une atmosphère agréable de déférences et de gracieusetés mutuelles; nous saisissons ce joli moment, et nous nous y livrons, sans qu'à nos yeux il tire à conséquence. Une politesse se paye par une politesse, comme une anecdote par une anecdote; j'ai payé; l'échange fait, nous sommes quittes; je m'en vais de mon côté, et vous du vôtre; aucun de nous n'a plus rien à réclamer de l'autre, sauf, à la prochaine rencontre, un sourire et un coup de chapeau. — L'Anglais est plus franchement cordial et serviable. Il se dérange pour un étranger qui lui est présenté, il fait des courses, il prend de la peine. Autant que j'en puis juger par ma propre expérience, ce jugement est vrai. D'abord, je n'ai jamais trouvé les Anglais égoïstes et mal complaisants, comme on nous les représente. A Londres et à la campagne, j'ai demandé cent fois mon chemin; tout le monde me l'a indiqué, et plusieurs se sont dérangés, m'ont accompagné assez loin, pour me mettre dans la bonne voie. En omnibus ou en chemin de fer, quand je prie mon voisin de m'avertir, il le fait toujours de bonne grâce; quand j'essaye de causer, il ne sourit pas de mes fautes de langage, et m'entretient d'un air bienveillant. — Un de ces derniers soirs, comme j'étais à pied, assez loin de mon hôtel, un gentleman que j'accoste veut me reconduire, me parle avec éloge de la France, me demande ce que je pense de Londres, et me serre la main en me quittant. — Un autre, en une occasion semblable, me fait monter dans sa voiture et me conduit à une station de cabs. — Les journaux annoncent l'arrivée de trois mille orphéonistes français, et disent qu'il faut les accueillir le mieux possible, pour qu'ils s'en retournent avec une bonne opinion de l'Angleterre. — En aucune occasion, un policeman, un employé, un cocher ou conducteur, n'a été rogue ou grossier avec moi. — Mais ce qui est tout à fait admirable, et peut-être unique en Europe, c'est leur façon d'entendre l'hospitalité; je ne puis penser sans un mouvement de gratitude à celle que j'ai reçue. La personne à qui on porte une lettre de recommandation ne se croit pas acquittée par une invitation à dîner; elle vous renseigne, vous pilote, vous fait votre itinéraire, se charge de vous occuper et de vous distraire; elle vous mène à son club, vous présente à ses amis, vous conduit chez ses parents, vous introduit dans son monde, vous invite chez elle, à demeure, à la campagne, et vous donne d'autre lettres de recommandation quand vous partez; on finit par lui dire. « C'est trop, jamais je ne pourrai vous rendre à Paris ce que vous faites ici pour moi. »—Même accueil chez des amis auxquels vous êtes présenté de seconde main, et ainsi de suite; parfois, après une heure de conversation, le gentleman que vous voyez pour la première fois vous engage à venir passer une semaine dans son *country seat*. Si vous y

allez, vous êtes traité comme un membre de la famille.
— Ce qui est encore plus frappant, c'est l'ouverture de cœur; souvent, au bout d'un ou deux jours, un homme ne fait pas difficulté pour vous dire des choses intimes. Je demandais des renseignements sur les intérieurs; parfois mon hôte, pour préciser, me disait le chiffre de son revenu, de sa dépense, le prix de son loyer, l'histoire de sa fortune, de sa famille, de son mariage, quantités de petits faits domestiques ou personnels. Les gens du monde sont plus boutonnés en France.

Nous cherchons les causes de cette différence; en voici le résumé. L'Anglais est hospitalier : — 1° Par ennui : la plupart des gens du monde vivent huit mois de l'année à la campagne, parfois loin de toute ville, très-solitaires; ils ont besoin de conversation, d'idées nouvelles. — 2° Par un effet des habitudes sociales : on se parle à peine à Londres; on y vit en courant, on y reste trop peu de temps, parfois moins de trois mois, il y a trop de monde et d'affaires; la maison de campagne est le véritable salon, le lieu des entretiens.—3° Par un effet des habitudes domestiques : beaucoup d'enfants, beaucoup de serviteurs; dans une grosse maison bien disciplinée, il faut de la tenue, une certaine réserve; le stoïcisme habituel des caractères et des mœurs pousse aussi dans le même sens. Partant, la présence d'un étranger ne vient pas, comme chez nous, troubler une intimité, arrêter l'élan, la gaieté, le bavardage, forcer les gens à s'observer, à restreindre leur familiarité et leur laisser-aller. Il y a de plus un fauteuil rempli à table, au salon; rien davantage; le ton n'a pas changé.
— 4° Par entente du confort et du service : l'organisation est parfaite et la machine montée; les domestiques

sont exacts, les chambres prêtes, les heures marquées ; il n'y aura rien à défaire ou refaire, ni surtout rien à improviser pour un étranger.— 5° Par bonté, humanité et même par conscience ; c'est un devoir d'être utile, et un étranger est tellement perdu, si mal à l'aise dans le pays nouveau où il débarque ! On doit l'aider.

Ceci conduit à regarder les intérieurs. La règle et la discipline s'y font sentir plus fortement que chez nous. Dans ce département comme dans les autres, les mailles du réseau social sont lâches en France et tendues en Angleterre.

J'ai trois ménages devant les yeux ; dans l'un, sept domestiques, cuisinière et fille de cuisine, deux *house maids*, femme de chambre, cocher, valet de chambre ; dans le second, quinze ; dans le troisième, dix-huit.—Un domestique mâle a de quarante à cinquante livres sterling de gages ; et, s'il n'est pas nourri, ce qui est assez fréquent à Londres, on ajoute douze shillings par semaine pour sa nourriture. — Chacun a son office rigoureusement défini. L'ouvrage est divisé, aucun n'empiète ou ne se repose sur l'autre. Par exemple, dans la dernière des maisons que je citais tout à l'heure, il y a un homme spécial pour balayer, monter le charbon, allumer et entretenir les feux. — Deux sortes de domestiques, les inférieurs et les supérieurs, ceux-ci responsables et qui transmettent les ordres des maîtres; en tête est le *butler* pour les hommes, et la première femme de chambre pour les femmes; si un groom se présente avec un habit taché, le maître ne lui dit rien, mais réprimande le *butler*. Ces domestiques supérieurs sont des sortes de sergents qui ont la conscience et l'autorité de leur rôle : délimitation des emplois, hiérarchie des pouvoirs, voilà les premiers traits d'une organisation efficace. — Et les derniers traits achèvent les premiers. Ces serviteurs tiennent à leur dignité; ils ne veulent entrer que dans une maison respectable. S..., ayant besoin d'ajouter à son personnel une *house maid*, pense à une fille du pays qui, sans être mariée, avait un enfant; mais avant de la prendre chez lui, il met la chose en délibération parmi ses domestiques. Ceux-ci se consultent, et, sur les bons renseignements qui leur sont donnés, admettent parmi eux la pauvre fille. — Ordinairement, leurs mœurs sont correctes, quoique plusieurs soient jeunes, non mariés, et sous le même toit; en toute sa vie, S... n'a eu chez lui qu'un accident. — D'autre part, ils font leur office en conscience, avec une exactitude et une régularité parfaites, à l'heure dite, sans écart; ils ont une consigne qu'ils suivent à la lettre. Partant, il semble que la machine fonctionne toute seule; les maîtres n'ont presque pas besoin d'intervenir; là-dessus, S... prétend encore que le fonds de l'Anglais, c'est le *sense of duty*, que ce sentiment règne dans la cuisine et l'antichambre, aussi bien que dans le navire ou l'atelier, qu'il n'y en a pas d'autre pour réconcilier le subordonné avec la subordination. — Deux circonstances achèvent de l'alléger. Les domestiques gardent leur part d'indépendance et ils y tiennent. Plusieurs d'entre eux, à Londres, ont un club une association, dont les membres s'entendent pour n pas rester plus de deux ans de suite dans la mêm maison ; c'est pour laisser moins de prise aux maîtres Du reste, comme leurs heures sont réglées, ils s'appar tiennent dans tous les intervalles de leur service. Ils on leur *hall*, une grande salle où ils mangent et se tiennent. Dans la maison dont je parlais, leur dîner et leur déjeuner sont servis une demi-heure avant ceux des maîtres. Ils ont une petite bibliothèque à leur usage, des jeux de dames, d'échecs ; après le dîner, ils peuvent s'en aller ; on n'en garde qu'un pour venir au coup de sonnette. Pour beaucoup avoir, il ne faut pas trop demander ; celui qui commande doit pourvoir au bien-être physique et moral de ses subordonnés. S'il veut être obéi de cœur, qu'il soit pour eux un *leader*, un véritable chef, un entrepreneur responsable et général, le régent accepté et autorisé de leur conduite. — A cet effet, le dimanche soir, il est leur guide spirituel, leur chapelain ; on les voit tous arriver en file, les femmes en tête, les hommes par derrière, avec sérieux, gravité, et prendre place dans le salon. La famille et les hôtes sont rassemblés. Le maître lit tout haut un petit sermon, puis une prière ; alors, tout le monde s'agenouille ou s'incline, la face tournée vers le mur ; enfin il dit le *Pater*, et, verset par verset, l'assistance répond. Cela fait, les domestiques défilent et s'en retournent dans le même ordre, avec silence et recueillement ; je les ai plusieurs fois regardés : pas un trait de leur visage ne remue. — Par cette communauté et cette direction du sentiment moral, le maître achève d'occuper sa vraie place. En France, il est bien loin d'avoir dans sa maison, auprès de ses gens et même auprès de ses enfants, son rôle légitime et tout son rôle.

Je marque tout de suite l'inconvénient, la contrepartie. Dans le commerce habituel de la vie, les Anglais ne sont pas coulants ; les conditions chez eux sont séparées par une barrière, et, au lieu d'y pratiquer des passages, ils y mettent des épines. — Par exemple, M. N..., Anglais établi en France, choisit pour ses enfants un précepteur français. Au bout d'un mois, mistress N... cesse de le trouver à son goût, ne lui parle plus, ne communique avec lui que par lettres. Un soir, au salon, M. N... s'endort, et mistress N... se met à lire. Le jeune homme, n'osant prendre un livre et ne pouvant parler à personne, finit, après bien des efforts, par s'endormir aussi. Le lendemain, elle lui dit d'un ton sec et absolu : « Monsieur, la conduite que vous avez tenue hier soir est très-inconvenante, j'espère qu'elle ne se renouvellera plus. » Quelques jours après, une jeune dame qu'il connaît est invitée, il va s'asseoir près d'elle à table. « Monsieur, lui dit tout haut mistress N..., votre place n'est pas là ; venez vous asseoir auprès de votre élève. » Il refuse, sort de table, quitte la maison, et réclame, selon son traité, une année de traitement. On refuse. Procès. M. N... est condamné. — Ceci rappelle une anecdote du siècle dernier. Lord ... ayant engagé un précepteur français, lui recommande de ne parler à ses enfants que français. « Je suis charmé, milord, que vous fassiez tant de cas de cette langue. — Monsieur, nous la méprisons, mais nous voulons qu'en France nos enfants sachent la parler aussi bien que les indigènes. » On voit d'ici l'air souriant, empressé du Français qui quête un compliment, et la figure immobile, le ton rogue de l'Anglais qui lui envoie une bourrade.

Ce n'est pas un rôle agréable que celui des gouvernantes en Angleterre; voyez là-dessus les romans de Charlotte Brontë. La plupart de celles que j'ai vues s'étaient fait un visage de bois; rien de plus étonnant quand ce visage est jeune. Le ton, la démarche, tout est artificiel et de commande, composé et maintenu de façon à ne jamais donner prise; même après plusieurs jours de familiarité et hors de la maison où elles enseignent, elles restent sur la défensive; l'habitude de s'observer et de se contenir est trop forte; on dirait des soldats à la parade. — Quant aux domestiques, leur expression de respect humble et soumis dépasse de beaucoup celles que nous pouvons connaître; il est même désagréable de voir cette attitude dans un homme vis-à-vis d'un homme.

Même fonds de roideur dans les relations des proches. Un jeune homme dit familièrement en parlant de son père : *My governor*. En effet, de par la loi et les mœurs, il est le gouverneur de sa maison, qui est son château (*castle*) et de la garnison qu'il y loge. Sauf le cas d'une substitution, il peut déshériter ses enfants, et on a vu que sa femme est sa sujette. — M. W..., riche propriétaire et homme de l'ancienne roche, a, entre autres enfants, un fils malade de la poitrine. Le pauvre jeune homme, qui revient de Nice et se sent mourir, s'est arrêté à Boulogne; il voudrait finir dans la maison où il est né, chez son père; mais il n'ose y aller sans être invité, ni même demander permission. Sa mère, qui est malade et veut l'embrasser encore une fois, n'ose prendre sur elle de le rejoindre. Enfin, ces jours-ci, il a reçu une lettre de son père, et il s'est mis en route. — L'inégalité des situations est une autre cause de refroidissement. Entre l'aîné qui sera un nobleman avec deux cent mille francs de rente, et le cadet qui aura cinq mille francs par an, qui vit dans deux chambres garnies, et passe la journée dans un atelier de machines pour devenir *engineer*, la distance est trop grande ; la vraie familiarité, l'abandon est impossible. Même à éducation égale, ils sentent leur séparation. Deux frères que l'on me cite sont tous les deux à l'Université d'Oxford ; mais l'aîné a cent livres sterling par an de plus que le cadet. — Dernière cause d'écartement, l'indépendance des enfants : un fils, une fille peut se marier sans l'autorisation de ses parents, et assez souvent use de ce droit ; de là des brouilles qui durent toute la vie. En attendant, le père sait que son enfant peut lui échapper, heurter de front sa volonté par l'endroit le plus sensible. Souvent il se dit : « Puisqu'il a ce droit, qu'il en porte les charges. » D'après ce raisonnement, plusieurs, surtout ceux qui ont une légion d'enfants, ne s'occupent point de marier leurs filles ; à elles de trouver ; c'est leur affaire, comme c'est l'affaire des garçons de gagner leur vie.—Cela diffère bien de nos intérieurs, où les parents se donnent tout entiers et sans réserve à leurs enfants, où les aînés, les cadets, les frères et les sœurs sont tellement égaux entre eux et presque sur un pied d'égalité avec leurs parents, où la familiarité et l'intimité sont si complètes, où chacun trouve naturel d'entrer tous les jours et à toute heure par ses questions et ses conseils dans les pensées, les sentiments, les actions de ses proches, où rien n'est clos ni réservé, où toute âme est à jour, ouverte par cent mille percées à la curiosité et à la sympathie des siens.

Les Anglais s'en étonnent; S..., à ce propos, admire beaucoup notre sociabilité, notre bon caractère; il a vu souvent en France deux et trois ménages ensemble sous le même toit et à la même table, pendant six mois à la campagne, parfois toute l'année à la campagne et à la ville, tantôt deux frères mariés, tantôt les parents avec leur gendre et leur fille, ou avec leur fils et leur bru; rien de plus rare en Angleterre. Les caractères se heurteraient; chaque ménage a besoin d'avoir son indépendance comme son logis. Nous nous fondons, nous mettons tout en commun; pour eux, même quand ils vivent ensemble, ils se distinguent, ils se cantonnent. Le moi (*self*) est plus fort; chacun d'eux garde une portion de soi-même, un coin propre et personnel, une sorte d'enclos interdit, fermé, respecté par tous, même par le frère et le père, même par la sœur, même par la mère; y entrer serait une intrusion; nul n'y pénètre, sauf peut-être la personne aimée d'amour, le mari, la femme, à qui on engage toute sa vie.—Ce cercle réservé est plus ou moins grand selon les personnes. Il comprend tantôt les affaires, les questions d'argent et d'ambition, tantôt certains sentiments profonds, une espérance, un chagrin d'amour, un deuil ancien et prolongé, tantôt des idées intimes et de haute portée, par exemple des croyances religieuses; parfois enfin il embrasse tout; alors le personnage est muet et n'aime pas qu'on lui parle. Mais, dans tous les cas, la ligne qu'il a tracée autour de lui demeure intacte; il n'en sort point par des expansions. Si on la dépasse, c'est par une indiscrétion qui le blesse au vif; ses proches s'en abstiennent comme d'une violation de domicile. Partant, un père, une mère est bien moins que chez nous au courant des sentiments de sa fille, des affaires ou des plaisirs de son fils.

Pour rendre cela sensible, il faudrait un trop long détail ; je ne citerai qu'un trait. En France, un fils dit tout à sa mère, même ses maîtresses ; l'usage est ancien. Madame de Sévigné recevait de son fils des confidences qu'elle contait à sa fille, confidences bien scabreuses, bien précises, et qu'elle ne sauvait que par sa verve, sa gaieté, sa merveilleuse légèreté de main. Encore aujourd'hui, sans remonter si loin, bien des jeunes gens font à leurs mères des aveux semblables, ou du moins leur indiquent, leur laissent soupçonner une bonne fortune. Elles ne s'en scandalisent point, elles sont trop heureuses d'être confidentes, presque camarades. Elles grondent un peu, sourient à demi, et, levant le doigt, renvoient le mauvais sujet en lui disant de prendre garde. — B... juge que cela est impossible en Angleterre ; le fils n'oserait, la mère serait choquée ou révoltée. De même pour le reste ; ils ignorent ces conversations infinies, ces épanchements complets, où la différence d'âge compense la différence de sexe, où le fils, qui entre dans le monde, trouve dans sa mère, qui se détache du monde, son guide le plus fin et son plus parfait ami.

Ces habitudes de réserve conduisent à une sorte de stoïcisme. Même avec les siens, on ne s'abandonne pas, on se contient. Dans une famille qui a perdu un parent très-proche, un père, un fils, jamais de cris ni d'explosion. Dès le lendemain, tout le monde descend, se met à table, à l'heure et avec les façons ordinaires ; seulement on cause un peu moins que de coutume ; on a beau avoir du chagrin, on est tenu de remplir son emploi, quel qu'il soit, aussi bien et aussi consciencieusement que la veille. Quand la reine, après la mort du prince Albert, se confina dans la solitude et parut renoncer aux réceptions et autres occupations de sa place, les journaux, ayant laissé écouler plusieurs mois, commencèrent à la blâmer, et lui déclarèrent qu'un deuil privé ne dispense personne de ses obligations publiques. Un écrivain de la *National Review* loue Eugénie de Guérin, si pure et si triste; mais, selon lui, elle a tort de laisser voir sa tristesse, et même d'être triste. « Une Anglaise, d'esprit droit et sain, jugerait que la gaieté (*cheerfulness*) est par elle-même un devoir, et s'abstiendrait d'exprimer du dégoût pour la vie. » — J'ai mal traduit ce mot *cheerfulness*, faute de pouvoir le traduire ; il désigne le contraire de l'abattement, une sorte de sérénité souriante. — Nulle part ce sentiment n'est plus noble, plus touchant à voir que sur le visage des dames âgées. Une d'elles, au lit depuis dix ans, était encore bienveillante et tranquille ; on lui apportait les enfants le soir et le matin, elle connaissait et guidait le détail de toute leur journée, se faisait rendre compte de tout le ménage, travaillait à de petits ouvrages, lisait, priait, n'était jamais oisive un instant ; l'ennui n'avait pas mis un pli à son front. — Une autre, de soixante-quinze ans, bisaïeule, avait le sourire paisible et le teint uni d'une religieuse. — Deux d'entre elles sont restées dans mon souvenir comme un beau tableau hollandais. C'était à la campagne, dans un haut salon tendu de blanc et de gris perle ; la teinte claire était adoucie par les ombres du soir. La large fenêtre centrale bombait au-dessus d'un parterre, et, à travers son vitrage de carreaux luisants, on voyait des verdures. Sur une chaise, auprès du jour, une jeune fille belle, intelligente et froide lisait gravement un petit traité religieux. Au milieu, deux vieilles dames, devant une table à thé, entretenaient leur hôte. Figures à grands traits, sereines, décidées, même commandantes ; en ce point seul, elles différaient des portraits flamands. Pour costume, des robes de soie noir à larges plis, des dentelles au col et au poignets, de riches bonnets de gaze pendante, des broderies blanches au corsage, comme dans les figures de Mierevelt ; la nuance de roideur et d'opulence qui déplaît dans l'ajustement des femmes jeunes allait bien à leur âge et à leur sérieux. Partout les signes d'une ample aisance, d'une position incontestée, d'un esprit équilibré, d'une âme saine, d'une vie digne. — L'une qui a soixante-dix ans, et paraît en avoir cinquante, ne s'est point mariée ; par ses relations de famille, elle a connu et fréquenté les esprits les plus distingués de France et d'Angleterre ; pendant la saison, elle est en visite chez des amis ; au logis, elle lit. Dickens et les modernes lui paraissent bas et agités ; elle goûte davantage les écrivains qui ont de l'élévation et de la tenue, M. Guizot, M. Mignet, Hallam, Macaulay, celui-ci un peu moins que les précédents, Arnold, M. Stanley, d'autres encore qui écrivent sur la morale et la religion en libéraux respectueux ; de même en France, dans la haute bourgeoisie, au dix-septième siècle, les femmes lisaient Du Guet et Nicole. — La seconde a quatre fils établis à l'étranger, la plupart consuls ou chargés d'affaires, l'un en Afrique, l'autre en Turquie, l'autre en Suède ; de deux ans en deux ans, chacun d'eux vient passer quinze jours avec elle. Elle ne s'attriste pas d'être seule et si loin d'eux ; elle est contente, comme une mère romaine, de les savoir tous

« dans une position si honorable et si utile à leur pays. »

Dans tout ceci, je crois, deux choses sont visibles : l'une est l'énergie native et acquise, la force de caractère par laquelle l'homme se maîtrise, se tient toujours en bride, se suffit, se hasarde et résiste au malheur, au chagrin, au découragement ; l'autre est l'institution d'une hiérarchie qui, même dans la vie privée, met l'inégalité, la subordination, l'autorité et l'ordre. — Mais toute médaille a son revers. Autant que j'en puis juger, ce caractère et ce régime produisent beaucoup de tyrans, de butors, de muets, d'opprimés et d'excentriques. Un certain nombre d'intérieurs ressemblent à celui de la famille Harlowe, dans Richardson ; mais là-dessus la bouche d'un observateur est close. Je renvoie le lecteur aux peintures d'Eliot, de Dickens et de Thackeray, voyez notamment dans Thackeray les portraits de lord Steyne, de Barnes Newcome, de lady Kew, du vieil Osborne et de la belle-mère de Clive Newcome.

―――

Il n'est pas facile de faire causer un Anglais sur les amours irrégulières ; pour beaucoup d'entre eux, c'est un livre scellé dont la seule mention est choquante, et chez eux l'écriture est encore plus discrète que la parole. On sait combien leurs romans sont réservés ; il n'y en a pas qui ne puissent être lus par les jeunes filles. S'ils amènent sur la scène une femme qui se conduit mal, c'est pour l'en retirer vite, avec un geste de mépris ou de dégoût ; il semble alors qu'ils marchent sur des charbons ardents ; ils esquivent le détail scabreux ou le rejettent dans l'ombre, à distance. Chez eux, une coquine n'est jamais attrayante, et toujours elle est repoussante. Thackeray, dans *Vanity Fair*, a osé mettre une intrigante au premier rang ; comparez sa désagréable Rebecca Sharp à madame Marneffe de Balzac. Dans *Pendennis*, il esquisse une séduction de grisette ; mais la séduction n'aboutit pas, et l'histoire de la petite Fanny semble écrite par un clergyman. A cet égard, ils sont tous un peu clergymen et prudes.—Si on portait la question au tribunal d'un naturaliste, il dirait sans doute que les races diffèrent du tout au tout, l'une ayant la pudeur du chien, l'autre celle de l'éléphant, et la seconde cachant tout ce que la première affiche. Par suite, notre étalage exagère et leur réserve atténue ; il faut défalquer de ce que nous disons et ajouter à ce qu'ils disent.

Néanmoins, après divers entretiens et beaucoup d'observations, je leur crois plus de retenue qu'à nous. On en donne les raisons suivantes :

L'éveil des sens est tardif ; Tacite l'avait déjà remarqué[1]. A cet égard, et d'une façon générale, l'homme du Nord est moins précoce que celui du Midi ; ceci est un trait de la race, un des caractères originels qui opposent le Germain au Latin. De nos jours encore, à Iéna, à Leipzig, à Halle, à Bonn, beaucoup d'étudiants aux universités s'associent pour faire vœu de continence.

Les timides sont très-nombreux, et sur cet article presque tous sont timides.

[1] *Sera juvenum Venus.*

Ils travaillent beaucoup et la concurrence les aiguillonne ; il s'agit de s'ouvrir une carrière ; comme le confortable est très-coûteux et qu'il faut gagner beaucoup d'argent, l'esprit est tout tendu ; l'imagination n'a pas de loisir.

Les exercices physiques sont un dérivatif ; pour se reposer du travail, ils rament, patinent, jouent au cricket, montent à cheval, voyagent, vont chasser dans les Highlands ou à l'étranger, faire des ascensions et des excursions ; un jeune homme, riche et oisif, ne passe guère que trois mois à Londres, et les tentations de Londres sont bien moins séduisantes que celles de Paris.

L'opinion est moins tolérante que chez nous, et on la craint fort.

La plupart gardent tard ou jusqu'au bout leurs croyances religieuses, ce qui est un frein faible, mais pourtant un frein.

De bonne heure l'Anglais songe au mariage, bâtit en imagination son petit roman de cœur et de félicité domestique. Toute la littérature contemporaine, prose et vers, l'entretient dans cette idée, qui, ayant pris racine, exclut l'idée contraire. Car, si le rêve pur et charmant ne supprime pas la brutalité, il découronne la galanterie. Celle-ci retombe tout de suite au niveau des amusements ordinaires, assez bas ; on se dit : « Il y a mieux, » et désormais elle perd son plus vif attrait, la chance d'être confondue avec le bonheur suprême.

La grisette, la lorette, la petite femme amusante et sémillante est une espèce rare. Il ne reste guère que la fille des rues, qui sent le gin, rebute ou fait pitié.

D'autre part, comme on l'a vu, les femmes mariées

sont presque toutes fidèles. B... prétend qu'il y a des exceptions dans la très-haute classe, des aventures comme celles de lady Adelina dans le *Don Juan* de lord Byron, à la campagne, avec un secret et des précautions infinies. — Mais c'est chez les *shopkeepers* aisés (boutiquiers), que les accidents sont le plus fréquents, parce que la femme est oisive. N'ayant pas, comme en France, la ressource du théâtre et des visites, ni, comme les femmes de gentlemen, celle du patronage et des leçons aux pauvres, placées au-dessus du besoin, ne mettant jamais la main à la cuisine et à la couture, elles sèchent sur pied; par ce grand vide de l'ennui, la porte est ouverte aux séductions. L'amant est le plus souvent un homme du monde, un gentleman riche qui achète chez elles. — Au reste, sauf pour quelques *profligates*, la situation est déplaisante. Un Anglais à l'état d'adultère est malheureux; sa conscience le tourmente au plus beau moment.

Quant aux maîtresses libres (*kept women*), on les cache. A cet égard, la réserve est extrême, obligatoire. Un jeune homme qu'on me cite était en barque sur la Tamise avec sa maîtresse et la menait dîner. Passe un bateau à vapeur, où il aperçoit le fiancé de sa sœur; de honte et d'émotion, il refuse de continuer la partie et rame à terre; cependant il n'avait pas été vu. — W... a beaucoup voyagé; je cause familièrement avec lui depuis quinze jours; il a vingt-huit ans, et je suis sûr qu'il est sincère; pourtant, quand j'ai voulu le faire parler sur le monde excentrique, il a paru embarrassé, mal à l'aise. Il déclare qu'il ne sait rien de ce monde ni des jeunes gens irréguliers, qu'il n'a pas de commerce avec eux, qu'on est très-tenu à Londres par les devoirs de pro fession, de famille, par les exercices physiques, le cricket, l'équitation, le métier de volontaire. Un Français de son âge et qui, comme lui, aurait vu les deux mondes, serait dénoué jusqu'à en être désossé. — B... rencontre aux eaux un clergyman avec une jeune femme, jolie et décente, se lie avec eux, et veut les présenter à sa femme. Le clergyman esquive l'offre pendant quelques jours, puis, à la fin, lui demande une conversation particulière, lui avoue que cette jeune femme est une *governess*, sa maîtresse ; cet aveu fait, il se retire ; jusque dans sa faute, il gardait son respect pour le mariage. — Ceux des jeunes gens riches qui ont une maîtresse la mettent dans une maison hors de Londres ; ils y vont le dimanche pour revenir le lundi. Même dans ses irrégularités, l'Anglais aime le foyer, le *home* : il veut une femme qui soit à lui, à lui seul, et pas publiquement ; sa « petite maison » est une sorte de ménage. Le plus souvent sa maîtresse est une fille de fermier [1], une gouvernante ; celles-ci, nées de pasteurs pauvres, souvent bien élevées et jolies, solitaires dans un intérieur étranger, où elles sont demi-domestiques et demi-convives, sont exposées à d'étranges tentations. — Beaucoup de ces unions durent longtemps, et quelques-unes toute la vie. — Parfois, après une longue connaissance, l'amant vous invite à dîner : « Venez chez *my little girl*, elle est tout à fait une *lady*. » Vous trouvez une personne occupée de son intérieur, décente, de bonne tenue ; vous devez parler comme si vous étiez chez une vraie dame ; un mot leste la choquerait ; elle ne se fait pas gamin, garçon, camarade comme à Paris. — S...,

[1] Voy. l'exemple d'une séduction de ce genre dans *Adam Bede*, par Eliot.

qui a vécu chez nous, prétend que, pour un de ces ménages irréguliers en Angleterre, il y en a trois en France.

Très peu de lorettes ; cette espèce qui, dans les derniers temps, a pullulé et s'est si fort étalée à Paris, n'est qu'une mince colonie à Londres ; je parle de celles qui ont un salon, une voiture, qu'on voit au bois, dont les petits journaux rapportent les faits et gestes, et qu'on peut comparer aux hétaïres d'Athènes, aux *cortigiane* du seizième siècle. Il y en a cependant, c'est une importation continentale. A Hyde-Park, j'en ai vu trois ou quatre très-affichées, que l'on montrait au doigt, et que l'insolence grossière de leur toilette désignait assez. — Un de mes amis est allé chez l'une de celles qui tiennent le haut du pavé. Elle reçoit des lords et les fait jouer aux cartes. Ceux-ci fument chez elle, et croisent leurs jambes, ce qu'ils font assez gauchement. L'entrain, la malice, la gaieté pétillante et mousseuse seraient des ingrédients nécessaires pour assaisonner une pareille soirée ; mais ici ils manquent. — B... ajoute en riant : « Ma première visite m'a coûté une guinée en billets de concerts ; j'ai trouvé cette manière de m'instruire trop coûteuse pour un simple esquire, et j'ai envoyé ma carte à la dame avec un sonnet et P. P. C. au bas. » — Quelques-unes sont d'admirables écuyères.—Mais toutes ensemble ne suffisent pas à faire un demi-monde rival de l'autre ; le fossé qui sépare la vertu de la débauche est ici profond et abrupt ; il n'a pas d'escalier comme en France. De même dans leur religion : d'un côté le paradis, de l'autre l'enfer ; point de station moyenne, de purgatoire.

Il ne reste donc qu'une issue au tempérament, la plus simple et la plus grossière. Brillat-Savarin disait : « L'animal se repait, l'homme mange, le gourmet seul sait manger. » Très-certainement en ceci comme dans leur cuisine, ils ignorent les préceptes de Brillat-Savarin. Le jour, dans le Strand et dans Haymarket, quantité de boutiques et de maisons à peu près convenables présentent cet écriteau : *Beds to let*. Le soir, aux mêmes endroits et ailleurs, quantité de figures qui entrent et sortent ont le type, la tournure et la gravité anglaises. Homme mûr ou jeune homme de condition respectable, ce soir-là le promeneur est censé en voyage ou au club. Il ne s'affiche pas, il n'offre pas son bras ; son expédition est secrète et anonyme ; elle n'est qu'un débordement de la brute que chacun de nous porte en soi. — Deux gros négociants qu'on me cite viennent dernièrement dans une grande ville, débarquent en un certain endroit chacun avec quarante livres sterling, s'y enferment, n'en sortent ni jour ni nuit, et s'occupent à boire dans les intervalles ; c'est ce que les matelots arrivant au port appellent tirer une bordée. Dans leurs familles, on les croyait à la campagne. Au bout de huit jours, on les avertit que leurs quatre-vingts livres sont mangées, et ils repartent. — Dans cette race, les appétits sont violents et redoutables ; voyez au siècle dernier leur libre peinture dans les romans de Fielding et de Smollett, et au dix-septième siècle leur scandaleuse éruption dans le carnaval de la Restauration. L'opinion, la religion, la conscience ne sont pas de trop pour les brider. Contre ce Caliban ils ont besoin de toutes leurs forces ; car il est bien plus sauvage et laid que le satyre jovial et gai de France ou d'Italie. Ils ont donc raison de pousser la sévérité jusqu'à la pruderie ; plus l'inondation est malfaisante, plus il faut surveiller et fortifier les digues.—Celles qu'elle entraîne roulent dans la boue jusqu'en des bas-fonds dont nous n'avons pas l'idée ; on en trouvera des exemples dans la *Miss Williams*, de Smollett, dans *l'Homme de sentiment*, de Mackensie, dans les Mémoires d'Alfieri. Aujourd'hui, un romancier n'oserait toucher, même du bout des doigts, des vérités si crues. J'en ai su quelques-unes, mais il vaut mieux ne pas les écrire ; on aurait beau altérer les circonstances, on court toujours le risque d'atteindre une famille. Parfois un cocher, un laquais, comme dans le cas d'Alfieri, joue le premier rôle. En ce cas, on expédie les gens en Australie, et la famille va se cacher à Londres ou à l'étranger. — Songez que les jeunes filles sont libres et tenues de se garder elles mêmes, que souvent elles sont sans dot, et obligées de se marier elles-mêmes. Que d'occasions de glisser, et que le frein intérieur ou extérieur a besoin d'être fort pour les retenir! — Telle, fille d'un clergyman, monte à cheval tous les jours avec le jeune squire du pays, se promène à pied avec lui, et commence à faire parler d'elle ; le *flirtation*, l'art de pêcher au mari n'est pas rare ; Thackeray l'a décrit dans *Vanity Fair*. A ce jeu, on donne bien des prises sur soi, et il faut avoir beaucoup de sang-froid pour ne pas les donner toutes. — Dans la *middle class*, intermédiaire entre les gentlemen et les gens occupés de travaux manuels, mainte jeune fille s'accorde des libertés singulières ; par exemple, elle va trouver chez lui le jeune homme qu'elle préfère. Sur ce point, j'ai su, d'original, des détails scabreux, et qui n'ont point leur contre-partie en France. Sans doute, chez nous, les jeunes filles de la petite bourgeoisie sont plus surveillées, mais aussi elles sont plus intactes.—On fait tant de choses pour trouver un mari ! Souvent dans les journaux il y a des annonces à cet effet ; si le lecteur veut se porter comme prétendant, il demande au préalable une photographie en toilette de soirée (*full dress*) ; celle-ci est déposée au bureau de l'éditeur. Deux jeunes gens de nos amis, à Manchester, firent insérer une note de ce genre ; ils déclaraient leurs dispositions matrimoniales, et priaient les dames de passer à telle heure devant un certain café. Ils eurent soin de se mettre dans un autre café en face, et, à l'heure dite, trois personnes assez jolies, décentes, passèrent, repassèrent et vinrent enfin s'arrêter d'une façon significative devant la porte indiquée. — En ce pays et dans cette classe, une femme, pour subsister, a besoin d'un homme ; son travail personnel ne lui suffit pas ; mettez ensemble cette misère de la femme et la brutalité de l'homme ; vous comprendrez le lamentable défilé de Haymarket. — Mes amis anglais avouent qu'à Londres, le nombre de ces pauvres filles est énorme. Elles s'abandonnent elles-mêmes, et ne font plus d'efforts pour remonter ; elles n'ont pas le ressort de caractère et d'esprit, les inventions, les expédients d'une Française. Elles ne savent pas épargner, acheter ou se faire donner un petit établissement, devenir lingères, modistes, marchandes à la toilette, comme à Paris. Elles ont conscience de leur dégradation ; elles se considèrent comme perdues, mangent au jour le jour ce qu'elles gagnent, finissent par boire, et meurent à l'hôpital. — Je ne sais pourquoi, mais, en considérant cette belle société, toujours, par delà la tête humaine et le buste florissant, j'arrive à toucher la croupe bestiale et fangeuse.

CHAPITRE IV

L'ÉDUCATION

Voyage à Harrow-on-the-Hill, j'ai vu aussi Eton. Harrow, Eton, Rugby sont les principaux établissements d'instruction secondaire et correspondent à peu près à nos grands lycées; environ 800 élèves à Eton, et 500 dans chacun des autres, de treize à dix-huit ans. Mais, entre ces deux écoles et nos lycées, la différence est énorme, et nulle comparaison ne fait mieux ressortir le contraste des deux peuples[1]. On me dit que je puis prendre Harrow comme spécimen.

C'est un établissement libre, privé, non subventionné par l'État, fondé jadis par un legs, et, par conséquent, pourvu d'un domaine et d'un revenu héréditaires. Parfois, le revenu de ce domaine est très-grand; à Harrow

---

[1] Lire sur cette question l'admirable rapport de MM. Demogeot et Montucci, intitulé : *de l'Enseignement secondaire en Angleterre et en Écosse*, in-4°, 1868.

il est petit (1,100 livres sterling). Grand ou petit, il est administré par un conseil de fidéicommissaires qui se recrutent par élection. Ici ils sont six, grands seigneurs et propriétaires du voisinage, qui ont autorité pour les changements considérables et pour le choix du *head master*. Mais la principale pièce de la machine est la société des professeurs maîtres de pension ; chacun d'eux fait un cours (grec, latin, français, mathématiques, etc.), et, en outre, loge et nourrit chez soi de dix à trente pensionnaires. — Quand il n'en a qu'une dizaine, il les fait manger à sa table, avec sa famille ; parfois, s'ils sont plus nombreux, ils mangent à deux tables présidées par des dames de la maison. — Ordinairement, ils sont deux dans une chambre ; les plus grands ont une chambre entière. — Ainsi, l'enfant transplanté dans l'école y retrouve une image de la maison paternelle, d'autant plus qu'en Angleterre les familles sont nombreuses. Il a son logis, il dîne à trois pas d'une dame, il est une personne parmi des personnes ; il vit dans un milieu naturel et complet, et n'est pas, comme chez nous, soumis à un communisme de caserne.

Autre différence : chez nous, un lycée est une grande boîte de pierres où l'on entre par un seul trou muni d'une grille et d'un portier ; à l'intérieur sont quelques cours semblables à des préaux, parfois une pauvre rangée d'arbres, en revanche beaucoup de murs. Comme la boîte est toujours dans une grande ville, le jeune homme qui dépasse la grille ne trouve, au delà comme en deçà, que du plâtre et des moellons. — Ici, l'école est dans une petite ville, avec cent issues libres sur la campagne. A Éton, autour de la vieille cour centrale, je voyais les roses, les lierres, les chèvrefeuilles monter partout le long des bâtiments ; au delà, sont de riches prairies où des ormes monstrueux étendent leurs branches séculaires ; près d'eux, une rivière verte et luisante ; sur les eaux, des cygnes ; dans les îles, des bœufs qui ruminent ; le courant tourne et s'enfonce à l'horizon dans les feuillages. — A Harrow, le paysage est moins gracieux ; mais la verdure et le grand air ne manquent pas ; une prairie de cinq ou six hectares appartient à l'école, et fournit un emplacement au jeu de cricket. Je rencontre les petits en veste noire, les grands en habit noir, tous coiffés du petit chapeau de paille, non-seulement dans la ville, mais hors de la ville, le long des haies, au bord de l'étang ; on voit à leurs brodequins boueux qu'ils sont toujours sur les routes et dans les prés humides.— Ainsi, l'adolescence se passe chez nous sous une cloche artificielle, à travers laquelle suinte l'atmosphère morale et physique d'une capitale ; chez eux, à l'air libre, sans séquestre d'aucune sorte, dans la fréquentation constante des champs, des eaux et des bois. Or c'est un grand point pour le corps, l'imagination, l'esprit et le caractère que de se développer dans un milieu sain, calme et conforme aux sourdes exigences de leurs instincts.

Au total, la nature humaine est ici plus respectée et plus intacte. Sous cette éducation, les enfants ressemblent aux arbres d'un jardin anglais ; sous la nôtre, aux charmilles tondues et alignées de Versailles.—Par exemple, ici, les enfants sont presque aussi libres que des étudiants ; ils sont tenus d'assister aux classes, aux répétitions, au dîner, et de rentrer le soir à une heure fixée, rien de plus ; le reste de la journée leur appartient ; à eux de l'employer à leur guise. La seule charge qui pèse sur ces heures libres est l'obligation de faire le devoir prescrit ; mais ils peuvent le faire où ils veulent et quand ils veulent ; ils travaillent chez eux ou ailleurs. J'en vois qui étudient chez le libraire, d'autres lisent assis sur une balustrade. Ils suivent leur goût, errent où il leur plaît. On les voit dans les rues, chez le pâtissier, chez le marchand de saucisses ; ils vont courir dans la campagne, pêcher, patiner, se baigner, dénicher des nids. Ils sont maîtres de leur temps et aussi de leur argent, se donnent des goûters, achètent pour orner leur chambre. Il paraît que, s'ils font des dettes, on vend aux enchères leur petit mobilier privé[1]. — Initiative et responsabilité ; il est curieux de voir des bambins de douze ans élevés jusqu'à la dignité d'hommes.

Huit heures de travail par jour, au maximum ; le plus souvent, six ou sept ; chez nous onze, ce qui est déraisonnable. L'adolescent a besoin de mouvement physique ; il est contre nature de l'obliger à être un pur cerveau, un cul-de-jatte sédentaire. Ici les jeux athlétiques, la paume, le ballon, la course, le canotage, et surtout le cricket, occupent tous les jours une partie de la journée ; en outre, deux ou trois fois par semaine, les classes cessent à midi pour leur faire place. L'amour-propre s'en mêle ; chaque école veut l'emporter sur ses rivales et envoie au concours des rameurs et des joueurs soigneusement exercés et choisis. Harrow a battu Eton l'an dernier et espère vaincre encore cette année. Aujourd'hui, onze des plus grands et des plus adroits soutiennent l'honneur de l'école contre onze joueurs venus de Londres ; deux porte-drapeaux, l'étendard à la main,

---

Voy. sur tous les détails de leur vie, *Tom Brown's School-Days*

marquent les limites ; des centaines de jeunes gens sont sur les flancs, à distance, et applaudissent aux coups heureux. L'affaire est sérieuse : les adversaires appartiennent à un club célèbre de *cricketers*, tous d'une adresse, d'une force et d'un sang-froid admirables ; les jeunes gens ont le droit de se passionner pour un exercice que des hommes faits prennent pour principal objet de leur vie.— Effectivement, il y a dans ce pays des gentlemen dont l'ambition et le régime sont ceux d'un athlète grec ; ils s'imposent une nourriture particulière, ils s'abstiennent de tout excès de table et de boisson ; ils se font des muscles et se soumettent à un savant système d'entraînement. Une fois préparés, ils vont disputer le prix du canotage ou du cricket dans tous les grands jeux de l'Angleterre, même au delà, en Amérique. On me cite une bande de onze cricketers qui, à cet effet, sont allés en Australie, comme autrefois les athlètes du Pont ou de Marseille allaient à Olympie. — Rien d'étonnant si les adolescents se prennent d'enthousiasme pour des jeux si autorisés ; le chef des onze au cricket, le capitaine des huit rameurs est dans l'école un personnage plus important que le premier *scholar* (humaniste) de la classe.

Voilà déjà des germes d'association, un apprentissage du commandement et de l'obéissance, puisque chaque bande qui joue au cricket accepte une discipline et se donne un chef. — Mais le principe s'applique bien plus largement encore ; enfants et jeunes gens forment ensemble un corps organisé, une sorte de petit État distinct qui a ses chefs et ses lois. Ces chefs sont les élèves de la plus haute classe (*sixth form*), plus spécialement les quinze premiers élèves de l'école (*monitors*), et, dans chaque pension, le premier élève. Ils maintiennent l'ordre, font exécuter le règlement, et, en général, tiennent la place de nos maîtres d'études. Ils empêchent les forts de brutaliser les faibles, sont arbitres des disputes, interviennent lorsqu'un enfant s'est fait quelque mauvaise affaire avec un villageois ou un boutiquier, punissent les délinquants. Bref, ici, les élèves sont gouvernés par les élèves, et chacun, après avoir subi l'autorité, l'exerce à son tour. Pendant la dernière année, il est enrôlé du côté de la règle, il la fait prévaloir, il en sent l'utilité, il l'adopte de cœur au lieu de regimber contre elle, ce que ne manque pas de faire un écolier français. — Partant, quand il sort de l'école et qu'il entre dans la vie, il est moins disposé à trouver la règle absurde et l'autorité ridicule; il conçoit la liberté et la subordination; il est plus près de comprendre les conditions d'une société, les droits et les devoirs d'un citoyen. — Outre cette préparation générale, il en a une particulière. Les grands forment entre eux des *debating societies*, où ils discutent des questions de morale et de politique; le principal de l'école n'en est que le président honoraire. Après que les jeunes orateurs ont parlé, les assistants votent; un procès-verbal résume les arguments et le débat; c'est un parlement en miniature. — En outre, trois des plus âgés publient une revue, *le Triumvirat*. Leur but « est d'éveiller dans leurs camarades des idées un peu plus larges de patriotisme, et de les intéresser aux affaires du pays. » Ils sont de l'opposition conservatrice, raisonnent sur l'alliance française, sur les élections, sur le droit électoral. Quelques lieux communs et un peu d'enflure; mais le bon sens ne manque point; par exemple, à propos du droit de suffrage qu'ils veulent élargir, mais seulement jusqu'à un certain point, ils font appel à l'expérience de leur jeune lecteur; celui-ci en vacances, à la campagne, a pu voir que les villageois, les boutiquiers de la classe proposée sont assez intelligents et instruits pour bien voter; ainsi l'argument est pratique, tiré des faits, et non d'une théorie pompeuse. — Je viens de lire un numéro de cette revue; certainement nos élèves de rhétorique n'ont pas à beaucoup près ce degré de culture et d'information politiques. — Ajoutons encore un trait; tous, ou presque tous, sont religieux; ils seraient choqués d'une parole irrévérencieuse; ils chantent sérieusement à la chapelle. Depuis Arnold, le but de l'éducation est de faire d'eux des *gentlemen chrétiens;* la plupart pratiquent, reçoivent la communion, et d'eux-mêmes font leur prière le soir. Ainsi, quand ils entrent dans le monde, ils sont les défenseurs et non les adversaires du grand établissement ecclésiastique, de la religion nationale.

De tous côtés j'arrive à la même conclusion : il n'y a pas en Angleterre de séparation profonde entre la vie de l'enfant et celle de l'homme fait; l'école et la société sont de plain-pied, sans mur ou fossé intermédiaire; l'une conduit et prépare à l'autre. L'adolescent ne sort pas comme chez nous d'une serre à compartiments, d'un régime exceptionnel, d'une atmosphère spéciale. Il n'est pas troublé, désorienté par le changement d'air; non-seulement il a cultivé son esprit, mais encore il a fait l'apprentissage de la vie; non-seulement il a des idées, mais encore ses idées sont appropriées au monde qui le reçoit. En politique, en religion, il trouve à vingt ans des cadres tout prêts, auxquels ses goûts et ses facultés se sont d'avance adaptés. De cette façon, il échappe plus aisément au scepticisme ; il est plus vite rangé ; il tâtonne moins pour trouver l'emploi de ses forces. — Tous ceux que je vois en classe, dans les champs et dans les rues, ont l'air *healthy and active*, décidés, énergiques. Évidemment, à mes yeux du moins, ils sont plus enfants et plus hommes : plus enfants, c'est-à-dire plus amateurs du jeu et moins disposés à dépasser les limites de leur âge ; plus hommes, c'est-à-dire plus libres, plus capables de se gouverner et d'agir. — Au contraire, l'écolier français, surtout l'interne de nos colléges, est ennuyé, aigri, affiné, précoce, trop précoce ; il est en cage, et son imagination fermente. — A tous ces égards, et pour ce qui regarde la formation du caractère, l'éducation anglaise est meilleure ; elle prépare mieux au monde et fait les âmes plus saines.

« Quand je formai le projet d'écrire mon livre, dit l'auteur de *Tom Brown*, j'essayai de me représenter le type le plus fréquent d'un petit garçon anglais de la classe moyenne supérieure, tel que mon expérience me l'avait montré ; et je maintins fidèlement ce type d'un bout à l'autre de mon histoire, en tâchant seulement de donner un bon spécimen du genre. » Le livre ainsi conçu eut un succès énorme. Jeunes gens et hommes faits, tous se reconnaissaient dans la peinture, et nous pouvons nous en servir en admettant avec l'auteur que le portrait fut, sinon flatté, du moins bienveillant. — Ni Tom ni son père ne se soucient beaucoup de l'instruction proprement dite. « Quel avis final vais-je lui donner, se demande le père ? Lui conseillerai-je de bien s'appliquer, et lui dirai-je qu'on l'envoie à l'école pour

qu'il apprenne bien le latin et le grec? Non, on ne l'envoie pas à l'école pour cela ; du moins ce n'est pas principalement pour cela. Je ne donnerais pas un fêtu pour les particules grecques ou pour le digamma, sa mère non plus. Pourquoi donc est-ce qu'on l'envoie à l'école ? Ma foi, c'est en partie parce qu'il a envie d'y aller. Qu'il devienne un brave Anglais, utile, serviable, véridique, un gentleman, un chrétien, c'est tout ce que je désire. »
— Et quand Tom, après quelques années, se demande ce qu'il est venu faire à l'école, il se répond à lui-même, après réflexion : « J'ai envie d'être le numéro 1 au cricket et au ballon, et à tous les autres jeux, et de savoir me servir de mes poings assez bien pour garantir ma tête contre les poings de tout autre homme, gentleman ou rustre. J'ai envie d'emporter d'ici assez de latin et de grec pour me soutenir à l'université convenablement. J'ai envie de laisser ici derrière moi la réputation d'un garçon qui n'a jamais brutalisé un petit ni tourné les talons devant un grand. » — Paroles remarquables et qui résument bien les sentiments ordinaires d'un père et d'un enfant anglais ; la science et la culture d'esprit sont en dernière ligne : le caractère, le cœur, le courage, la force et l'adresse du corps sont au premier rang. Une telle éducation fait des lutteurs au moral et au physique, avec tous les avantages, mais aussi avec tous les inconvénients attachés à cette direction de l'âme et du corps.

Entre autres effets fâcheux, les instincts rudes se développent. « Les jeux viennent en premier rang, disait un maître d'Éton, les livres en second[1]. » L'enfant met

[1] Demogeot et Montucci, p. 22, ouvrage cité.

sa gloire, comme Tom Brown, à être bon athlète ; il passe trois, quatre, cinq heures par jour en exercices bruyants et violents. A la course (*Hares-and-Hounds*), on patauge pendant des heures dans des champs labourés et dans des prés fangeux, on tombe dans la boue, on perd ses souliers, on se ramasse comme on peut. Au ballon (*Foot ball*), les groupes se précipitent les uns sur les autres ; l'enfant qui se trouve dessous porte le poids de toute la masse ; il y a des bras et des jambes luxés, des clavicules cassées. Au cricket, la grosse balle pesante est lancée avec tant de force que le joueur maladroit est renversé, s'il s'en laisse atteindre. Presque tous les jeux comportent habituellement des meurtrissures ; on se fait gloire d'y être insensible, et, par une conséquence naturelle, on n'hésite pas plus à les infliger qu'à les subir. L'enfant devient combattant, boxeur : « Combattre avec ses poings, dit l'auteur de *Tom Brown*, est le procédé naturel et anglais des enfants anglais pour régler leurs querelles. » — Tous les hommes que j'ai rencontrés l'avaient employé à l'école, et il y est encore fréquent. — Cette sorte de duel a ses règles, son emplacement, son public, ses témoins. Chaque combattant a deux assistants qui lui épongent la figure et avancent le genou pour lui fournir un siége entre deux assauts ; ces assauts se répètent et se prolongent parfois pendant une demi-heure. Le principe est qu'il faut continuer tant qu'on peut voir clair et se tenir sur ses jambes ; à la fin de la bataille il y a des yeux pochés, des joues enflées et bleues, quelquefois un pouce démis, ou une lèvre fendue.

Par malheur les institutions de l'école poussent dans le même sens ; outre les pensums, les retenues et la prison, on emploie les verges ; dans certaines écoles, il suffit que le nom de l'élève soit inscrit trois fois sur le registre des punitions, pour qu'on lui fasse mettre bas son pantalon. Ce matin, à Harrow, on en avait fouetté quatre (quatorze coups, pas jusqu'au sang). — C'est le principal à qui, dans tous les colléges, revient cet office aimable; il n'y a guère de proviseurs en France qui voulussent accepter à ce prix cent ou cent cinquante mille francs de traitement. — En principe, le fouet est pour tous, même pour les plus grands; mais il n'y a guère que les petits et les moyens qui le reçoivent. — Chose étrange, il n'est pas impopulaire; il y a cinquante ans, à Charterhouse, les élèves, apprenant qu'on voulait le remplacer par une amende, se révoltèrent aux cris de : « A bas l'amende, vive le fouet ! » et le lendemain refirent connaissance avec leurs verges bien-aimées. Des professeurs avec qui j'ai causé trouvent que ce châtiment n'est pas humiliant, et qu'il développe dans l'enfant le courage stoïque ; selon eux, les coups sont la répression naturelle ; il suffit que l'opinion n'y attache pas de honte, et que le patient ne se sente pas insulté. Au-dessous du *head-master*, les grands préposés à la discipline ont droit d'employer le même châtiment; à cet effet, dans certaines écoles, ils portent une canne et en usent.

Ici il faut parler d'une institution choquante, le *fagging*, ou obligation pour les petits d'être les domestiques des grands. Elle s'est modifiée, adoucie à Harrow, à Rugby et dans quelques autres établissements ; mais, en soi, elle demeure toujours mauvaise ; car elle est une école de brutalité et pousse l'enfant anglais du côté où il penche, vers tous les excès que comporte le tempérament énergique, violent, tyrannique et dur. Une dame que nous connaissons et qui, à la vérité, est d'origine étrangère, n'a pu se résoudre à soumettre son fils au *fagging*, et l'a mis dans un lycée de Paris. — D'après des enquêtes officielles[1], les petits sont des valets et des esclaves. Chaque grand en a plusieurs qui sont tenus de faire ses commissions, de balayer sa chambre, de nettoyer ses chandeliers, de faire rôtir son pain et son fromage, de l'éveiller à l'heure dite, d'assister à ses jeux, souvent pendant deux ou trois heures par jour, de courir après ses balles et de les lui rendre, d'être à ses ordres pendant tout le temps qu'il travaille, de subir ses caprices. « Au collége de Westminster, la vie d'un boursier de première année est une servitude si continue, qu'il lui est impossible de trouver le temps nécessaire pour les études. Je mets en fait, dit l'un des témoins, que du 1ᵉʳ janvier au 31 décembre, le jeune boursier n'a pas à lui un seul moment qui soit à l'abri d'une interruption. A trois heures et demie du matin, deux des plus jeunes, désignés à tour de rôle, se lèvent pour allumer le feu, faire chauffer l'eau, réveiller ceux des grands qui leur en ont donné l'ordre. Souvent l'ancien, réveillé à quatre heures, ne se lève qu'à sept heures et demi ; il faut alors l'avertir de demi-heure en demi-heure... Cette corvée revient pour chaque enfant deux ou trois fois par semaine. » — Ajoutez toutes celles de la journée, toutes celles du soir. « Les anciens aiment beaucoup le thé, il leur en faut trois fois par soirée, sans préjudice du café... Toutes les deux minutes,

---

[1] Demogeot et Montucci, p. 49, ouvrage cité ; et *Tom Brown's School-Days*, 123, 124, 149, 167, 168.

il lui faut remplir les bouilloires... » Un des témoins raconte que le samedi soir, jour de sortie à Westminster, quand son fils arrivait du collége, l'enfant était tellement accablé par la privation du sommeil, qu'il n'avait rien de plus pressé que d'aller dormir. — Pour maintenir une obéissance si ponctuelle et si minutieuse, les grands emploient la terreur. « Les soufflets, les coups de pied ne sont pour eux qu'une gentillesse ordinaire, cela ne compte pas au nombre des punitions... Au premier degré des vraies punitions sont les soufflets systématiques; le patient doit laisser pendre ses bras le long de son corps et présenter sa tête à une douzaine de soufflets appliqués à droite et à gauche. » D'autres fois, il pose la paume de la main sur une table; avec le tranchant d'un couteau de bois, on frappe sur le dos de cette main, parfois jusqu'à y faire une entaille. » Vient ensuite la bastonnade, puis les deux espèces de « tannage. » L'enfant est frappé sur le gras de la jambe avec une raquette de paume, qui l'écorche et fait couler son sang. Il pose le pied sur un évier haut comme une table; l'exécuteur prend son élan à trois ou quatre pas en arrière et vient frapper à coups de pied sur la partie ainsi découverte. « J'ai entendu parler, dit le rapporteur, de deux ou trois cas où les enfants ont été si cruellement meurtris, qu'ils sont restés longtemps sans prendre part aux jeux et aux autres exercices. » — Tom Brown est berné dans une couverture, et on le lance si fort, qu'il va choquer le plafond. — Un jour, ayant refusé de vendre à des grands son billet de loterie, il est saisi, couché le long du foyer allumé, et rôti (à la lettre), tellement, qu'il est prêt de s'évanouir. La chose a eu lieu, le roman n'a fait que copier un fait authentique.

D'ailleurs, dans les vies de Cowper, de lord Byron, de sir Robert Peel, on en trouve d'aussi révoltantes.— Sans doute, les traits qu'on vient de citer sont les plus sombres, et, comme les Anglais sont persévérants en matière de réforme, le tableau tend à s'éclaircir. Mais, même en supposant la réforme achevée, l'impression reste fâcheuse; car, en somme, l'école ainsi conduite est une sorte de société primitive où la force règne presque sans contrôle, d'autant plus que, par point d'honneur, les opprimés ne veulent jamais dénoncer les oppresseurs. Le maître intervient aussi peu que possible; il n'est pas, comme chez nous, le représentant perpétuel de l'humanité et de la justice; très-rarement et dans très-peu d'écoles, on en appelle à lui ou au conseil des grands. Les faibles sont livrés à eux-mêmes, ils n'ont qu'à pâtir et à patienter. Or quelle tentation pour un jeune homme vigoureux que la possession du pouvoir et le droit de frapper! Il n'est pas bon de donner carrière aux instincts de domination et de brutalité. Toujours l'usage conduit à l'abus; on s'excite aux exigences par les exigences qu'on pratique, aux coups par les coups qu'on porte; il ne faut jamais donner à l'homme l'occasion de devenir despote et bourreau. — Au total, l'éducation ainsi comprise n'est pas sans ressemblance avec celle des Lacédémoniens; elle endurcit le corps et trempe le caractère; mais, autant que je puis le conjecturer, elle aboutit souvent à faire des sportmen et des butors.

Naturellement la culture de l'esprit doit souffrir d'un pareil régime. « En voyant[1] les jeunes gens prêts à

---

[1] Article du *Musæum*, 1867, par M. Farrar, professeur à Harrow, cité par Demogeot et Montucci.

tout sacrifier pour le cricket, en les voyant y consacrer un nombre d'heures et un enthousiasme hors de toute proportion avec ce qu'ils donnent à leur travail, en voyant que leur esprit en est si complétement envahi qu'ils ne parlent, ne pensent et ne rêvent que cricket, il n'est pas étonnant de trouver beaucoup de gens qui attribuent à cette manie de *muscularité* la misérable pauvreté des résultats intellectuels que nous obtenons. »
— Un vice inconnu chez nous, et qui tient à cette prédominance du physique sur le moral, c'est la gloutonnerie et surtout le goût du vin ; aussi l'une des fautes qui entraînent le fouet est l'ivresse ; plusieurs se bourrent de mangeaille, et on trouve parmi eux des ivrognes précoces.

L'enseignement n'est pas tel qu'il faudrait pour contre-balancer ces goûts grossiers. Il n'a rien d'attrayant ; il ne peut guère être considéré par les jeunes gens que comme une corvée ; il est très-peu littéraire et presque tout à fait technique. Il s'agit surtout de bien savoir le grec et le latin, de pouvoir écrire correctement en vers et en prose dans les deux langues ; de fait, à force de mémoire et d'exercice, les plus forts y arrivent. — Sur un point, la connaissance et le maniement du grec, ils sont de beaucoup supérieurs aux élèves de nos lycées ; j'ai entre les mains un cahier de devoirs couronnés où des scènes de Shakspeare sont très-bien traduites en ïambiques grecs dans le style de Sophocle. — Mais sur les autres points, je les crois plus faibles. Leur latin, prose et vers, est moins élégant et moins pur que celui de nos bonnes compositions de rhétorique. Ils n'ont pas l'air de savoir véritablement l'histoire, ils racontent les légendes de Curtius et de Régulus comme des faits authentiques. Ils dissertent sur la chevalerie et le moyen âge en généralités vagues, comme on le faisait dans notre vieille Université. Ils ne paraissent pas sentir les différences de mœurs, de sentiments, d'idées, de caractères qu'amène le cours des siècles. Ils ne semblent pas avoir lu, comme nos bons écoliers, les ouvrages d'un véritable historien, d'un Thierry, d'un Michelet, d'un Guizot. En général, ils ont peu d'idées; si on excepte les questions présentes et pratiques de politique comtemporaine, un élève de rhétorique dans un lycée de Paris en a davantage. Ils ont lu beaucoup de textes classiques; mais l'explication qu'on leur en donne est toute grammaticale et positive. On ne fait pas ressortir la beauté du morceau, les délicatesses du style, le pathétique de la situation; on n'indique pas les procédés de l'écrivain, les caractères de son talent, la tournure de son esprit; tout cela semblerait vague. Le maître ne parle pas aux élèves comme un critique à des gens de goût; il n'essaye pas d'affiner leur tact littéraire; il ne leur commente pas les grands écrivains de leur pays. — De même en mathématiques[1]; il en enseigne plutôt les formules que l'esprit; le manuel de géométrie est toujours le texte d'Euclide appris par cœur et récité de même; la raison et le raisonnement n'ont qu'une place secondaire. « Trop souvent cet enseignement ne tend qu'à former des hellénistes et des calculateurs. » — Au contraire, le jeune Français qui a dix-neuf ans, possède, s'il est intelligent et s'il s'est appliqué, une instruction générale, quantité d'idées ébauchées, quelques demi-idées personnelles, une préférence décidée

---

[1] Demogeot et Montucci. — *Ibid.*, 119-121

pour tels auteurs et tel genre de style, des commencements de théories, des vues vagues sur le beau, sur l'histoire, sur la philosophie, tout au moins le sentiment qu'il y a là de vastes questions d'importance capitale et sur lesquelles il a besoin de se faire un avis, besoin d'autant plus vif qu'autour de lui le scepticisme est dans l'air, que, le plus souvent, il a perdu ses croyances religieuses, que nulle doctrine universellement imposée ou acceptée n'est là pour arrêter son esprit flottant, et que, s'il veut s'ancrer dans un port, il est obligé de chercher le port et de fabriquer l'ancre. Ici, plusieurs Anglais distingués, que j'ai connus, considéraient leur éducation du collége et même de l'université comme une simple préparation, une gymnastique, un *training* de l'attention et de la mémoire, rien de plus. « Sortis de là, me disaient-ils, nous avons été obligé de refaire ou plutôt de faire notre éducation, d'acquérir par des lectures personnelles tout ce que nous pouvons savoir de philosophie, d'histoire, d'économie politique, de sciences naturelles, d'art, de littérature. » — On commence à remédier à ce défaut, à élargir aujourd'hui ce cercle; mais il est encore étroit, il a toujours pour centre Euclide et le vers saphique. Par suite, l'esprit, moins vite adulte, arrive plus tard aux vues d'ensemble.

Dernier détail et qui achève de marquer la différence des deux pays : en moyenne, la dépense d'un écolier à Harrow est de deux cents livres sterling par an. Combien de pères chez nous pourraient mettre cinq mille francs par an, à l'éducation de leur fils? — En France, un fonctionnaire, un homme attaché à l'une des professions dites libérales gagne le plus souvent trois mille francs à trente ans, cinq mille francs à cinquante ; et, d'ordinaire, il n'a pour complément que le revenu d'un capital fort mince. Aussi, par compensation, l'entretien de son fils ne lui coûte que mille francs au collége, quatre cents francs au petit séminaire, et les bourses données par l'État sont nombreuses. On peut calculer, je crois, qu'une éducation classique coûte cinq fois moins cher en France qu'en Angleterre. — Ils reconnaissent eux-mêmes qu'un de leurs vices nationaux est l'habitude de la dépense excessive. Dans l'instruction primaire, la subvention du parlement ne fait qu'assister 8500 écoles; la même subvention en entretiendrait 25,000 en France. Elle élèverait complétement 1,500,000 enfants français au lieu de 950,000 anglais. M. Arnold calcule « que les dépenses d'entretien et d'administration des écoles françaises sont, proportion gardée, le quart des écoles anglaises. »—A Oxford, où je vais demain, et, en général dans les universités, B... me dit qu'en moyenne, un étudiant dépense trois cents livres sterling par an; cependant deux cents livres par an suffisent; quelques-uns, à force d'économie, vivent avec cent livres. L'auteur de *Tom Brown at Oxford* cite un étudiant très-pauvre qui se tirait d'affaire avec soixante-quinze livres, mais parce qu'il avait le logement gratis, et à condition d'être méprisé. Chez nous, un étudiant en médecine ou en droit qui aurait soixante-quinze livres (1875 fr.) et le logement, se trouverait fort à l'aise ; beaucoup d'entre eux n'ont que quinze cents francs, et il ne vient pas à l'idée du plus riche de dédaigner son camarade pauvre.

Me voici à Oxford, avec un *fellow* (agrégé) qui répond à toutes mes questions avec une extrême complaisance. Nous sommes dans un jardin plein de fleurs ; à côté, séparé par une muraille, est un beau potager ; l'un et l'autre sont les dépendances de la maison d'un professeur ; on n'imagine pas une plus heureuse et plus poétique demeure pour un homme d'étude. Mais je reviendrai sur cela ; je transcris tout de suite notre conversation.

Oxford est un assemblage de vingt-quatre colléges (1) ou fondations distinctes, indépendantes, ayant chacune en moyenne quinze mille livres sterling de rente ; Magdalen-College en a quarante mille et au delà. En outre, la ville contient une université de professeurs, qui sert de centre aux colléges.

Un collége se compose : 1° du directeur (*head*), 1000 à 3000 livres sterling par an; 2° de *fellows* (agrégés), 200 à 300 livres ; 3° de *tutors*, sorte de répétiteurs-surveillants, payés en partie sur les revenus du collége, en partie par les élèves, 400 à 500 livres ; 4° de *scholars*, étudiants qui, par leur mérite, ont gagné des bourses, 20 à 120 livres ; 5° d'étudiants proprement dits, payants, au nombre de quarante à quatre-vingts. — Le reste des revenus de l'établissement paye les domestiques, les cuisiniers, le portier, etc., et en outre les intendants administrateurs des biens (2).

L'Université est un corps de professeurs analogue à notre Collége de France ; un étudiant n'est pas obligé de suivre leurs cours. La plupart des professeurs ont de

(1) Voir les notes à la fin du volume. (2) Id.

5 à 600 livres de traitement; deux ou trois chaires rapportent moins de 200 livres; en revanche, une autre est de 1000 livres, et certains professeurs de théologie en ont jusqu'à 1700; l'un d'eux, le *regius*, a 2300 livres sterl.; quelquefois un canonicat, un doyennat de cathédrale est attaché à la chaire, et rapporte de 1000 à 3000 livres, outre la jouissance d'une grande maison et d'un jardin. — Mais ils sont obligés de vivre honorablement, d'exercer l'hospitalité, de contribuer dans toutes sortes de souscriptions, etc., en sorte que, comme les évèques et la plupart des hauts fonctionnaires publics, souvent ils dépensent tout leur traitement.

Environ 1300 étudiants à Oxford, 1200 à Cambridge : il y en a aussi à Londres. Mais, en règle générale, ce haut complément d'études est pour l'aristocratie, pour les riches, pour le petit nombre, d'abord parce qu'il coûte cher (200 à 300 livres par an, et la tentation de dépenser davantage est très-grande), ensuite parce qu'il est un luxe de l'intelligence (mathématiques pures, grec, latin) et retarde l'entrée des carrières fructueuses.

Les étudiants ont chacun deux ou trois chambres dans un collége, et forment ainsi des ruches. Ils sont obligés d'être à huit heures à la chapelle, à cinq heures au dîner dans la *hall*, d'être rentrés à neuf heures, et en général d'assister le matin à la conférence d'un *tutor*, et l'après-midi à un cours. Les infractions sont notées et punies, surtout si elles se répètent. Rentrer après neuf heures constitue une faute; après minuit une faute grave; découcher, une faute très-grave. Les punitions sont, dans certains colléges, une amende de cinq shillings à une livre; dans d'autres, un pensum plus ou moins long, plus souvent des réprimandes du directeur, des privations de sortie le soir, l'expulsion temporaire, et enfin l'expulsion définitive. — Ce détail est important ; car on voit qu'ici l'écolier est plus libre et l'étudiant moins libre que chez nous. L'adolescent, en devenant jeune homme, ne passe pas d'une discipline claustrale à une indépendance complète ; le passage est ménagé. A l'école, il a déjà été pour beaucoup d'actions livré à lui-même ; à l'Université, il n'est pas tout à fait livré à lui-même. Une telle précaution est excellente ; contre les abus de la liberté, l'habitude de la liberté est une garantie morale et la surveillance une garantie physique. — Autre frein : Oxford et Cambridge sont de petites villes. Le jeune homme n'est pas, comme chez nous, jeté parmi les tentations d'une capitale, réduit à la vie sédentaire et cérébrale, sans le contrepoids nécessaire des exercices corporels, conduit à chercher les distractions au théâtre, au café, sur les boulevards, dans les excitations du monde, de la conversation et du plaisir. Point de débauche à Oxford ; les officiers de l'Université parcourent les rues après neuf heures, et peuvent entrer dans toute taverne ou maison publique. Les libertins vont à Londres ou dans les villages voisins ; mon ami estime qu'une moitié des étudiants sont purs. Leur principal défaut est le goût du vin ; il y a cinquante ans, l'ivrognerie était régnante ici comme dans toute la haute classe ; maintenant, ici comme dans toute la haute classe, elle est devenue rare. — Dernière circonstance favorable : l'étudiant, comme l'écolier, demeure bon protestant ; il a de la religion, ou du moins du respect pour la religion. Sur cent jeunes gens qu'un de mes amis a eu l'occasion de consulter, deux seulement se sont déclarés libres penseurs ; soixante-dix appartenaient au protestantisme libéral (*Broad church*), les autres aux deux nuances appelées *High church* et *Low church*, l'une qui aime les belles cérémonies, le rituel pompeux et qui approche du puséysme, l'autre qui est tout à fait calviniste et un peu iconoclaste.

Les études durent environ trois ans ; pendant la première année, on ne fait guère que reprendre et repasser les matières apprises à l'école. — Les deux premiers examens sont surtout grammaticaux et linguistiques; ils comprennent deux ou trois auteurs grecs et latins, des compositions grecques et latines en prose et en vers, quelques questions sur l'Évangile et la Bible. — Le troisième comprend les mêmes sujets, mais plus étudiés, considérés à un point de vue nouveau, au point de vue critique, historique et philosophique. — Ensuite l'étudiant a le choix entre quatre examens terminaux, l'un sur les mathématiques, l'autre sur les sciences physiques et naturelles, l'autre sur les lettres et les langues anciennes, l'autre sur l'histoire moderne, la législation et l'économie politique. — Un étudiant refusé passe dans un autre collège et recommence; au second refus, il quitte ordinairement l'Université. — Deux sortes d'étudiants. Les uns, *class-men*, aspirent aux honneurs qui sont fort utiles, et conduisent à de grandes places dans l'Université, dans l'Église et ailleurs. Les autres, *pass-men*, qui, comme en France, sont la majorité, n'ont d'autre ambition que d'obtenir leur *degré* (diplôme); ils ne suivent guère que les conférences du *tutor*, point du tout les cours des professeurs, et se bornent à un minimum d'études. — Les hommes distingués que produit cette éducation sont surtout des mathématiciens (notamment à Cambridge) ou des humanistes (*scholars*). Mais, depuis dix ans, la routine fléchit; les sciences contemporaines et les idées modernes s'infiltrent, se font une place. De nouvelles chaires ont été fondées, d'autres chaires ont élargi leur enseignement. Voyez les écrits de Stanley, de Jowett, le célèbre livre intitulé *Essays and Reviews;* Max Müller, l'indianiste, professe ici l'histoire et la philosophie du langage.

Tout cela n'est que l'écorce; la chose qu'il importe de connaître est toujours le moral, le tour d'esprit, l'inclination dominante de l'homme. Comment vivent ces jeunes gens, et qu'est-ce qu'ils aiment? — Pour répondre, il faudrait faire ici un séjour de six mois; à défaut d'expérience personnelle, voici trois ou quatre peintures de mœurs que mes amis me disent exactes : *Pendennis*, de Thackeray; *Tom Brown at Oxford*, et un petit roman assez gai, illustré par l'auteur, *Adventures of M. Verdant Green.* — Le premier point est que, Oxford et Cambridge étant le rendez-vous des fils de famille, le ton de l'endroit s'est approprié au caractère et à la position des habitants; une université anglaise est, à beaucoup d'égards, un club de jeunes gens nobles ou du moins riches. Beaucoup d'enrichis y envoient leurs fils, uniquement afin de leur donner l'occasion d'y faire de belles connaissances; certains étudiants pauvres ou roturiers se font les complaisants de leurs camarades nobles, qui plus tard pourront leur donner un bénéfice (*living*). Il n'y a pas jusqu'aux usages de l'Université qui ne favorisent cette distinction des rangs. Dans certains colléges, les étudiants nobles ont une table à part, un habit particulier, divers petits priviléges. Imaginez, si vous pouvez, un régime pareil offert à une grande école française !

A Saint-Ambroise, l'auteur de *Tom Brown* cite un groupe d'étudiants pauvres, sortes de demi-boursiers nommés *servitors*, que leurs camarades riches ou nobles regardent de très-haut. Chez nous, à l'École polytechnique, les élèves ignorent les noms des boursiers ; ces noms ne sont connus que par un comité engagé d'honneur au silence ; ce sont là des délicatesses de l'esprit égalitaire. Ici, au contraire, le rang et la fortune sont très-comptés. « L'esprit valet et l'adoration de l'argent, dit l'auteur de *Tom Brown*, voilà nos vices les plus répandus et les plus honteux, » à Oxford, aussi bien que dans le reste de l'Angleterre. — Ailleurs, parlant de son héros, il ajoute : « Son instinct, chose triste à dire, lui enseignait déjà que la pauvreté est une honte pour un Anglais, et qu'à moins de connaître un homme à fond, vous devez toujours avoir l'air de prendre pour accordé qu'il est propriétaire d'une somme illimitée d'argent disponible. » « Si le Prince Noir était ici, dit un des personnages, il changerait sa devise : *Ich dien* (Je sers), en celle-ci : Je paye. » — Beaucoup de ces jeunes gens ont par an 500 livres sterling et au delà, qu'ils considèrent comme argent de poche ; de plus, les fournisseurs leur font crédit. Ils tiennent à honneur de dépenser, de faire figure ; ils ont des chevaux, des chiens, un bateau ; ils meublent leurs chambres avec élégance et richesse. « Les marchands de vins de Londres leur fournissent des liqueurs à une guinée la bouteille, et du vin à deux guinées la douzaine de bouteilles. Leurs cigares coûtent deux guinées la livre ; les ananas, les fruits de serre, les conserves les plus rares figurent à leurs soupers. » Ils se donnent des dîners de gourmets ; ils vont en équipage semer l'argent dans toutes les tavernes d'Oxford et des routes voisines. « Le jour, ils chassent, courent des steeple-chases, jouent au billard jusqu'à l'heure où l'on ferme les portes, et se trouvent alors tout préparés pour un vingt-et-un, une bouillote indéfinie et à domicile dans leurs chambres, avec accompagnement de punch et autres boissons chaudes, tant qu'il en reste un capable de se tenir assis et de jouer. »

La besogne imposée ne les gêne guère ; pendant la première année surtout, elle est plus que mince. « Douze conférences de deux heures chacune par semaine, le Nouveau Testament, le premier livre d'Hérodote, le second de l'*Enéide*, le premier d'Euclide ; en outre, deux heures de travail par jour ; tout finit à midi, au plus tard à une heure ; aucun travail supplémentaire sous forme de thèmes, vers ou autres exercices. Un écolier passable n'a besoin de rien préparer ; il a déjà étudié tout cela ; d'avance il sait par cœur la matière de la conférence. » Ainsi les heures vides sont encore plus nombreuses que chez nous pendant la première des années de droit. En de pareilles conditions il faut, pour étudier, être naturellement très-studieux ou très-ambitieux, ce qui n'est donné qu'au très-petit nombre. Les autres suivent leur instinct, et c'est ici que la différence des tempéraments anglais et français se montre dans tout son jour.

En France, le tempérament est précoce ; chez le collégien, enfermé et assis, pendant les longues heures d'ennui, l'imagination s'est échauffée ; l'air dangereux d'une grande ville s'est insinué jusqu'à lui ; les conversations des grands, la littérature trop libre ont fait le reste ; souvent il a la sottise de croire qu'il est honorable d'être homme avant l'âge. Délivré tout d'un coup et lâché sans contrôle dans une capitale, il y trouve la contagion de l'exemple, les commodités de l'incognito, et, dans tous les endroits publics, des tentations qui s'étalent. D'ailleurs, à cet égard, l'opinion est plus qu'indulgente ; elle ne lui parle qu'au nom de la prudence et du bon goût ; elle ne réprouve nettement que l'ivrognerie, la grosse débauche, les basses liaisons durables qui peuvent dégénérer en mariages ; elle tolère les escapades. Une mère me disait : « Quand mes fils vont à Asnières, je le sais, mais j'ai l'air de ne pas le savoir. » Ayez du tact, de la mesure, de la prévoyance ; en cela, comme en toute chose, la morale du monde ne prescrit rien de plus. Le jeune homme ignore qu'il n'y a pas de pire déperdition de forces, que de tels commerces abaissent le cœur, qu'après dix ans d'une vie pareille il aura perdu la moitié de sa volonté, que ses pensées auront un arrière-goût habituel d'amertume et de tristesse, que son ressort intérieur sera amolli ou faussé. Il s'excuse à ses propres yeux, en se disant qu'un homme doit tout toucher pour tout connaître. De fait, il apprend la vie, mais bien souvent aussi il perd l'énergie, la chaleur d'âme, la capacité d'agir, et, à trente ans, il n'est plus bon qu'à faire un employé, un provincial, un dilettante ou un rentier. — Ici, autant que j'en puis juger, l'homme reste plus intact, d'abord parce qu'il est soumis à une discipline, plus surveillé et moins tenté, ensuite parce que l'opinion écrite ou parlée est plus sévère. Elle souffrirait l'ivrognerie, elle ne souffre pas le libertinage. Un livre comme la *Vie de*

Bohème, d'Henry Murger, serait mis à côté des vieux romans picaresques, et considéré comme la peinture de drôles, parfaits polissons et demi-escrocs. Dans les trois romans que j'ai cités, la décence est extrême. Un mot, dans *Tom Brown*, indique un groupe de viveurs riches qui ont chacun une maîtresse à l'écart, dans un village; mais ils sont blâmés, même par beaucoup de leurs camarades. Chez les trois héros, on voit un mouvement de cœur, une passion naissante (*calf-love*) pour une grisette; mais ils s'arrêtent ou sont arrêtés à temps; et les viveurs eux-mêmes admettent en principe que la séduction d'une fille innocente est une action de coquin.

Deux dérivatifs sont les auxiliaires de ces maximes. Le premier est la précocité de l'amour et du mariage : ils s'éprennent jeunes, parfois dès vingt ans, et souvent se marient quelques années après. Le second est le goût vif, populaire, presque universel pour les exercices du corps. A cet égard, l'université continue l'école. — Jouer au cricket, ramer, conduire des bateaux à voiles, avoir des chiens, les lancer contre un troupeau de rats, pêcher, chasser, monter à cheval, conduire des attelages à grandes guides, nager, boxer avec des gants (*sparring*), faire des armes, et, depuis quelque temps, s'exercer comme volontaire, voilà pour eux les occupations les plus intéressantes. — Elles ne s'accommodent pas trop bien avec les études; Platon, il y a déjà longtemps, dans ses Dialogues, opposait comme incompatibles la vie de l'athlète et celle du penseur. Selon un savant étranger qui a beaucoup pratiqué Oxford, si la délicate philologie et les hautes spéculations philosophiques s'acclimatent difficilement ici, c'est que les étudiants mangent trop et font trop usage de leurs muscles.

Mais le sport est un débouché excellent pour la séve forte et surabondante de la jeunesse, et cette fois encore, comme à l'école, la rivalité sert d'aiguillon. Chaque collége a son bateau, ses huit rameurs et son pilote, tous choisis un à un et exercés de longue main. Cinq ou six semaines avant les courses, l'entraînement commence. Parcourir de douze à vingt milles chaque jour sur la rivière, dîner de bonne heure avec du pain rassis, beaucoup de viande et très-peu de vin ; le tabac rationné ; deux pintes de bière en tout par jour ; point de pâtisseries, de glaces ; ne point souper tard, se coucher de bonne heure : tel est le régime imposé à Tom Brown. Pendant les premiers jours, on est disloqué ; pendant les derniers, on meurt de soif ; pendant la course, l'effort est si énorme qu'on court risque de se rompre un vaisseau, et qu'arrivés plusieurs ont le vertige et ne peuvent parler. Tout Oxford est là, l'Université et les bourgeois ; quand les bateaux s'élancent, une foule passionnée les suit en courant et en criant, hors d'haleine, sautant les fossés, les pieds dans l'eau, clapotant, tombant le long de la berge. — Il faut lire la description pour concevoir le sérieux et l'enthousiasme des équipages. La dernière minute, celle qui précède le coup de canon du départ, est solennelle. « Une courte minute ? En vérité, vous ne parleriez pas ainsi, si vous étiez dans le bateau, sentant votre cœur remonter dans votre bouche, et tout votre corps trembler comme dans l'épilepsie. Ces soixante secondes, si c'est la première fois que vous ramez dans une régate — sur ma foi, elles sont presque une vie... Pendant les dix premiers coups de rame, Tom avait trop peur de faire une faute pour sentir, entendre ou voir. Toute son âme était collée au dos de l'homme devant lui, sa seule pensée était d'aller en mesure et de mettre toute sa force dans son coup de rame... N'est-il pas magnifique à voir, le premier rameur, se courbant comme un éclair, coup sur coup, sur sa rame, son dos aplati, ses dents serrées, tout son corps, depuis les hanches, travaillant avec la régularité d'une machine ? » Les fanfares sonnent, les acclamations vont s'enflant comme un tonnerre, les mouchoirs brodés voltigent. Le soir, les vainqueurs festinent dans la grande salle du collége ; il y a des discours, des applaudissements, des toasts, des refrains chantés en chœur, un joyeux et glorieux tumulte ; il est clair qu'un tel triomphe doit être presque aussi désiré que la palme des anciens jeux Olympiques. — L'intérêt est bien plus grand encore, lorsque, au mois de mars, le concours a lieu sur la Tamise, entre les équipages des deux universités ; on ne parle plus d'autre chose à Londres pendant deux jours.

Sans doute la culture musculaire ainsi entendue comporte certaines rudesses de mœurs. Étudiants et bourgeois (*town and gown*) se boxent à l'occasion dans les rues. — Mais en revanche la vie gymnastique et athlétique a ce double avantage qu'elle engourdit les sens et pacifie l'imagination. De plus, quand ensuite la vie morale et mentale se développe, l'âme trouve pour la porter un corps plus sain et plus solide. Les jeunes gens qui se promènent ici sous le singulier costume traditionnel (une robe noire courte et une sorte de shako plat) sont pleins de séve et de force, d'une belle et franche prestance, bien musclés et découplés, et, à mon sens, d'une physionomie moins inquiète, moins fatiguée que celles de nos étudiants...

.... Depuis vingt ans, une réforme graduelle s'opère et plusieurs traits s'atténuent dans ce tableau. Maintenant, dans la plupart des collèges à Cambridge, les *fellows* peuvent se marier ; on admet aux cours des dissidents et des catholiques. La passion du canotage est un peu moindre ; les étudiants de classes différentes sont moins inégaux ; dans certains collèges, leurs dépenses de table sont surveillées et restreintes. Oxford cesse peu à peu d'être un club aristocratique, un gymnase athlétique, un conservatoire ecclésiastique et anglican ; il est en train de devenir une école moderne, une académie laïque et libérale...

A deux heures, cérémonie dans la grande salle de l'Université. Les costumes sont grotesques, comme ceux de nos distributions des prix au grand concours ; discours latin qui rappelle les vieilleries de la Sorbonne ; pièce de vers anglais, composée et lue par l'étudiant lauréat ; il s'agit de sir John Franklin ; ce sont des vers de rhétorique. Cinq ou six étrangers de distinction reçoivent le titre honorifique de docteur en droit, *in jure civili*; on prononce « *in ioure çaïvaïlaï.* » Un Anglais citant le mot de César, *Veni, vidi, vici,* et le prononçant, de cette même façon *Vénaï, vaïdaï, vaïçaï,* mon voisin lui répond : « Jamais César n'a pu prononcer une pareille phrase. »

Le soir, il y a séance, avec expériences et lectures sur les sciences physiques et naturelles, dans un muséum, vaste bâtiment à peu près gothique, élevé par souscriptions, et encore inachevé. Les dames s'y promènent par troupeaux en toilettes crues, éclatantes ; plusieurs, jeunes et décolletées, ont des lunettes. —Mais il n'y a de désagréable que certains détails; tout l'ensemble, ville, bâtiments, paysage, est admirable. J'ai déjà parcouru la ville; j'y erre encore aujourd'hui tout seul à la chute du jour. Tant de colléges, chacun avec sa chapelle et ses grands murs d'enceinte à créneaux, ces architectures diverses et multipliées, de tout âge, en style gothique, en style Tudor, en style du dix-septième siècle, ces larges cours avec leurs statues et un jet central d'eau jaillissante, ces balustres qui découpent l'azur tendre du ciel au sommet des édifices, ces fenêtres treillissées de fines nervures, ou découpées en croix sculptées à la façon de la Renaissance, ces chaires en pierre ouvragée, à chaque détour de rue quelque haut clocher conique, tant de nobles formes en un petit espace! Il y a là un musée naturel, où se sont accumulés les travaux et les inventions de six siècles. La pierre, usée, exfoliée, n'en est que plus vénérable. On est si bien parmi les vieilles choses! D'autant plus qu'ici elles ne sont que vieilles, point négligées ou demi ruinées, comme en Italie, mais pieusement conservées, restaurées, et, depuis leur fondation, toujours aux mains de gardiens riches, respectueux, intelligents. Des lierres posent sur les murailles leur ample draperie; des chèvrefeuilles s'enroulent autour des piliers; des fleurs sauvages empanachent les crêtes de tous les murs; de riches gazons, soigneusement entretenus, étendent leurs tapis jusque sous les arcades des galeries; derrière un chevet de chapelle, on aperçoit un jardin fleuri, des milliers de roses épanouies. — On avance: au bout de la ville, des arbres séculaires font promenoir; sous leurs branches, deux rivières vives coulent à pleins bords; au delà, les yeux se reposent délicieusement sur des prairies qui regorgent d'herbes en graine et en fleur. On n'imagine pas une végétation plus magnifique, une verdure plus opulente et pourtant mieux tempérée par les tons fondus que des boutons d'or, des pâquerettes, des oseilles sauvages, des graminées grisâtres éparpillent sur sa teinte éclatante. La campagne est dans tout le luxe de sa fraîcheur. Pour peu que le soleil se dégage, elle sourit avec une joie charmante ; on dirait une belle vierge timide, heureuse sous son voile qui vient de s'entr'ouvrir. Cependant le jour tombe, et des blancheurs vagues s'élèvent au-dessus des prairies ; sous leur gaze molle, la rivière luit avec des reflets noirs ; le silence se fait ; sauf les cloches qui tintent mélodieusement dans le clocher de Christ-Church, on ne se croirait jamais à cent pas d'une ville. Comme l'étude est ici recueillie et poétique!...

Promenade dans Magdalen-College ; je ne me lasse pas d'admirer ces vieux édifices festonnés de lierre et noircis par le temps, ces clochers crénelés, ces fenêtres à meneaux, surtout ces larges cours carrées dont les arcades font un promenoir semblable à celui des couvents italiens. L'après-midi, sauf un ou deux étudiants qui passent, elles sont solitaires ; rien de plus doux que cette solitude architecturale, poétique, intacte, où n'apparaît jamais l'idée de l'abandon, des ruines et de la mort. Des troupeaux de daims paissent tranquillement sous les ormes gigantesques ; une longue chaussée, bordée des plus beaux arbres, tourne entre deux rivières. Oxford est dans un ancien bas-fond ; de là cette mollesse, cette fraîcheur, cette incomparable opulence de la verdure. A Worcester-College, une ample nappe d'eau où nagent des cygnes vient mouiller de ses ondulations lentes des pelouses constellées de fleurs. — Partout des cèdres, des ifs monstrueux, des chênes, des peupliers dressent leurs troncs et étendent leurs feuillages ; de branche en branche, les chevrefeuilles, les glycines se suspendent et s'élancent ; les grands jardins de Saint-John, le petit jardin de Wadham sont des chefs-d'œuvre d'espèce unique, au-dessus de l'art lui-même. Car c'est la nature et le temps qui en sont les ouvriers ; l'art humain peut-il produire une chose aussi belle qu'un groupe d'arbres parfaits de trois cents ans ?

On revient, et l'on se déjuge en regardant de nouveau les architectures ; elles aussi, elles ont trois cents ans, et semblent enracinées au sol du même droit que les arbres ; le ton de leur pierre s'est accommodé au climat ; l'âge leur a communiqué quelque chose de la majesté des choses naturelles. On n'y sent point la régularité mécanique, l'empreinte officielle ; chaque collége s'est développé pour lui-même, chaque âge a bâti à sa façon : ici le grandiose quadrangle de Christ-Church avec ses gazons, ses jets d'eau et ses escaliers ; là-bas, près de la bibliothèque Bodléienne, un amas d'édifices, portails sculptés, hautes tours à clochetons, toutes fleuries et brodées, coupoles cerclées de colonnettes. Parfois la chapelle est une petite cathédrale. En plusieurs colléges, la salle à manger, haute de soixante pieds, cintrée d'arceaux, semble une nef d'église. La Hall du conseil, toute lambrissée de vieux bois, est digne de nos vieilles salles capitulaires. Imaginez la vie d'un *master*, d'un *fellow* dans un de ces monuments, sous des boiseries gothiques, devant des fenêtres de la Renaissance ou du moyen âge, au milieu d'un luxe sévère et du plus grand goût, estampes, eaux-fortes, livres admirables. Le soir, en descendant l'escalier, quand la lumière vacille sur les grandes formes noires, on croit marcher dans un décor vrai...

Rien ne manque ici, ni les beautés de l'art, ni les fraîcheurs de la nature, ni les graves et grandioses impressions de l'histoire. Tout à l'heure, en me promenant dans les colléges, on me citait les noms d'anciens hôtes, étudiants à jamais célèbres, Wycleff, le prince Noir, sir Walter Raleigh, Pym, Hampden, l'archevêque Laud, Ireton, Addison. A chaque bâtiment, le *Guide* indique les dates et les auteurs de la fondation, des embellissements, des restaurations. Tous ces vieux hommes semblent encore vivants ; car leur œuvre leur a survécu et dure. La sagesse des anciens temps subsiste écrite en sentences latines sur les murailles ; sur une horloge, au-dessus des heures, on lit ce mot solennel : *Pereunt et imputantur.* — Et ce n'est point une ville morte, ni endormie ; l'œuvre moderne achève et agrandit l'œuvre antique ; les contemporains, comme autrefois, contribuent de leurs bâtisses et de leurs dons. Quand, à la bibliothèque Bodléienne, on a vu les manuscrits, les livres précieux, des portraits par Van Dyk, Lely et Kneller, on trouve plus loin une galerie récente d'esquisses et dessins originaux par Raphaël et Michel-Ange, où la vitalité, le sentiment du nu, le superbe paganisme de la Renaissance éclatent avec une franchise incomparable ; la collection a coûté sept mille livres sterling ; lord Eldon, à lui seul, en a donné quatre mille. — Je visite deux ou trois maisons de professeurs, les unes semblables à d'anciens hôtels français, les autres modernes et charmantes, toutes avec des jardins, des fleurs, des perspectives nobles ou riantes. Les plus vieilles, sous les portraits des prédécesseurs, rassemblent tout le confortable moderne. Je les compare à celles de nos savants, sorte de cages, au troisième étage d'une grande ville, aux tristes logis de la Sorbonne, et je pense à l'aspect si terne et si étriqué de notre Collége de France. — Pauvres Français si pauvres, et qui vivent campés! Nous sommes d'hier et ruinés de père en fils par Louis XIV, par Louis XV, par la Révolution, par l'Empire. Nous avions démoli, il a fallu tout refaire à nouveau. Ici, la génération suivante ne rompt pas avec la précédente : les réformes se superposent aux institutions, et le présent, appuyé sur le passé, le continue.

CHAPITRE V

LA SOCIÉTÉ ET LE GOUVERNEMENT

Petits voyages et séjours à trente et quarante milles de Londres. Il faut tâcher de voir le district, la commune; on ne comprend bien le réseau social qu'après en avoir étudié en détail trois ou quatre mailles. — Du reste, cette fois encore, la complaisance et l'hospitalité des gens sont parfaites.

Toujours le même paysage : des prairies séparées par des haies, où çà et là se dressent de grands arbres. La campagne n'est que verdure; les yeux en sont rassasiés, assouvis; c'est la plus forte impression sensible que j'aie rapportée d'Angleterre. — Du haut d'une grande colline que nous traversons, on voit, dit-on, quarante milles en tous sens; rien que du vert, pas de forêts, quelques bouquets d'arbres épars, des betteraves, de la luzerne, du houblon, des champs de pois, des parcs touffus, des creux où les ruisseaux jaunâtres traînent à pleins bords, des prés humides où broutent et ruminent les vaches alourdies. L'herbe fraîche, incessamment renaissante, pullule et surabonde ; de là cette quantité de viande et de laitage ; comparez-la au pain, au vin, aux légumes qui font la principale nourriture de nos paysans ; par ce trait et par beaucoup d'autres, l'Anglais est bien plus semblable au Hollandais qu'au Français. Un Paul Potter, un Ruysdael trouverait ici des sujets de tableaux. La beauté ne manque pas à ce ciel couvert, plein de nuages grisâtres ou presque noirs, qui rampent sur un fond de vapeur immobile. De loin en loin à l'horizon, la vue est brouillée par une averse, et toutes ces teintes sont douces, fondues, délicatement mélancoliques.

Nous longeons des *commons* abandonnés, sauvages, où, de loin en loin, un cheval paît dans la solitude. C'était là le sol primitif, plein d'ajoncs et de bruyères ; de génération en génération, il s'est réduit ; la civilisation, comme une marée qui monte, l'a rongé et n'en a laissé que des lambeaux. Que de travail il a fallu pour en faire un herbage et un potager ! que de patience et d'efforts pour l'approprier à l'homme ! Ils y sont parvenus, et, à chaque siècle de l'histoire, par milliers d'arpents, on voit le pâturage vague se changer en prairie close. — Il était plus beau dans son premier état ; ses herbes épineuses ou rudes, ses teintes ternes ou noirâtres, le ton de ses fleurs s'accommodaient mieux à l'aspect du ciel. A présent, cette nature civilisée porte trop visiblement l'empreinte de l'industrie ; elle a trop d'alignements ; ses couleurs sont fausses ou disparates ; les feuilles des turneps sont d'un vert violacé ou dur ; les plantes légères luisent au soleil d'un éclat trop éblouissant et trop fragile ; on sent que leur présence est voulue et que leur vie est artificielle. La campagne semble une grande manufacture de fourrage, le vestibule d'une laiterie ou d'une boucherie; des idées pittoresques, on tombe aux idées utilitaires. — Il faut pourtant se dire que les secondes valent les premières; après tout, l'homme vit de côtelettes, et c'est encore un beau spectacle que celui d'une terre avare transformée en bonne nourrice.

Promenade dans la campagne et dans deux villages; il y a une ondée toutes les deux heures. Cela rappelle le dicton anglais : « Quand il ne pleut pas, prenez votre parapluie; quand il pleut, faites comme il vous plaira. » — Mais, au soleil, l'effet de cette humidité est charmant : l'herbe est d'une fraîcheur et d'une nouveauté délicieuses. Les gouttes d'eau roulantes y luisent comme des perles; sous un coup de soleil, tout d'un coup une prairie éclate, et ses traînées de fleurs jaunes et blanches semblent pénétrées de lumière. — Cependant le ciel reste taché de vapeurs; çà et là, des nuages noircissent, deviennent violets, fondent, à un quart de lieue; l'échange est perpétuel entre le ciel moite et la terre moite, et le contraste est étrange entre la splendide couleur du sol et les tons brouillés de l'air. Les yeux suivent les teintes changeantes et les mouvements vagues de l'exhalaison universelle, qui traîne et se déchire le long des haies comme une mousseline. Un vent faible incline et balance les feuillages des grands arbres, et l'on écoute le petit bruit des gouttes qui descendent sur leur pyramide.

Plusieurs cottages sont bien pauvres, en pisé, revêtus de lattes, avec un toit de chaume, les pièces trop basses et trop étroites, les fenêtres trop petites, les cloisons trop minces. Pensez à une grosse famille entassée l'hiver dans deux de ces chambres, avec les vêtements qui sèchent, les langes des enfants et la cheminée qui ronfle ; pendant les longs jours de pluie et de neige, ils doivent vivre dans un air malsain, dans leur propre vapeur. Beaucoup de mères ont le visage amaigri, marqueté de rougeurs, l'air épuisé, étique ; elles ont trop d'enfants et trop de fatigue. — Le locataire d'une de ces chaumières est un journalier, marié, père de six enfants, et qui gagne douze shillings par semaine, ordinairement employé à l'année ou à la demi-année ; un cottage comme le sien coûte de trois ou quatre livres sterling par an ; il a les traits tendus, tirés, la physionomie triste et humble. — On me présente à tous ces gens avec égards et courtoisie ; on leur demande excuse et la permission d'entrer pour un gentleman français. Ils consentent tout de suite avec complaisance et un bon sourire. Je dis que j'ai vu en France beaucoup de chaumières moins bien garnies ; sur quoi, mon compagnon remarque que c'est là une consolation. Le pauvre journalier n'a pas l'air d'être de cet avis.

Cependant sa maisonnette est propre ; les assiettes à dessins bleuâtres sont rangées en bon ordre au-dessus d'un buffet ; la cheminée en fer est bien organisée. J'avais déjà vu ailleurs d'autres cottages de ce degré ; presque toujours, au moins dans une pièce, un vieux tapis couvre le sol ; il y a souvent un papier de tenture, des chaises en bois luisant, de petites estampes encadrées, toujours une Bible, parfois quelques autres volumes, livres de piété, romans nouveaux, **art d'élever les lapins**, etc. ; bref, plus d'objets utiles que dans nos très-pauvres chaumières. — En outre, le soin est plus grand; pas de portes disjointes, de volets dépendus, de vitres cassées, de mares stagnantes, de fumiers épars ; le carrelage du sol est bien balayé, rien ne traîne à l'aventure. — Probablement, le désordre et la saleté sont plus malsains dans ce climat que dans le nôtre, et l'homme est tenu d'être rangé, précautionné, régulier, comme en Hollande.

Le village n'a que quatre cents âmes ; pourtant la petite auberge est décente, reluisante de propreté ; on y coucherait volontiers, et on y serait bien. — Nous entrons chez le charpentier, puis chez un charretier ; ils sont assis à table en famille et prennent le thé avec du beurre. Leurs maisons sont en briques et couvertes de tuiles rouges ; l'une d'elles est flanquée d'un assez grand jardin plein de légumes, bien cultivé, garni de belles fraises, avec quelques ruches dans un coin ; toutes les deux ont un petit jardin à fleurs, des roses, un lierre, quelques plantes grimpantes et d'agrément. Les pièces sont un peu basses, mais ne manquent pas d'air ; les petites vitres reliées par de minces triangles de plomb laissent entrer beaucoup de jour ; on suit un passage de briques soigneusement lavées pour aller dans un appentis ; le cabinet d'aisance, entr'ouvert, est aussi bien tenu que dans une maison bourgeoise ; au premier étage, deux chambres à lits. Quelques livres, le *Devoir complet de l'homme*, un *Guide de Murray*, la Bible de famille, cinq ou six volumes d'histoire. Pas un grain de poussière aux fenêtres, pas une tache de boue aux carreaux, pas un trou aux vêtements. — Beaucoup d'autres gens de la même condition passent dans la rue, et leurs habits sont semblables ; il est vrai que c'est aujourd'hui dimanche. Mais en somme, mon impression est qu'ils sont mieux fournis et plus soigneux que des paysans de France. La gloire, la gloriole et la supériorité des nôtres est dans la possession de la terre ; ils aiment mieux s'abstenir, se priver et avoir leur arpent au soleil ; pour l'acquérir, ils épargnent sur leur bien-être. Mais cette acquisition est un fonds ; en cas de maladie ou de disette, ils ont sous la main une ressource sûre. Au contraire, ici tout le monde me dit qu'un campagnard est aussi dépensier qu'un ouvrier, aussi imprévoyant, aussi exigeant en fait de confortable. Vienne un accident, il tombe tout de suite à la charge de la paroisse[1].

Visite chez un fermier qui cultive cent acres. Ici la propreté est tout à fait hollandaise ; je n'ai rien vu de mieux aux environs d'Utrecht et d'Amsterdam. La fermière dit que, tous les ans, les murs intérieurs sont blanchis à la chaux, que, toutes les semaines, les carreaux du sol sont lavés à l'éponge ; on a honte d'y marcher et de les salir. — Autre fermier qui exploite aussi cent acres ; il paye cent livres au propriétaire et en outre les dîmes et taxes ; même propreté et même tenue. — Un troisième a trois cents acres et paye aussi une livre par acre ; c'est que sa terre est mauvaise ; son voisin

---

[1] « Après mûre réflexion, je préfère la condition des journaliers ruraux de France, d'Espagne et d'Allemagne qui, à force de sobriété et d'épargne, s'assurent, avant toute autre satisfaction, la propriété d'un lambeau de terre et d'une humble cabane... J'ai toujours remarqué que le besoin préalable de confort ferme à l'ouvrier anglais et à ses descendants le chemin qui conduit à la propriété et à l'indépendance. » (Le Play, *la Réforme sociale*, II, 35.)

de l'autre côté de la colline paye huit cents livres pour quatre cents acres. L'intérieur est aussi confortable et agréable que celui des plus grosses et des plus belles fermes de la Beauce et des environs de Paris. La maison est ancienne, précédée par un haut porche qui fait vestibule ; çà et là, dans la cour, sont de beaux pins, des arbres d'ornement ; un joli jardin vert borde une des ailes ; la grande salle a de vieux meubles. L'escalier de bois massif et un buffet datent du seizième siècle. Cheminée immense, capable de faire flamber un tronc entier, une vraie bûche de Noël, avec un double paravent en bois qui, en été, ferme l'ouverture, et, en hiver, protége contre les vents coulis. Quelques estampes assez bonnes, et un assez grand nombre de livres, outre la grande Bible de famille. Le fermier a douze chevaux énormes et superbes, et une machine à vapeur pour battre le grain ; entre autres profits, il vend par an quatre-vingts porcs gras. Figure décidée, intelligente, sérieuse et calme ; il n'est ni maussade ni bavard ; sa femme semble une ménagère ordonnée et entendue. Il faudrait être du pays et passer ici un an pour savoir ce qu'il y a dans une de ces têtes; Eliot, dans *Adam Bade*, a peint un fermier et une fermière qui sont des types en haut relief et d'un détail minutieux ; mes amis me disent qu'ils sont excellents de tous points et d'une vérité frappante.

Nous allons voir une dernière ferme : six cents acres, environ six cents livres de fermage ; je reste stupéfait. On nous introduit dans un grand salon frais et simple : grands rideaux soutenus par des supports dorés, deux glaces élégantes et bien encadrées, des fauteuils de bon goût ; au centre une table chargée de jolis volumes : bref, le salon de campagne d'un Parisien qui a vingt-cinq mille livres de rente. Tout à côté est une espèce de serre, un parloir vitré garni de fleurs, qui donne sur le plus gracieux paysage, sur des prairies en pente et des bois lointains. — La fermière entre : c'est une femme de trente ans, qui paraît en avoir vingt-six, en robe de soie grise à petites raies, avec une ou deux bagues aux doigts, les mains parfaitement blanches, les ongles roses et soignés, la taille admirable, grande et svelte comme une Diane, extrêmement belle, pleine de gaieté et d'entrain, sans aucun embarras, et qui tient très-bien la conversation. J'apprends plus tard qu'elle monte à cheval, joue du piano, et n'en est pas moins bonne ménagère ; elle va chaque matin à la cuisine, commande, surveille, et parfois fait un peu de pâtisserie ; une fois, ayant des hôtes et la cuisinière étant absente, c'est elle qui, de ses mains, a fait le dîner. Sauf quelques nuances dans les manières et le langage, c'est une lady ; de cœur, elle l'est tout à fait. — Mon conducteur la loue beaucoup, mais il ajoute qu'en d'autres cas, qui sont nombreux, cette éducation, ces goûts mettent la personne en désaccord avec sa condition, qu'aujourd'hui il y a bien des filles de fermier élégantes, dépensières, oisives, partant déclassées et malheureuses.

« Puisque vous avez commencé, me dit B..., allez jusqu'au bout. »

Et, à douze milles de là, nous voilà dans une ferme-modèle. Point de grande cour centrale ; la ferme est un amas de quinze ou vingt bâtiments bas, en briques, construits économiquement ; comme il s'agissait de faire un modèle, on ne pouvait offrir en exemple un édifice coûteux. — Bœufs, porcs, moutons, chacun dans sa stalle bien aérée et bien nettoyée ; on nous fait voir un système d'étables, dont le plancher est à claire-voie; les bêtes à l'engrais y restent six semaines sans bouger. — Races choisies et de grand prix; un taureau et sa famille sont indiens et rappellent les sculptures bouddhiques. — Machines à vapeur pour chaque opération du travail agricole, petit chemin de fer pour rouler aux animaux leur nourriture; ils mangent des turneps hachés, des fèves concassées, des *oil cakes*; la culture ainsi entendue est une industrie compliquée, fondée sur la théorie et l'expérience, incessamment perfectionnée, et d'un outillage savant. — Mais je ne suis pas compétent, et je m'amusais à observer la figure du fermier, ses cheveux roux, son teint clair marbré d'écarlate comme une feuille de vigne grillée par le soleil d'automne, sa physionomie froide et réfléchie; en chapeau noir et en redingote noire, debout, dans une cour, il commandait d'un ton terne, en paroles rares, sans faire un geste, et sans que son visage prît un pli. — Chose admirable, l'établissement *gagne de l'argent*, et le grand seigneur qui l'a fondé dans l'intérêt public y trouve son profit personnel. Il me semblait voir, dans l'attitude du fermier, dans son esprit visiblement positif, attentif, appliqué, bien équilibré, l'explication du miracle.

Nous rentrons au logis, et tout autour de nous dans la campagne, la nuit tombe. Les arbres indistincts s'effacent dans une fumée grisâtre; d'étranges tons jaunâtres se répandent sur les prairies; l'air trouble va s'épaississant; il enveloppe jusqu'aux haies du chemin et noie tout sous sa couche mollasse. Dans ce crépuscule, qui semble une peinture de Rembrandt, je repasse les choses qui m'ont le plus frappé; au premier plan surnagent les figures des enfants, si frais, si bien portants.

si vigoureux, si charnus, même dans les plus pauvres chaumières. — L'un, dans son berceau, dormait, étendant un bras; le petit nez retroussé était presque transparent sous la lumière; la bouche semblait une cerise, et les joues deux grosses roses; cette chair potelée va s'enfoncer sous le doigt si on la touche; les pétales d'une fleur trempée de rosée n'ont pas plus de mollesse et d'éclat. A mon gré, cela laisse bien loin les types du Midi où l'homme, presque dès l'enfance, se trouve fait, fini, stable, arrêté dans un dessin ferme et dans une forme définitive; ici on sent, comme chez Rubens, la continuelle poussée de la vie, sa fragilité, sa délicatesse et, en même temps, sa séve, le renouvellement inépuisable et spontané de la substance humaine. Un petit garçon de quatre ans, appuyé contre la muraille, étonné, muet, baissait ses grands yeux honteux, un doigt dans sa bouche, et se laissait caresser sans rien dire; un instant après, il a osé relever les paupières et nous a regardés comme des bêtes curieuses, puis, tout de suite, s'est rencogné couvrant sa face de chérubin avec ses deux bras. On voit les émotions passer sur ces teints-là, comme on voit les couleurs changer sur leurs prairies.

Mes amis me disent que ce village est un bon spécimen, que l'intérieur de ces fermiers et paysans me renseigne assez exactement sur le confortable moyen de la classe, que pourtant, en plusieurs districts, par exemple du côté de Norfolk et de Lincoln, je trouverais des fermes plus belles. — Depuis et d'après des documents officiels[1], j'ai vu que ce jugement n'était pas exact; le

[1] First and second Reports of the commission on the employment of children and women in agriculture, 1868-1869.

mal est plus grand, et les pauvres deviennent de plus en plus pauvres. La grande propriété s'étend, et la petite disparaît. — A la fin du siècle dernier, Arthur Young écrivait : « Je ne connais pas un seul cottage auquel ne soit attachée une parcelle de terre. » — De plus, le pauvre villageois avait quelques volailles, un porc sur le communal. — Mais par les *enclosure-acts*, le communal s'est réduit incessamment[1]; ainsi le paysan n'a plus la ressource de ces petites viandes ; ayant vendu son lopin de terre, il ne peut plus compter que sur ses bras, et il les loue. — Dans les districts purement agricoles, il paraît que le salaire est de sept à huit shillings par semaine, et non de douze comme je l'ai vu ici. Pour y ajouter, le villageois loue les bras de sa femme et de ses enfants ; on les voit par bandes sarcler les plantes-racines dont la culture s'étend sans cesse. L'agriculture, étant exercée en grand et devenant une industrie savante, introduit par contre-coup dans les campagnes le régime, la monotonie, les misères des manufactures. Les enfants s'étiolent, restent ignorants, deviennent vicieux ; dans un district de Lincolnshire, sur quatre cents cottages, deux cents n'ont qu'une chambre où toute la famille couche pêle-mêle.

Je voyais ces jours-ci deux dessins du *Punch* à ce sujet. Un propriétaire conduit M. Punch dans ses écuries, qui sont admirables. « Oui, monsieur Punch, lui dit-il, de jolies stalles propres, aérées, beaucoup de jour, drainage, ventilation parfaite, la meilleure eau et la meilleure nourriture possibles, de bons traitements, voilà

---

[1] Selon Fawcett, *Manual of political Economy*, depuis 1710, les *enclosure-acts* ont enlevé environ huit millions d'acres aux communaux pour les donner aux grands propriétaires du voisinage.

mon plan. » On passe au cottage. Une chambre unique et presque nue; trois assiettes ébréchées sur une planche ; une mauvaise bouilloire, deux linges qui sèchent : la détresse et la puanteur sont horribles. Un misérable homme en guenilles, avec un chapeau bossué, se chauffe d'un air morne devant un petit feu de broussailles ; la femme, aux yeux caves, gît avec deux enfants sur un grabat; dans un autre grabat, on voit une jeune fille et un petit garçon; sur une paillasse dans un coin est un jeune homme ; ils sont tous haves, effarés, et M. Punch dit au propriétaire : « L'arrangement de vos écuries est excellent. Si vous essayiez quelque chose de semblable ici? qu'en pensez-vous? » — Ici la plaie et le remède sont présentés à la fois. — Au contraire, je crois pouvoir dire que chez nos quatre millions de paysans propriétaires, l'aisance, surtout depuis vingt années, va croissant ; le vice de notre organisation éclate par d'autres maux, du côté de la politique, par l'instabilité du gouvernement et par le manque de libertés durables.—Mais chaque État a ses scrofules héréditaires ; on ne peut que constater la plaie, montrer qu'elle tient à l'organisation, appliquer par places un palliatif temporaire ; les grandes opérations chirurgicales, que plusieurs personnes recommandent, n'aboutissent guère qu'à mettre le malade plus bas.

Après m'être enquis de nouveau, il me semble certain que, dans ce pays, la classe des cultivateurs non fermiers est la plus malheureuse et la plus abrutie [1].

---

[1] (*British Almanach and Companion*, 1864. Résumé du recensement de 1861 sur les divers états et professions.) Sur vingt millions d'habitants en Angleterre et dans le pays de Galles, on compte : 1° *Land proprietors*, 15,131 *males* et 15,635 *females*, total 30,766. 2° *Farmers, graziers* (fermiers, éleveurs), 226,957 *males* et 22,778 *females*, total

Un savant me disait : « Pour l'intelligence et les idées, la distance est aussi grande entre eux et les ouvriers (*mechaniks*) qu'entre les ouvriers et les hommes comme moi. » — Deux personnes qui ont vécu en France ajoutent que le paysan français est beaucoup supérieur ; ils louent surtout sa frugalité, l'habitude qu'il a de se suffire à lui-même, son ardeur au travail, sa passion pour la terre. Selon elles, le paysan anglais est tout autre, imprévoyant, dépensier, toujours à la charge de la paroisse ou des riches charitables. Quand même il aurait, comme le nôtre, un petit champ, il ne saurait pas en tirer de quoi vivre, d'abord faute d'économie, parce qu'il est lourd, incapable de s'ingénier, ensuite parce que la terre anglaise, étant de très-médiocre qualité, exige beaucoup d'amendements, de capitaux, et ne se prête qu'à la grande culture, au pâturage, à l'élève des bestiaux. Selon un clergyman, qui a vécu dans le Devonshire et dans d'autres comtés, les gages d'un villageois sont de huit à neuf shillings par semaine ; parfois il gagne dix shillings ; mais il faut qu'il soit très-robuste et très-habile pour en gagner douze. Or il a le plus souvent six enfants ; impossible à huit personnes, et même à cinq ou six personnes de vivre sur cette somme, il ne peut donc se passer de l'assistance publique ou privée. — D'ailleurs, une paysanne, et en général toute femme de la classe inférieure en Angleterre, manque d'adresse ; elle n'a pas, comme une Française, le talent

---

249,735. 3° *Agricultural labourers out door* (ouvriers agriculteurs travaillant chez autrui), *males* 914,301 ; en outre, *Shepherds out door* (bergers), 25,559 et *Agricultural labourers out door females*, 43,964, total 983,824. — Le total de toutes les personnes, employées à divers titres dans l'agriculture et travaillant effectivement des bras ou de l'esprit, est de 2,010,454, dont 1,631,652 *males* et 378,802 *females*.

du ménage, l'esprit d'ordre, l'habitude de marchander, l'art de faire beaucoup avec peu de chose, et quelque chose avec rien ; elle ne sait pas raccommoder, retourner un habit, tirer parti d'un plat ; bien souvent elle n'est pas capable de faire la cuisine. Un de nos amis, membre du bureau de bienfaisance dans son village, fit allouer quinze shillings par semaine à un ménage qui avait quatorze enfants ; ni la femme, ni la fille aînée, âgée de quinze ans, ne savaient faire la soupe, un rôti, un plat quelconque ; elles allaient chez les marchands acheter du pain frais, du beurre, du thé, du jambon, et toujours au plus cher ; tout le monde dans la famille pouvait sarcler un champ, personne ne savait faire cuire une côtelette. — Ajoutez que, depuis la transformation de l'agriculture, les habitudes de l'estomac ont changé. Il y a cinquante ans, la viande était un luxe parmi les paysans, ils n'en mangeaient qu'une fois par semaine ; en hiver, ils ne connaissaient que de la viande salée. Maintenant, il leur faut de la viande fraîche tous les jours, et l'Angleterre, qui en produit tant, est obligée, en outre, d'en faire venir de l'étranger, du Danemark et de la Hollande ; en 1861, chaque semaine, il entrait ainsi, par la Tamise seulement, trois mille têtes de bétail vivant [1]. — Somme toute, les journaliers, dans la campagne, vivent en partie d'aumônes, et les *poor-rates* si lourdes, la charité privée si libérale, suffisent à peine pour les soutenir [2].

---

[1] *Collected papers,* by Mrs. Grote. p. 75.
[2] *Fortnightly Review,* 1er janvier 1871. « Dans la plus grande partie de l'Angleterre, les gages du travailleur agricole varient entre 10 et 12 shil-

Maintenant voyons le bien qui est la contre-partie de ce mal. J'ai déjà fait deux courses comme celle-ci à quarante ou cinquante milles de Londres, et, là-bas comme ici, le nombre des parcs est étonnant. On ne cesse pas d'en voir sur la route; en certains endroits, ils font une ligne continue jusqu'à Londres. En effet, non-seulement les anciens domaines se maintiennent en vertu de la loi qui attribue les immeubles à l'aîné, mais encore presque tous les hommes qui, par leur talent ou leur industrie, sont devenus opulents ont pour ambition d'acquérir une terre, d'y asseoir leur famille, et d'entrer dans l'aristocratie locale. C'est de ce côté surtout que refluent les deux milliards et demi d'épargne annuelle qui s'accumulent en Angleterre; ils servent moins à soulager les pauvres qu'à enrichir les riches. — Par compensation, ces riches sont des chefs naturels, bienfaisants et reconnus. Dans le cercle de B..., on compte une quarantaine de familles qui forment la société et mènent le district, un marquis dont le parc est de sept cents acres, quatre baronnets, un lord et plusieurs membres de la Chambre des communes. Le clergyman avec qui je me promène me dit qu'ils sont « presque les pères du peuple. » — B... lui-même est le proche parent, l'héritier d'un grand seigneur dont il administre les terres; il aura un jour quarante mille livres sterling de rente; en attendant, et pour le compte de son parent, il surveille, dirige, bâtit aux ouvriers des cottages sains, souscrit aux fondations d'utilité publique,

---

lings par semaine. Son loyer lui coûte 1 shilling par semaine. Impossible de vivre là-dessus avec une femme et seulement deux enfants. » « Pas un journalier de campagne ne vit ou ne soutient sa famille avec ses gages seulement; il subsiste en partie sur ses gains et en partie sur l'aumône. » (*Collected papers*, by Mrs. Grote, p. 76.)

et, tout en améliorant le domaine, rend service au pays.

On trouverait à peine un de ces propriétaires qui ne donne gratuitement une portion de son argent et de son temps pour le bien commun. Ils sont magistrats municipaux, *overseers, justices of the peace*, présidents de comités et d'associations utiles.—L'un d'eux, riche de trente millions de francs, et dont le frère est aussi riche, possède une action d'un million dans une entreprise qui a pour but d'amener l'eau potable à Londres ; il y a quarante actions chacune d'un million. Pour se délasser du parlement et des affaires, il a bâti une église que nous visitons, très-jolie, d'un gothique fort soigné, avec des vitraux peints, des boiseries, une chaire sculptée, bref un petit bijou, encadrée dans des lauriers toujours verts ; il l'a dotée et fait une rente au chapelain [1]. Tout à côté, il vient d'établir une école gratuite ; entre autres choses on y enseigne le chant, il y a mis un piano, on y donne de petits concerts ; il s'amuse lui-même à faire chanter les enfants. Comme il croit à la bonne influence de la musique, il envoie souvent le maître, à droite et à gauche, dans le district, pour propager l'institution. — Dans un autre village que j'ai parcouru, les gentlemen ont loué un cottage de deux chambres pour offrir aux villageois une sorte de club le

---

[1] M. Cobden s'étant ruiné, ses amis ouvrirent une souscription publique qui lui rapporta 70,000 livr. st. S'étant ruiné une seconde fois, il reçut d'une seconde souscription 40,000 livr. st. Miss Burdett Couts donna un jour à l'évêque de Londres un chèque en blanc pour bâtir une église ; l'église a coûté 40,000 livr. st.; une autre fois, elle a fondé et doté un évêché en Chine. On me cite un duc qui envoya 40,000 livr. st. à la caisse de son parti pour les dépenses électorales. Un autre lord, qui a 60,000 à 80,000 livr. st. de rente disait à un de nos amis, qu'il en dépense 20,000 en pensions, dons, souscriptions et entretien de bâtiments publics ou privés.

soir; avec les fonds souscrits, on paye le loyer, les livres, les journaux, le feu, la lumière, et une femme pour tenir la maison. Mais on s'arrange pour que ce club puisse et doive à la fin s'entretenir lui-même, par les contributions des gens qui le fréquentent. L'homme est ainsi fait, qu'il n'apprécie point un pur cadeau ; il faut qu'il supporte une fraction de la dépense et coopère volontairement à son propre bien. Dans la première pièce sont des livres et des journaux ; dans la seconde on joue aux dames et aux échecs, on cause et on fume. — Le but des fondateurs est de faire concurrence à la taverne. Ils connaissent la nature humaine, ils savent qu'il faut offrir un débouché à l'instinct, une pâture aux besoins. L'instinct et les besoins se satisfont toujours ; tâchons que leur satisfaction soit innocente, et, s'il se peut, bienfaisante. Par exemple, les villageois ne travaillent pas le dimanche; quand il fait froid, sale et noir, ils vont naturellement à l'endroit où ils trouvent du feu, de la lumière, de l'amusement, et cet endroit, douze mois par an, est la taverne. Donnons-leur une taverne, moins chère, où, au lieu de gin, ils boivent du thé ; ils occuperont ainsi leurs heures vides, et ne rentreront pas ivres au logis. — Pour la même raison, un de mes amis de Londres est membre d'une Société qui veut séculariser le dimanche ; elle demande que, ce jour-là, les musées soient ouverts, qu'on autorise les concerts, les *lectures* publiques ; c'est ainsi qu'on combat l'ivrognerie, et plus efficacement que par des sermons.

A cette bienfaisance intelligente joignez quantité d'égards et d'attentions. — Un lord a prêté son parc pour le dernier *archery meeting*, et présidé la fête ; sa petite harangue, grave et railleuse, sa galanterie respectueuse, étaient excellentes pour flatter et égayer les dames. — Nous entrons dans le parc de sir John.....; il est traversé d'une route publique ouverte aux piétons; on peut le visiter sans permission. — J'ai vu celui de lord Marlborough à Blenheim, sur la porte d'entrée est l'inscription suivante : « Le duc de Marlborough prie les personnes qui traverseront le parc de prendre la route frayée et de ne pas passer sur les gazons. » La porte de ce parc est ouverte; le premier venu, un villageois du village, peut y aller prendre l'air avec sa femme. — Sir W. B... entretient la meute du district, et nombre de petits gentlemen et fermiers suivent sa chasse. — La maîtresse de la maison où je suis connaît toutes les bonnes femmes de l'endroit; elle les salue gracieusement, et leur donne la main quand elle entre avec moi dans leurs cottages; celles-ci répondent d'un air cordial et même affectueux; on voit aisément qu'il n'y a pas de défiance ou d'hostilité entre les deux classes. L'inférieur n'est pas envieux; il ne lui vient pas à l'idée de souhaiter la place du gentleman riche; il est plutôt disposé à le considérer comme son protecteur, à se faire honneur de lui, surtout si la famille est ancienne et, depuis plusieurs générations, établie dans l'endroit; en ce cas, elle compte, comme les beaux arbres, parmi les ornements et les gloires du pays. — Dernièrement, en chemin de fer, je causais avec des *life guards*, vrais colosses et bonnes gens; ils disaient avec orgueil : « Tous nos officiers sont des noblemen. » Après quelques questions sur leur solde, qui est de deux shillings par jour, ils disent qu'il y a parmi eux environ un tiers d'hommes mariés. « Les veuves ont-elles droit à des pensions? — Non, mais les contributions privées leur en donnent. » — Tout cela est un reste du bon esprit féodal. Le suzerain pourvoyait aux besoins de son vassal, et le vassal était fier de son suzerain.

Cet esprit est d'autant plus puissant que la population, en Angleterre, est encore aujourd'hui distribuée à la façon féodale. Partout, au milieu des cottages, il y a un ou plusieurs *country seats*, maisons de campagne modernes qui remplacent les anciens châteaux, et dont le maître joue, sous des formes nouvelles, le rôle de baron antique. Dans toute paroisse, même la plus reculée, on trouve deux, trois, cinq, six familles qui ont là leur domaine héréditaire, leur séjour de prédilection, et dont le patronage est accepté, efficace ; c'est l'antique patronage du suzerain cuirassé, mais transporté du physique dans le moral, appliqué aux choses de la paix et non plus à celles de la guerre, exercé par l'intelligence et non plus par l'épée, autorisé par la supériorité d'éducation et non plus par la supériorité d'armure. En effet, il ne s'agit plus de ranger les hommes en bataille contre l'ennemi, mais de diminuer l'ignorance, la misère et le vice ; pour cet objet comme pour l'autre, il faut des chefs locaux, éprouvés, adoptés, capables, et ces chefs sont les gentlemen propriétaires de la paroisse et du district. Poggio, dans ses voyages, écrivait déjà, il y a trois siècles, cette phrase si grosse de vérités et de conséquences : « Chez les Anglais, les nobles tiennent à honte de demeurer dans les villes ; ils habitent des campagnes retirées, parmi des bois et des pâturages ; ils estiment que celui qui a le plus de revenu est le plus noble ; ils s'adonnent aux choses des champs, vendent leur laine et leur bétail, et ne jugent point honteux les profits rustiques. »

Le contraste était grand pour Poggio entre cette vie rurale de la noblesse anglaise et la vie urbaine de la noblesse italienne. Il n'est pas moindre pour un Français, et, quoique chez nous la révolution ait renvoyé beaucoup de nobles dans leurs terres, il subsiste encore. La ville n'est pas en Angleterre, comme chez nous, le séjour préféré. Sauf les grandes cités manufacturières, les villes de province, York par exemple, ne sont guère habitées que par des boutiquiers ; l'élite et la tête de la nation sont ailleurs, dans les campagnes. Londres, elle-même, n'est plus qu'un grand rendez-vous d'affaires ; les gens y viennent pendant trois ou quatre mois, en été, pour causer, se distraire, revoir leurs amis, pourvoir à leurs intérêts, passer en revue leurs connaissances. — Mais ils ont leur racine dans leur *country seat ;* là est la vraie patrie, le petit cercle aimé, le centre de la famille, l'endroit où l'on chasse, où l'on accueille longuement ses hôtes, où l'on agit efficacement, où l'on trouve à chaque pas le mémorial de ses bienfaits et des bienfaits de ses ancêtres, où les figures familières au coin d'une rue, les contours accoutumés d'une colline au bout d'une route, laissent dans l'esprit l'impression amicale d'un *home* et d'un chez soi. Là on s'intéresse aux affaires de la paroisse, on en souhaite les petites charges. Quand on les obtient, on les remplit avec zèle, avec conscience et avec plaisir ; pendant la saison, le train du samedi soir emporte de Londres quantité de propriétaires qui vont à quarante, à quatre-vingts, à cent milles, préparer un comité, faire une *lecture,* tenir un meeting, remplir leur office gratuit de magistrat ou de surveillant à la commune ou à l'église. — De plus, ils sont tenus d'ouvrir les premiers leurs bourses, comme le baron féodal était tenu d'aller le premier aux coups. B... dit qu'il donne en souscriptions le dixième de son revenu, et que ses voisins font de même. Comptez encore la taxe des pauvres, qui est ici de 3 shillings par livre de revenu territorial présumé, et qui, en certains districts, est de 7 shillings. Volontairement ou de par la loi, les *property classes* prêtent l'épaule avec un vrai courage pour porter le lourd fardeau de la misère publique [1].

Naturellement, un pareil cercle est fermé et maintient strictement ses limites ; l'institution aristocratique, comme toutes les autres, a ses inconvénients. Thackeray, dans tous ses écrits, a décrit et raillé amèrement ce système

[1] « Depuis vingt ans, les classes moyennes et supérieures ont payé 124 millions sterling sous forme de taxes sur la propriété et le revenu, sans compter les taxes sur les successions, sur les maisons habitées dont le loyer est de 20 livres et au-dessus, sur le timbre, etc., charges nouvelles qui pèsent presque exclusivement sur la classe des propriétaires, des négociants et des hommes adonnés aux professions libérales... D'autre part, pendant la même période, elle a réduit les taxes sur le sucre, le cacao, la mélasse, le café, le raisin sec, le beurre, le fromage, les œufs, le savon, le cuir; supprimé les taxes sur le verre, le bois de charpente, les briques et autres matériaux de bâtisse; admis librement et sans droits les céréales, le bétail, les provisions étrangères de tous les pays du globe. » (Article du *Quarterly Review*.) — *Statistical abstract from* 1856 *to* 1870 : pour l'Angleterre et le pays de Galles, la taxe des pauvres a rendu en chiffres ronds :

1860, 8,033,000 liv. st. dont 5,454,000 employés en secours directs.
1861, 8,252,000 » » 5,778,000 » »
1867, 10,692,000 » » 6,959,000 » »
1870, 12,044,000 » » 7,644,000 » »

« Mettant de côté les énormes revenus permanents qui proviennent de fondations et qui sont employés au profit des malades et des invalides, on doit remarquer qu'un Anglais riche a presque toujours la bourse à la main. D'abord, il paye toutes sortes de contributions légales pour soutenir les pauvres; ensuite, il souscrit pour diverses charités publiques, pour des concours agricoles, etc. Il assiste de pauvres serviteurs et subordonnés, des parents hors d'état de gagner leur vie. Il fait l'aumône dans la rue et sur les routes; il met de l'argent dans l'assiette qu'on porte à la ronde aux dîners et après le sermon. Il met sous enveloppe des bank-

de clôtures sociales, l'effort des inférieurs pour s'introduire et des supérieurs pour se barricader.—Par exemple, une personne comme l'élégante et intelligente fermière dont je parlais tout à l'heure n'est pas de la société ; on ne l'invite pas aux *archery meetings* ; plusieurs ladies, que B... me nomme, et que sur ce point il désapprouve, évitent de la saluer, afin de boucher par avance tout accès aux familiarités possibles. — Sans doute, les Anglais qui ont vécu à l'étranger, et dont l'esprit est ouvert, se mettent au-dessus de cet orgueil misérable ; ils en reconnaissent franchement la sottise et l'excès. Mais

notes de 5 livr. st. à l'adresse des magistrats de la police, comme envoyés par A. X. Il distribue de la houille, des habits et de la viande à Pâques. Il donne le terrain pour l'emplacement d'une école. Il paye les médecins des pauvres. Il prête à ses inférieurs de l'argent qu'ils ne lui rendent jamais ; à la fin, il meurt et fait des legs à une demi-douzaine d'établissements de charité et à d'humbles serviteurs. Assez souvent, il laisse des fonds pour un don annuel (à sa paroisse). — Les femmes de la *gentry* sont, pendant tout ce temps, occupées à des œuvres de bienfaisance, sous forme domestique ; surveiller des écoles, coudre des robes d'enfant, des chemises de nuit, des objets pour les ventes de charité ; enseigner aux filles l'art de tresser la paille, ou à faire de la dentelle ; faire répéter le catéchisme les dimanches ; tourmenter leurs connaissances pour leur faire acheter les produits inutiles de mains surabondantes ; distribuer des bons de soupe, enfin, collaborer de tous leurs efforts affectueux et doux pour adoucir les maux de la pauvreté dans les basses classes de la société. Allez n'importe où vous voudrez dans le voisinage ; le trait permanent de chaque *country seat*, ce sont les occupations de charité. Quelle est la résidence rurale où un hôte est à l'abri de l'assiette passée à la ronde ou du livre de souscriptions ? Y a-t-il un dîner en province où la loi des pauvres, le comité des administrateurs et autres sujets semblables ne prennent dans la conversation la première place ? Il n'est que tout juste prudent d'accompagner votre hôte à l'office de l'après-midi dans sa paroisse ; car il y a dix à parier contre un que vous serez pris par une collecte à la porte de l'église, après le sermon. Tout cela, outre une taxe des pauvres qui monte à quelque chose comme sept millions sterling par an. »

(*Collected papers*, by Mrs. Grote, p. 53.)

L'auteur, comme beaucoup d'autres, conclut à ce que les pauvres aient moins d'enfants.

à travers beaucoup de réticences, il est visible dans les autres. Au fond du cœur, et peut-être sans se l'avouer, ceux-ci croient ou sont tentés de croire qu'un industriel, un commerçant, un homme d'argent, obligé de penser tout le jour au gain et aux détails du gain, n'est pas un gentleman et ne peut pas être du monde. Il n'en a pas l'éducation, les idées, le langage. « De quoi parlerait un marchand, un fermier, sinon des objets de son métier? L'esprit devient grossier dans les occupations et habitudes grossières. » — Selon eux, les sentiments y perdent aussi ; l'homme d'argent et de métier est enclin à l'égoïsme ; il n'a pas le désintéressement, les vues grandes et généreuses qui conviennent à un chef du pays; il ne sait pas se détacher de soi, songer au public. A ce titre seul, on a le droit de commander ; partant, et jusqu'à preuve du contraire, il est tenu à l'écart, et sa famille ne peut être reçue parmi les familles régnantes. — Celles-ci sont chez elles, et ce sont elles qui font les premiers pas pour adopter un nouveau venu. Quand un homme riche achète une terre, il ne faut pas qu'il se mette en frais ni prévienne personne ; si, d'esprit, de caractère et de façons, il est un gentleman, au bout de quinze jours on le saura, et les familles voisines viendront d'elles-mêmes lui rendre visite. — Mais, même adopté, il n'aura pas encore tous les priviléges des autres ; il ne pourra pas être envoyé de là au parlement ; s'il se présente, le public dira : « Il est trop nouveau, il n'est pas encore du pays. » Il y est implanté, mais il n'y a pas pris racine. Son fils peut-être, son petit-fils sera nommé, mais non pas lui. Pour représenter un district, il faut y tenir par tous ses intérêts, par toutes ses habitudes, y plonger depuis plusieurs générations et profondément par toutes ses fibres. La première condition du commandement autorisé est la résidence ancienne, et toute aristocratie forte est locale.—De même, en France, si, pendant la Révolution, la Vendée seule a suivi ses gentilshommes, c'est que, seuls en France, les gentilshommes de la Vendée, provinciaux et chasseurs, vivaient à demeure et en commerce intime avec leurs paysans.

Je cherche à bien comprendre ce mot si essentiel, *a gentleman*; il revient sans cesse, et renferme une foule d'idées, tout anglaises. La question vitale à propos d'un homme se pose toujours ainsi : « Est-il un gentleman? » Pareillement à propos d'une femme : « Est-elle une lady? » — Dans ces deux cas, on veut dire que la personne en question est de la classe supérieure; cette classe est reconnue en fait; un ouvrier, un paysan, un boutiquier n'essaye pas de franchir la ligne de démarcation. Mais à quoi reconnaît-on qu'une personne est de la classe supérieure?— En France, nous n'avons pas le mot parce que nous n'avons pas la chose, et ces trois syllabes, dans leur sens d'outre-Manche, résument l'histoire de la société anglaise. Les gentilshommes, les squires, les barons, les chefs féodaux ne sont pas devenus, comme sous Louis XV, de simples privilégiés, des parasites d'ornement, à la fin nuisibles, impopulaires, odieux, proscrits, puis mal restaurés, d'esprit suranné, désormais sans influence, et maintenus dans l'État plutôt comme un mémorial toléré, que comme un ressort efficace. Ils sont demeurés en communication avec le peuple, ils ont ouvert leurs rangs aux talents, ils se sont adjoints comme recrue l'élite de la roture; ils sont restés les personnages commandants, ou dirigeants, ou du moins influents de la commune et de l'État. Pour cela, ils se sont accommodés à leur siècle et à leur rôle ; ils ont été administrateurs, patrons, promoteurs de réformes, bons gérants de la chose publique, hommes appliqués, instruits, capables, les citoyens les plus éclairés, les plus indépendants, les plus utiles de la nation. —Sur ce patron s'est formée l'idée de gentleman, toute différente de celle de gentilhomme. *Gentilhomme* éveille des idées d'élégance, de finesse, de tact, de politesse exquise, de point d'honneur délicat, de tournure cavalière, de libéralité prodigue, de valeur brillante; c'étaient les traits saillants de la classe supérieure en France. De même *gentleman* rassemble les traits distinctifs de la classe supérieure en Angleterre, d'abord les plus visibles, ceux qui frappent les yeux grossiers, par exemple une fortune indépendante, un train de maison, une certaine tenue extérieure, des habitudes de luxe et d'aisance ; bien souvent, aux yeux des gens du peuple, surtout aux yeux des valets, ces dehors suffisent. — Joignez-y, pour des esprits plus cultivés, une éducation libérale, des voyages, de l'instruction, de bonnes façons, l'usage du monde.—Mais, pour les vrais juges, l'essentiel du personnage est le cœur. En me parlant d'un grand seigneur diplomate, B... me disait : « Ce n'est pas un gentleman. » Thomas Arnold, voyageant en France, écrivait à ses amis : « Ce qui me frappe ici, c'est le manque total de gentlemen, et de toutes personnes ayant l'éducation et les sentiments d'un vrai gentleman... il y a ici bien peu de personnes qui en aient l'apparence et les manières... Un véritable gentleman anglais, chrétien, de cœur viril, d'esprit éclairé, c'est plus, je crois, que Guizot ou Sismondi ne pourraient comprendre ; aucun autre pays ne pourrait, je pense, fournir un si beau spécimen de la nature humaine. » Défalquez ces exagérations de l'amour-propre national, il restera un document instructif. Pour eux, un vrai gentleman est un vrai noble, un homme *digne de commander*, intègre, désintéressé, capable de s'exposer et même de se sacrifier pour ceux qu'il guide, non-seulement homme d'honneur, mais homme de conscience, en qui les instincts généreux ont été confirmés par la réflexion droite, et qui, agissant bien par nature, agit encore mieux par principe. — Dans ce portrait idéal, vous reconnaissez le chef accompli ; ajoutez-y les nuances anglaises, l'empire de soi, le sang-froid continu, la persévérance dans l'adversité, le sérieux naturel, la dignité des manières, la fuite de toute affectation ou jactance ; vous aurez le modèle supérieur qui, copié à peu près ou vaguement entrevu, rallie ici les aspirations ou les obéissances. Un romancier l'a mis en scène sous le nom de *John Halifax gentleman* ; il s'agit d'un pauvre enfant abandonné qui finit par devenir le *leader* respecté de son district. — Un seul mot pour donner le ton du livre : quand, après de grandes traverses, John arrive à l'aisance, achète une maison et prend une voiture, son fils s'écrie : « Enfin, nous voilà des gentlemen ! — Nous l'avons toujours été, mon enfant. »

Voyons pourtant les dehors ; ils sont des indices. — B..., mon hôte, qui s'est marié depuis un an, a voulu avoir son cottage à lui. Ce cottage est charmant, élégant même, muni de tous les raffinements de la propreté, du bien-être et du luxe, en briques brunes, à plusieurs pignons, à toits aigus, presque tout enveloppé de lierre. Alentour est un petit parc avec des gazons de velours que tous les jours on passe au rouleau, deux ou trois superbes massifs de rhododendrons fleuris, hauts de dix pieds, longs et larges de trente ; sur les gazons, des guirlandes de fleurs exotiques aux couleurs vives, des groupes d'arbres bien disposés, une charmille couverte pour la promenade intime de deux jeunes époux ; puis, au delà des haies, un horizon de grands arbres et des échappées de vue sur la verdure éternelle. — Un vrai nid de mariés : au dedans, des tentures roses et blanches, des peintures claires, lilas, ou d'un jaune doux ; un carrelage fin et beaucoup de fenêtres à petits vitraux qui rappellent le moyen âge. Dans le salon, un bon piano, et plusieurs beaux livres qui sont des cadeaux de mariage, Tennyson, un livre de prières, d'autres encore reliés en velours bleu, en bois gothique sculpté, en maroquin doré, illustrés avec ce soin, avec cette propreté de crayon qui est particulière aux artistes anglais, quelques-uns ornementés à chaque page de peintures et d'arabesques coloriées. Pas un objet qui ne porte la marque de la recherche exquise et même méticuleuse. Partout, des jardinières remplies de fleurs rares ; au-dedans, au dehors, les fleurs foisonnent ; c'est le plus joli détail du luxe, et ils l'entendent en vrais gourmets.

Cette entente et ce soin s'appliquent à tout ; il n'y a pas un objet qui ne dénote la prévoyance et le calcul du confortable. Tapis et longues toiles cirées du haut en bas de la maison ; le tapis sert à tenir chaud, l'*oil-*

cloth sur lequel on marche peut être lavé et maintient la propreté des tapis. Dans ma chambre à coucher, table en bois rare; sur cette table, un carré de marbre, sur ce marbre, un rond de jonc, le tout pour porter une carafe ornementée et coiffée de son verre. On ne pose pas simplement son livre sur une table : sur la table est un petit casier disposé pour le recevoir. On n'a pas un simple bougeoir qu'on souffle lorsqu'on veut dormir : la bougie est dans une large chemise de verre, laquelle est munie d'un éteignoir automatique. — D'autres détails sont encore plus frappants; il faut réfléchir un instant pour en comprendre l'usage.— Parfois tout cet appareil gêne; c'est trop d'embarras pour être bien. De même, en voyage, j'ai vu des Anglais munis de tant de lorgnons, lorgnettes et longues-vues, de tant de parapluies, cannes et bâtons ferrés, de tant de paletots, tricots, waterproofs et surtouts, de tant de nécessaires, ustensiles, livres et journaux, qu'à leur place je serais resté chez moi. — D'Angleterre en France et de France en Italie, les besoins et les préparatifs vont s'amoindrissant. La vie est plus simple, et, si j'ose ainsi parler, plus nue, plus livrée à l'impromptu, moins encombrée de commodités incommodes.

Quinze cents livres sterling de rente, trois à quatre chevaux, deux voitures, six domestiques, un jardinier, le même train exigerait à peu près la même dépense en France.

Nous avons visité sept ou huit parcs, grands ou moyens, presque tous beaux, et deux ou trois admirables. Les prairies intactes et soignées étincellent au soleil et regorgent de marguerites et de boutons d'or. Les chênes sont antiques, souvent énormes. Dans le fond des vallées, les ruisseaux aménagés forment de petits lacs où nagent des canards exotiques ; çà et là, dans une ceinture d'eaux luisantes, un îlot couvert et rhododendrons bombe sa touffe rose. Le long des futaies, les lapins partent sous nos pieds, et, à chaque détour du chemin, la plaine onduleuse, semée de bouquets d'arbres, développe ses verdures nuancées, attendries, jusqu'en des lointains bleuâtres.—Quelle fraîcheur et quel silence ! On se sent reposé ; cette nature vous accueille avec une caresse suave, discrète, intime ; elle est quelqu'un, elle a son accent, l'accent affectueux du bonheur domestique, comme une belle épouse qui s'est ornée pour son mari et vient au-devant de lui avec un doux sourire. Toute œuvre originale, un jardin, comme un livre ou un édifice, est une confidence qui dévoile des sentiments profonds. A mon gré, celle-ci, mieux que toute autre, montre le rêve poétique d'une âme anglaise. — Il n'en est pas de même de leurs habitations, grosses machines, un peu italiennes ou un peu gothiques, sans caractère net ; on voit qu'elles sont spacieuses, confortables, bien tenues ; rien de plus. Ce sont des maisons de riches qui entendent leurs aises, et qui parfois, assez malencontreusement, ont eu des velléités architecturales ; beaucoup de cottages élégants, coiffés et encombrés de pignons, semblent des jouets en carton vernissé. Toute leur imagination, toute leur invention nationale et propre s'est dépensée dans leurs parcs.

Celui de sept cents acres a des arbres que deux et même trois hommes n'embrasseraient pas de leurs bras étendus, chênes, tilleuls, platanes, cyprès, hêtres, qui ont développé librement l'ampleur et la plénitude de leurs formes. Isolés ou par groupes sur la molle et riche prairie, leurs pyramides opulentes, leurs vastes dômes s'espacent à plaisir et descendent jusque sur l'herbe avec une largeur d'épanouissement qu'on ne se figure pas. Ils ont été soignés comme des enfants riches; ils ont toujours eu toute leur liberté et tout leur contentement; rien n'a diminué leur luxe ou gêné leur pousse; ils respirent l'air et usent du sol en grands seigneurs à qui le sol et l'air appartiennent de droit. — Au centre de tant d'émeraudes vivantes est un joyau plus précieux encore, le jardin. Des massifs de rhododendrons hauts de vingt pieds s'y étalent, toutes fleurs ouvertes; leurs pétales rouges ou d'un violet pâle luisent doucement au soleil, sous des volées bourdonnantes de frelons. Des buissons d'azalées, des touffes de roses épanouies, des lits de fleurs nacrées, azurées, aux tons de velours ou de chair, de mignonnes et sinueuses bordures font cercle à perte de vue; on marche environné de senteurs et de couleurs. Un art savant a disposé la succession des plantes, en sorte que les tardives remplacent les précoces, et que, d'un bout de la saison à l'autre, la vaste corbeille est toujours fleurie. De distance en distance, quelque sycomore au port noble, un hêtre étranger au feuillage de cuivre, soutiennent de leur note grave ou de leur subite dissonance ce concert trop prolongé d'impressions délicieuses. Véritablement c'est un concert pour l'œil et comme une magnifique et éclatante symphonie de tons pleins que le soleil, ce puissant maître d'orchestre, fait vibrer ensemble sous son coup d'archet. — Jusque dans les lointains du parc, au delà encore dans la forêt, parmi les *commons*, on sent leur voisinage; les belles plantes ont sauté par-dessus les murs, et, tout d'un coup, au milieu des sapins sauvages, on rencontre un rhododendron rose et souriant, comme une Angélique de l'Arioste au milieu de la forêt des Ardennes. — Tous ces lointains sont suaves ; le sol monte et descend sous un épais vêtement de bruyères ; çà et là la fougère, de son vert vif et charmant, relève leur teinte uniforme ; en plusieurs endroits, elle foisonne, et on la voit serpenter, s'enrouler, dessiner des rosaces sur le grand tapis roussâtre. — Tout au bout, la ligne des pins ferme l'horizon, et les ondulations du terrain se développent par étages insensibles, dans une brume pâle, tiède, transpercée de lumière.

La maison est un gros hôtel, assez médiocre, d'apparence massive, arrangée à la moderne ; le mobilier du rez-de-chaussée et du premier étage, renouvelé récemment, a coûté quatre mille livres. Trois salles ou salons, longs de soixante pieds, hauts de vingt, sont garnis de grandes glaces, de bons tableaux, d'excellentes gravures, de bibliothèques. Sur le devant est une serre vitrée, où l'on passe l'après-midi quand le temps est mauvais, et où, même en hiver, on peut se croire au printemps. — Chambres pour les jeunes filles qui viendront en visite : fraîches, claires, virginales, tendues de bleu et de blanc, avec un assortiment de jolis objets féminins et de fines gravures, elles conviennent bien à leurs aimables hôtes. — Au reste, le sentiment pittoresque de la décoration et de l'ensemble est moins vif que chez nous ; par exemple, les objets et les tons sont plutôt juxtaposés qu'accordés. Mais il y a du grandiose et de la simplicité ; nul goût pour l'entassement et le bric-à-brac. Ils acceptent volontiers les grands plans nus, les espaces vides : l'œil est à l'aise, l'on respire bien, on peut se promener, on n'a pas crainte de se heurter contre les meubles. — L'attention s'est reportée sur le confortable, notamment en ce qui concerne tous les détails du coucher et de la toilette. Dans ma chambre, grand tapis général, toile cirée devant la table à laver, nattes le long des murs. Deux tables de toilette, chacune à deux tiroirs, la première pourvue d'une glace mobile, la seconde munie d'une grande cruche, d'une petite, d'une moyenne pour l'eau chaude, de deux cuvettes en porcelaine, d'un porte-brosse, de deux porte-savons, d'une carafe avec son verre, d'un bol avec son verre. Au-dessous, une troisième table de toilette fort basse, un seau, une autre cuvette, une grande cuve plate en zinc pour les ablutions du matin. Dans un cabinet, un porte-serviettes avec quatre serviettes d'espèce différente, l'une épaisse et pelucheuse. — Autre cabinet indispensable dans la chambre, et qui est une merveille. — Serviettes sous tous les vases et ustensiles ; pour défrayer un tel service dans une maison habitée, il faut une blanchisserie en permanence. — Trois paires de bougies, l'une fichée dans une petite table portative. Allumettes de cire, allumettes de papier dans de jolis petits tonneaux, pelotes d'épingles, éteignoirs de porcelaine, éteignoirs de métal. Blancheur, perfection, tissus moelleux de toutes les parties du lit. — Le domestique vient quatre fois par jour dans la chambre : le matin pour tirer les stores et les rideaux, ouvrir les persiennes intérieures, emporter les chaussures et habits, apporter un grand broc d'eau chaude avec une serviette laineuse sur laquelle poseront les pieds ; à midi et à sept heures du soir, pour apporter l'eau et le reste, afin que l'hôte puisse se laver avant le déjeuner et le dîner; à la nuit, pour fermer les fenêtres, arranger le lit, préparer la cuve, renouveler le linge, le tout avec gravité, silence et respect. — Pardon de ces détails si minces; mais il faut les toucher du doigt pour se figurer les besoins de l'Anglais d'après la direction de son luxe ; ce qu'il dépense en service et en confortable est énorme, et on a pu dire en riant qu'il passe un cinquième de sa vie dans sa cuvette.

Plusieurs de ces châteaux sont historiques ; il faut les voir pour comprendre ce que l'hérédité dans une grande famille peut entasser de trésors. — On m'en cite où, par une clause de l'institution, le possesseur est tenu d'acheter chaque année pour plusieurs mille livres sterling d'argenterie; après avoir encombré les buffets, on a fini par faire une rampe d'escalier en argent massif.— Nous avons pu contempler à l'Exposition rétrospective tout un musée de curiosités précieuses et d'objets d'art, envoyé par lord Hertford. En 1848, il disait à un Français de ses amis, fort inquiété et un peu inquiet : « J'ai un château dans le pays de Galles, je ne l'ai jamais vu, mais on le dit très-beau. Tous les jours on y sert un dîner de douze couverts, et la voiture est attelée devant la porte, au cas où j'arriverais. C'est le butler qui mange le dîner ; allez-y, installez-vous, vous voyez que cela ne me coûtera pas un centime. » — Naturellement, les belles choses s'accumulent dans ces mains opulentes. Miss Coots, lord Ellesmere, le marquis de Westminster ont des galeries de tableaux qui feraient honneur à un petit État. Chez lord Ellesmere, dans trois salles aussi hautes que la galerie du Louvre, quantité de Poussin, les meilleurs Flamands, surtout trois Titien de grandeur moyenne, *Diane et Actéon*, *Diane et Calypso*,

Vénus sortant des eaux, d'une chaude couleur ambrée, de la beauté la plus opulente et la plus vivace. Chez le marquis de Westminster, deux galeries et quatre salons énormes, cent quatre-vingt-trois tableaux, avec un cortége de bustes, statues, bronzes, émaux, vases en malachite, six grands Rubens, trois Titien, un Raphaël, deux Rembrandt, quantité de Claude Lorrain choisis entre les plus beaux. Ces palais ne sont que des spécimens, il faudrait trop citer.—Dans une autre tournée, j'ai vu, près de Woodstock, Blenheim-castle, au duc de Marlborough. C'est une sorte de Louvre, donné jadis par la nation au grand capitaine, bâti au style du temps, très-ornementé. Plusieurs salles sont hautes comme des nefs d'église ; la bibliothèque a cent mètres de long ; une chapelle intérieure renferme le monument du fondateur; une galerie expose les portraits de famille; une autre contient les porcelaines, plusieurs autres les tableaux. — Le parc a deux milles de tour : arbres magnifiques, large cours d'eau traversé par un pont monumental, colonne qui porte la statue du premier duc, cabinet particulier contenant, sous le nom de Titien, douze copies, les Amours des Dieux, voluptueuses figures de grandeur naturelle offertes par les princes d'Italie au vainqueur de Louis XIV; dans les appartements, des Reynolds, cinq ou six grands portraits de Van Dyk, une Madone de Raphaël, dix Rubens, où la sensualité, la fougue, l'audace, le génie débordent, comme un fleuve, en splendeurs et en énormités. Deux sont des bacchanales ; une colossale faunesse s'est abattue à terre, vautrée sur ses seins tombants, et ses deux petits, renversés sur le dos, collés sur les pis, sucent âprement dans un fouillis de chairs pantelantes; au-dessus, un torse de Silène noirâtre fait repoussoir à l'éblouissante blancheur d'une nymphe gaillarde et tordue ; près de là, un autre silène cuivré, énorme, danse de tout son cœur avec un rire d'ivrogne qui fait ballotter sa panse, pendant qu'une belle jeune femme, ployée sur la hanche, laisse onduler la courbe molle de son flanc et de sa gorge. Je n'oserais décrire le troisième tableau, le plus poignant de tous, d'une crudité sublime, toute la séve et toute la fleur du tempérament indomptable, toute la poésie de l'ivresse lâchée et de l'assouvissement bestial, *Loth et ses deux filles*. — Mais je me suis oublié, les souvenirs m'ont remonté comme une bouffée chaude. Tout ce que je veux conclure, c'est que ces grandes fortunes héréditaires sont des conservatoires préparés pour toutes les belles choses. Au bout de quelques générations, un château, un parc devient un écrin.

———

De là plusieurs conséquences, les unes mauvaises et qui atteignent l'individu, les autres bonnes et qui concernent l'État.

Selon S..., qui est cosmopolite et bien apparenté ici, le droit d'aînesse, surtout chez les noblemen, a plusieurs suites fâcheuses. Très-souvent, le fils aîné, infatué dès le collége par les complaisances et les flatteries, est un sot dépensier ou maniaque ; il voyage sans rien apprendre, rapporte les pires habitudes du continent, fait courir ou s'ennuie. Si l'aristocratie ne se renouvelait point par les roturiers de talent, ses membres deviendraient vite inutiles, bornés et même nuisibles comme souvent il arrive ailleurs.—De plus, l'inégalité des enfants entraîne des contrastes amers. Ici, je parle moins des noblemen qui peuvent pousser leurs cadets dans l'armée, l'Église ou l'administration, que des simples riches; dans ces familles, le fils cadet sent durement la contrainte qui le jette dépouillé ou muni d'une mince légitime à travers les hasards et la bataille de la vie, qui l'exile à l'étranger, recule son mariage, le condamne pendant dix et vingt années à la subordination, à l'effort, aux privations, pendant que son frère, indépendant et opulent de naissance, n'a qu'à s'installer dans un parc et un château tout prêts. — Pourtant, cette idée le blesse moins que nous ne l'imaginons; il y est habitué dès l'enfance; comme l'usage est antique, légal et national, il le subit et même il l'accepte au même titre qu'une nécessité de nature. D'ailleurs, par tempérament, il ne craint point la peine, et son orgueil lui dit tout bas qu'il est plus beau de se suffire par son travail.

Cela admis, suivez les avantages. Presque toujours, l'Anglais a beaucoup d'enfants, le riche aussi bien que le pauvre. La reine en a neuf et donne l'exemple. Nous passons en revue des familles que nous connaissons : Lord... a six enfants, le marquis de ... douze, sir W... neuf, M. S..., juge, vingt-quatre dont vingt-deux vivants, plusieurs clergymen cinq, six, et jusqu'à dix et douze; tel dignitaire ecclésiastique n'a que quatre fils, mais il dépense en représentation et en charités ses cinquante mille francs d'appointements. Les évêques, beaucoup de grands fonctionnaires ou propriétaires agissent de même.

— En général, on fait ici peu d'économies ; un médecin, un homme de loi, un *landlord* a trop de charges publiques ou privées, impôts, souscriptions, éducation et voyages des enfants, hospitalité, chevaux, domestiques, confortable. On ne sait pas se restreindre, on veut avoir toutes ses aises, faire figure ; on aime mieux ajouter à sa tâche que diminuer son train ; au lieu de se retrancher, on s'excède ; à la fin de l'année, c'est tout au plus si on joint ensemble les deux bouts. Trop de travail, et trop de dépense, mes amis anglais reconnaissent que tel est le défaut anglais. — Maintenant, considérez tous ces cadets bien élevés, bien préparés, bien munis par l'éducation générale et par l'éducation spéciale, avertis dès leurs premières années qu'ils ne peuvent compter que sur eux-mêmes ; accoutumés au bien-être, poursuivis par le souvenir du *country-seat* paternel, se peut-il un plus fort aiguillon? Ils ont l'épée dans les reins pour travailler. C'est tomber que de ne pas remonter jusqu'à la position de leur père ; ils sont tenus d'atteindre à la fortune du frère aîné. De cette façon, le droit d'aînesse, combiné avec l'habitude du confortable, est un *système d'entraînement ;* ils courent aux Indes, en Chine, en Australie, écrèment le monde, et reviennent fonder une famille. A Londres, il y a un quartier qu'on nomme l'Australien, peuplé de gens qui ont fait fortune à Victoria, à Melbourne. Les faibles périssent à ce régime ; mais l'esprit d'entreprise, l'initiative, l'énergie, toutes les forces de la nature humaine ont tout leur jeu. L'homme se fortifie par la lutte, l'élite de la nation se renouvelle, et l'or coule à flots sur le pays.

Autre avantage, mais qui n'est tel qu'aux yeux d'un philosophe et d'un artiste ; cependant c'est un avantage.

Sans aristocratie, une civilisation n'est pas complète ; il lui manque les grandes vies indépendantes, largement développées, affranchies de tout souci mesquin, capables de beauté comme une œuvre d'art. Quelqu'un a dit : « Guerre aux châteaux, paix aux chaumières ! » Je crois qu'il vaudrait mieux dire : « Paix aux chaumières et aux châteaux ! » Proudhon souhaitait voir la France couverte de petites maisons propres, dans chaque maison une famille demi-villageoise et demi-bourgeoise, alentour un petit champ et un jardin, tout le sol ainsi réparti ; partout du travail, de l'égalité, de l'aisance et des potagers. Au point de vue de l'historien, c'est le vœu d'un maraîcher ; s'il n'y avait plus que des légumes, la campagne serait bien laide. Je n'ai pas de parc, et pourtant mes yeux sont contents d'en voir un ; seulement, il faut qu'il soit accessible et bien gouverné. Il en est de même des grandes vies ; elles font parmi les petites l'office des parcs parmi les jardinets et les cultures. L'un fournit les arbres séculaires, les pelouses de velours, la délicieuse féerie des fleurs accumulées et des poétiques avenues. L'autre entretient certaines élégances de mœurs et certaines nuances de sentiments, permet la grande éducation cosmopolite, nourrit une pépinière d'hommes d'État. — Un des premiers industriels de l'Angleterre, radical et partisan de M. Bright, me disait, à propos de réforme électorale : « Nous ne voulons pas renverser l'aristocratie ; nous consentons à ce qu'elle garde le gouvernement et les hautes places. Nous croyons, nous autres bourgeois, qu'il faut, pour conduire les affaires, des hommes spéciaux, élevés de père en fils dans ce but, ayant une situation indépendante et commandante. D'ailleurs, leur titre et leur généalogie sont un panache doré, et une troupe se laisse mieux conduire quand son officier porte panache. Mais nous voulons absolument qu'ils réservent toutes les places aux gens capables. Rien aux médiocrités, pas de népotisme. Qu'ils gouvernent, mais qu'ils aient du talent. » Ils ont profité de leur récente expérience. Ils savent que, pendant la guerre de Crimée, le flot de la colère publique a failli les emporter ; ils ont senti qu'ils devaient sortir de l'incurie et du désordre, ils cèdent à l'opinion, ils finissent par diriger les réformes. On peut affirmer que depuis trente ans, ils gouvernent, non dans l'intérêt de leur classe, mais dans l'intérêt de la nation. Depuis 1822, ils ont cessé de manger le gâteau public ; ce sont les gens riches ou aisés qui payent la plus grosse part des impôts ; les principales transformations du budget ont eu pour effet de soulager le peuple. — En somme, l'Angleterre devient une république pour laquelle l'institution aristocratique fabrique le contingent requis de ministres, députés, généraux et diplomates, comme une école polytechnique fournit la recrue indispensable d'ingénieurs. Beaucoup sont des incapables ; qu'on les laisse hors du service et qu'ils s'occupent à manger leurs rentes. Mais, sur le nombre, on peut dégager l'état-major nécessaire, et rien de plus précieux qu'un bon état-major.

———

A côté de celui-ci qui mène les affaires, il en est un autre qui dirige les consciences, institué d'après les mêmes principes, et aboutissant au même effet, je veux dire au gouvernement exercé par les plus dignes, respecté, stable et perfectible. Il s'agit du clergé; au préalable, voyons les sentiments qui le soutiennent.

C'est dimanche : les domestiques sont dispensés de leur office à table; chaque convive se sert lui-même; autant qu'on peut, on respecte le jour du sabbat. — On rencontre à chaque pas de ces traits bibliques ; par exemple, le dimanche, les journaux manquent ; sauf un train, les chemins de fer ne roulent pas ; en Écosse, la duchesse de..., qui allait voir sa mère mourante, n'a pu obtenir, le dimanche, le train spécial qu'elle voulait payer.

Nous allons à l'église pour l'office de l'après-dîner ; le pasteur, grand homme maigre de quarante ans, prend pour texte la vie de saint Jean-Baptiste dans l'Évangile, raconte brièvement cette histoire, et en tire avec bon sens et froideur les applications convenables. Bonne prononciation, gravité, pas d'emphase ; un raisonnement solide et clair, développé d'un ton sérieux, est toujours pour le public, surtout pour un public de village, un enseignement utile. — Auparavant et ensuite, il lit le service, et la petite congrégation chante des paumes accompagnés par l'orgue. Tenue excellente et attention universelle. La musique est un récitatif grave, un peu monotone, mais jamais criard ou beuglé comme notre plain-chant. — Cette liturgie, ces psaumes traduits ou arrangés de l'hébreu sont vraiment éloquents, élevés, imposants ; le style hébraïque, avec son décousu et sa sublimité, fait bien en anglais. On l'a adouci, éclairci dans la traduction ; mais la langue anglaise est, de toutes, la plus capable de porter sa grandeur et de s'accommoder à ses saccades ; car elle peut exprimer les émotions concentrées et puissantes, la vénération passionnée et profonde. — Par exemple, le mot : « Mon Dieu ! » est effacé en français et presque sans accent ; le même mot anglais : *My God !* est un cri ou un soupir intense d'aspiration et d'angoisse solennelle. — Plus je lis le *Common Prayer Book*, plus je le trouve beau et approprié à son emploi. Quelle que soit la religion d'un pays, l'église est le lieu où les hommes, après les six jours de travail mécanique, viennent pour rafraîchir en eux le sentiment de l'idéal. Tel était le temple grec sous Cimon ; telle était la cathédrale gothique au temps de saint Louis. Suivant les différences du sentiment, la cérémonie et l'édifice diffèrent ; mais le point important est que le sentiment soit ranimé et fortifié. — Or, à mon sens, celui-ci l'est ; un journalier, un maçon, une ravaudeuse qui sortent de cet office emportent plusieurs impressions nobles et accommodées aux instincts de leur race, l'idée vague d'un je ne sais quoi auguste, d'un ordre supérieur, d'une justice invisible. En outre, un homme cultivé peut s'asseoir à côté d'eux, il n'est pas rebuté par des superstitions trop basses. Point de petits décors, de poupées peintes, de parade mignarde, de postures, défilés et cérémonies machinales, surannées, dont les assistants ont oublié le sens. Les murs sont presque nus, les chants et les paroles sont en langue vulgaire, l'officiant ne fait point de génuflexions, sa tenue est d'un magistrat : sauf le surplis, il en a le costume, et, selon le mot de Joseph de Maistre, on peut le définir un monsieur chargé de vous tenir des discours honnêtes. La cérémonie est un meeting moral où le président parle dans une chaire au lieu de parler sur une estrade. — D'ailleurs, dans ses discours comme dans le culte, le dogme recule toujours à l'arrière-plan ; avant tout il s'agit de l'art et de la volonté de bien vivre. La religion elle-même, avec ses émotions et ses grandes perspectives, n'est guère que la poésie et l'au delà de la morale, le prolongement dans l'infini d'une lumineuse et sublime idée, celle de la justice. Un esprit qui a réfléchi peut accepter le tout, au moins à titre de symbole. De cette façon, et sans renoncer à son interprétation personnelle, il reste en communication et en communion avec les simples qui sont auprès de lui. Sur le point fondamental, qui est l'émotion morale, tous s'accordent, et, par suite, tous se réunissent pour entourer de leur respect assidu, visible, unanime, l'église et le pasteur.

Il a donc de l'autorité. — Notez, de plus, qu'il est un gentleman, souvent par sa naissance et sa fortune, presque toujours par son éducation. L'évêque de Londres a 10,000 liv. sterl. par an ; un des deux archevêques, 15,000 ; tel dignitaire de Cambridge, 7,000 ; le doyen de Saint-Paul à Londres, 2,000 ; celui de Westminster, 3,000. La littérature et la science sont des titres pour ces hautes charges ; on arrive aux évêchés par le grec ; ç'a été le cas du docteur Thirlwall, auteur d'une très-bonne Histoire de la Grèce. La moyenne de tous les traitements réunis et divisés par le nombre des titulaires est de 140 livres ; ordinairement une cure ou bénéfice (*living*) rapporte 2 ou 300 livres par an ; les plus petits sont de 80 ; on en cite un de 10,000. Le chancelier lord Campbell en distribue 700 ; les autres sont à la nomination de particuliers, héritiers des fondateurs. En outre, et assez souvent, le titulaire a par lui-même de la fortune. Beaucoup de bonnes familles ont un fils dans les ordres; il y apporte sa légitime, quelquefois de grands revenus, ou une dot, celle de sa femme ; nombre de jeunes filles pieuses et bien nées souhaitent épouser un ministre. — Bref, l'état ecclésiastique est une carrière, à peu près comme la magistrature chez nous, comportant le mariage, la vie grave, les préoccupations morales, l'éducation choisie, les sentiments élevés, mais non le régime ascétique, le foyer solitaire et l'obéissance passive.

La plupart d'entre eux sortent des universités d'Oxford ou de Cambridge ; ceux que j'ai connus lisaient tous le français, et avaient un fond solide d'études préalables, grec, latin, mathématiques, instruction générale. Ils ont lu Shakspeare et Tennyson ; ils n'ignorent pas les divers points de vue de l'interprétation, l'histoire de leur Église. L'un d'eux me donne des détails sur les rédactions successives du Prayer-Book, et dit qu'on aurait mieux fait de garder la première. Un autre est tolérant à l'endroit des dissidents et blâme seulement l'inclination orgueilleuse qui porte chacun à se faire une doctrine particulière. A ce sujet, voyez le ton de leurs revues orthodoxes ; il est ferme, mais non violent. — Toute une fraction de leur Église a des opinions larges (*Broadchurch*). Des libéraux, comme M. Milman, des chercheurs indépendants, des exégètes hardis, comme M. Stanley, ont pu être nommés aux plus grandes places, celles de doyens dans la capitale. Tout cela indique une moyenne d'éducation et d'esprit assez élevée, fort élevée, si on la compare à celle de la classe correspondante en France.—Pour les mœurs et les dehors, ce sont ceux d'un gentleman, d'un gentleman aisé, si le *living* est suffisant, ou si le titulaire a de la fortune; d'ailleurs, une femme met toujours du confortable et de l'agrément dans la maison qu'elle conduit. Plusieurs d'entre eux ont des chevaux, une voiture, trois ou quatre domestiques. Chez l'un, le cottage, le petit parc, la tenue de la maison sont aussi soignés que chez M. B..., mon hôte. Chez un second, à six milles d'ici, le train n'est qu'un peu moindre. Je ne sais si c'est par hasard, mais il ne m'a jamais semblé que leur ton et leurs façons fussent prudes. Dernièrement, à Venise, je dînais à table d'hôte avec un gentleman, ses quatre filles et sa femme; il n'était que sérieux, comme la plupart des Anglais; le troisième jour, il me dit qu'il est un clergyman, et nous allons ensemble voir *Marie Stuart* au théâtre.—Ainsi par leurs idées, leurs mœurs, leur éducation, leurs manières, parfois aussi par leur fortune et leur naissance, ils peuvent frayer avec l'aristocratie locale. Ce ne sont pas des paysans mal décrassés par le séminaire, nourris de théologie surannée, écartés du monde par leur rôle, leur célibat, leur manque d'usage, mais des parents, des égaux, des hommes du même cercle. Le clergyman, à table à côté du landlord, est le directeur de la morale, à côté du directeur de la politique, tous deux alliés, visiblement supérieurs à ceux qu'ils conduisent, acceptés par eux et, en général, dignes de l'être.— Quand je sors dans le village avec le ministre, il entre dans les maisons, tape doucement sur la tête des petits enfants, s'informe de leurs progrès, admoneste les mauvais sujets, parle contre l'ivrognerie, cause avec les gens de leurs affaires; il est leur conseiller naturel. Sa femme fait la classe aux enfants pauvres; les indigents viennent au presbytère chercher des secours, une bouteille de bon vin, quelques douceurs pour un malade.—Un autre clergyman, que j'ai connu à Londres, conduisait ces jours ci à la campagne les enfants des *ragged-schools* (écoles pour les enfants déguenillés). Il y en avait deux mille, c'était à la fois une fête et une procession de fin d'année, avec drapeaux, musique, etc. On est resté dehors depuis sept heures du matin jusqu'au soir; on a bu et mangé ; le tout a coûté environ cent livres sterling fournies par des souscriptions volontaires. Le but est de donner un jour de gaieté et de grand air à ces pauvres petits qui vivent dans des taudis ou sur le trottoir. — Guides spirituels et guides temporels : des deux côtés, la classe supérieure fait son office, et, dans la vie locale comme dans la vie générale, son ascendant est mérité et incontesté.

———

Retour à Londres ; j'ai tâché vainement d'avoir des renseignements précis, quelques chiffres sur les fortunes et le nombre des personnes qui composent cette aristocratie disséminée et locale. En 1841, selon Porter, dans le pays de Galles et l'Angleterre, il y avait 123,000 mâles et 322,000 personnes du sexe féminin, jouissant d'une fortune indépendante ; la population était de 16 millions ; aujourd'hui, en 1861, elle est de 20 millions, et la richesse s'est beaucoup accrue[1]. —

1. D'après un rapport officiel, en 1866, pour les gains provenant du commerce, des professions et de l'industrie, 133 personnes déclaraient devant l'*income tax* que leur revenu était de 50,000 livr. st. ou au delà ; 959 personnes que leur revenu était de 10,000 à 50,000 livr. st. ; 14,623 personnes que leur revenu était de 1,000 livr. st. ou au delà. Pour les rentes provenant de la propriété foncière, 101 personnes estimaient leur

En 1849, le nombre des personnes ayant des chevaux de luxe et de plaisir était de 140,000 dont la moitié avaient deux chevaux ou davantage. En 1841, le nombre des personnes ayant des domestiques mâles était de 112,000 dont la moitié avaient deux domestiques mâles ou davantage. Or mes amis me disent qu'un cheval ou un domestique mâle indique une dépense de vingt à vingt-cinq mille francs par an. Je suppose, d'après ces chiffres, qu'on peut évaluer environ à cent vingt mille le nombre des familles riches ou aisées du pays.

Remarquez les assises d'une pareille constitution : elle est fondée sur le nombre, la répartition, la fortune, l'ancienneté, la capacité, la résidence, la probité, l'utilité, l'autorité de toute la classe supérieure, cent vingt mille familles. Tout le reste est secondaire. — Depuis quatre-vingts ans, nos publicistes raisonnent à perte de vue sur les constitutions; j'en sais, et des plus éminents, qui veulent transporter chez nous celle de l'Angleterre ou des États-Unis, et ne demandent que deux ans pour

revenu à 4,000 livres ou au delà; 1,943 personnes à 1,000 livres et au delà. — On a calculé que 2,250 personnes possèdent à peu près la moitié du sol cultivable (*enclosed*) de l'Angleterre et du pays de Galles. (G. Brodrick, *English land and English Landlords*, p. 165.) 90 propriétaires, ayant chacun 24,000 hectares et au-dessus, possèdent ainsi 1/7 de la superficie totale du Royaume-Uni. 7 d'entre eux possèdent chacun plus de 200,000 hectares. La propriété rurale *seule* rapporte à 955 propriétaires un revenu de 17,899,331 livres sterling, soit à chacun d'eux en moyenne 470,000 francs par an. (De Fontpertuis, *Économiste français*, 9 mars 1878.) Là est l'excès et le vice du système. — M. Dudley Baxter (*On national income*) estime que le total des revenus et salaires reçus par les habitants du Royaume-Uni est de 814 millions de livres sterling par an, que 235,600 personnes reçoivent au delà de 300 livr. st., 1,262,000 au delà de 100 livr. st.; que le total des salaires des personnes employées à des travaux manuels est de 324,645,000 livr. st., dont 53 millions dans l'agriculture, 155 millions dans les manufactures et les mines, 62 millions dans les industries qui concernent les bâtisses, les transports et la nourriture, et 54 millions dans le service public et domestique.

y accoutumer la nation. Un d'eux me disait : « C'est la locomotive; il suffit de lui faire passer l'eau, et tout de suite elle remplacera la diligence. » De fait, presque toute l'Europe a essayé ou adopté le système anglais, monarchie plus ou moins tempérée, Chambre basse et Chambre haute, élections, etc. Considérez-en l'effet grotesque en Grèce, lamentable en Espagne, fragile en France, incertain en Autriche et en Italie, insuffisant en Prusse et en Allemagne, heureux en Hollande, en Belgique et dans les États scandinaves. Ce n'est pas tout d'importer la locomotive : pour rouler, il lui faut une route. — Ou plutôt, on doit laisser là toutes les comparaisons tirées des choses mécaniques; la constitution d'un État est chose organique comme celle d'un corps vivant; elle n'appartient qu'à lui; un autre ne peut se l'assimiler, on n'en copie que les dehors. Au-dessous des institutions, des chartes, des droits écrits, de l'almanach officiel, il y a les idées, les habitudes, le caractère, la condition des classes, leur position respective, leurs sentiments réciproques, bref un écheveau ramifié de profondes racines invisibles sous le tronc et le feuillage visibles. Ce sont elles qui nourrissent et soutiennent l'arbre. Plantez l'arbre sans les racines, il languira, et tombera sous la première bourrasque. Nous admirons la stabilité du gouvernement anglais ; c'est qu'il est l'extrémité et l'épanouissement naturel d'une infinité de fibres vivantes accrochées au sol sur toute la surface du pays. — Supposez une émeute comme celle de lord Gordon, mais mieux conduite et fortifiée par des proclamations socialistes; ajoutez-y, par impossible, une conspiration des poudres, la totale et soudaine destruction des deux Chambres et de la famille royale. Il n'y a que la cime du gouvernement qui soit emportée, le reste demeure intact. Dans chaque commune, dans chaque comté, il y a des familles autour desquelles les autres viennent se grouper, des hommes importants, gentlemen et noblemen, qui prennent la direction et l'initiative, en qui l'on a confiance, que l'on suit, désignés d'avance par leur rang, leur fortune, leurs services, leur éducation et leur influence, capitaines et généraux nés qui rallient les soldats épars et, tout de suite, refont l'armée, à l'inverse de la France, où le bourgeois et l'ouvrier, le noble et le paysan sont en défiance et en désaccord, où la blouse et l'habit se coudoient avec rancune et crainte, où les seuls chefs sont des fonctionnaires étrangers, amovibles, provisoires, auxquels on accorde l'obéissance extérieure, mais non la déférence intime, et qu'on subit sans les adopter.

Ainsi, leur gouvernement est stable parce qu'ils ont des représentants naturels. Il faut réfléchir pour sentir tout le poids de ce dernier mot si simple. Qu'est-ce qu'un représentant? — Représenter une personne ou une société, grande ou petite, n'importe de quel genre, c'est la *rendre présente* là où elle n'est pas, décider, commander, faire à sa place et pour elle ce que, par absence, ignorance, insuffisance, ou tout autre empêchement, elle ne peut faire qu'en substituant à sa volonté incapable la volonté capable de son représentant. Tel un gérant, un mandataire, tel un capitaine chargé de conduire un navire, ou un ingénieur chargé de construire un pont. Ainsi, dans les affaires publiques comme dans les affaires privées, mon véritable représentant est celui dont les décisions s'appuient sur mon adhésion ferme. — Que cette adhésion se manifeste ou non par un vote, peu importe; les votes, les suffrages comptés sont de simples signes. L'essentiel est que l'adhésion soit et subsiste, écrite ou non, bruyante ou muette. Elle est un état constant de l'être intime, une disposition énergique et persistante de l'esprit et du cœur; ici, comme dans toutes les sciences morales, c'est le *dedans* qu'il faut voir. Or notez que les indices légaux par lesquels on croit le constater ne sont pas infaillibles; le suffrage universel ou toute autre combinaison électorale a beau réunir sur une liste ou un nom la majorité de ses bulletins, cette majorité ne prouve pas l'adhésion ferme. — Obligé d'opter entre deux listes ou deux noms sur lesquels il n'a point d'opinion nette et personnelle, l'ignorant n'a pas véritablement opté, et presque toute la nation se compose d'ignorants. Les vingt mille paysans, ouvriers, petits bourgeois qu'on mène à chaque urne y vont comme un troupeau; ils ne connaissent les candidats que par ouï-dire, à peine de vue. Nous en savons qui votent au hasard et disent : « Autant l'un que l'autre. » En tout cas, leur préférence est molle, partant faible et vacillante. Ils pourront lâcher, laisser tomber ce préféré qu'ils préfèrent de si peu; partant, leur gouvernement, quel qu'il soit, manque de racines. Un courant d'opinion, une émeute de rue peut le mettre à bas, en dresser un autre à la place. La chose faite, beaucoup diront encore une fois : « Autant l'un que l'autre. » Leur affection languissante n'est le plus souvent qu'une tolérance banale, et ne se roidit jamais en un choix arrêté. — Ainsi tous nos établissements, république, empire, monarchie, sont provisoires, pareils à de grands décors qui tour à tour occupent une scène vide pour disparaître ou reparaître à l'occasion. Nous les voyons descendre, remonter avec une sorte d'indifférence. Nous sommes incommodés par le bruit, par la poussière et par la désagréable physionomie des claqueurs ; mais nous nous résignons ; car que pourrions-nous y faire ? Quels que soient nos représentants officiels, de quelque façon que le hasard ou l'élection nous les donne, la volonté publique ne se soude pas d'une manière fixe à leur volonté. Ils ne sont pas nos représentants effectifs et véritables, et notre société n'en comporte pas de meilleurs ; gardons ceux-là pour n'en pas rencontrer de pires. La classe supérieure n'en fournira pas, puisque chez nous l'envie égalitaire n'accepte qu'en rechignant les riches et les nobles. — Quant à l'imitation de l'Amérique, à l'installation d'une démocratie intelligente où un maçon, un paysan ait le degré d'instruction et les vues politiques que possède aujourd'hui un percepteur ou un notaire de campagne, il faut, pour y arriver, un siècle et davantage. En attendant, et comme préparation, on pourrait essayer du vote à deux degrés, le premier à la commune, le second au chef-lieu d'arrondissement ; mais ce ne sont là que des espérances lointaines et des expédients douteux.

Au contraire, dans un pays comme celui-ci, les représentants, étant naturels, sont effectifs ; l'adhésion qui les soutient n'est pas glissante, mais ferme. Ce sont bien ceux-là que le public veut à la tête des affaires, et non d'autres ; et il les veut sans hésitation, décidément, par une résolution à demeure. Chaque paroisse ou district connaît les siens ; un journalier les distingue aussi aisément que ferait un homme cultivé. Ils sont comme les cinq ou six plus grands arbres de l'endroit, reconnaissables au port et à la taille ; tout le monde, jusqu'aux enfants, s'est reposé sous leur ombre et profite de leur présence. A défaut de lumières et de discernement fin, l'intérêt, l'habitude, la déférence et parfois la gratitude, suffiraient pour rallier sur eux les suffrages ; car ce sont des prises tenaces que celles de la tradition, du sentiment et de l'instinct ; l'attachement est la plus forte attache.—Ils sont donc désignés pour le gouvernement, et, à cet égard, le vote écrit ou la main levée ne font que confirmer un assentiment tacite. Même au temps des bourgs pourris, le parlement représentait déjà la volonté publique. Il la représente aujourd'hui, quoique le nombre des votants soit médiocre. Il la représentera encore dans dix ans[1], si le bill électoral vient étendre le droit de suffrage. A mon sens, ces changements de la législation ne font que perfectionner le détail sans toucher le fond des choses. Le point important est toujours l'assentiment du public. Or, votants ou non votants, le journalier et le *shopkeeper* veulent pour conducteur un homme de la classe supérieure. Qu'ils aient ou qu'ils n'aient pas le moyen légal d'exprimer cette adhésion et de la diriger sur tel ou tel individu, elle est acquise à la classe. Une fois le conducteur nommé, soit par eux, soit par d'autres, ils le suivent fidèlement, et, par cette adhésion muette, il se trouve leur délégué à titre plus solide que chez nous où l'on a compté leurs voix.

A titre plus solide et aussi à titre meilleur. Car il ne suffit pas d'être nommé conducteur pour savoir conduire ; l'élection qui confère le pouvoir ne confère point

[1] Ceci était écrit avant la dernière loi électorale.

la capacité. Il faut une longue préparation, une éducation et des études spéciales pour être un homme de loi ou un ingénieur, à plus forte raison pour être un homme d'État, pour voter avec discernement sur les grands intérêts publics, pour démêler l'opportun et le possible, pour voir à distance et pour voir l'ensemble, pour avoir une opinion motivée et valable sur le degré d'extension qu'il convient d'accorder en tel moment au droit de suffrage, sur la transformation que comporte le métayage et la propriété en Irlande, sur l'Inde, sur les États-Unis, sur les diverses puissances de l'Europe, sur les chances et l'avenir du commerce, de l'industrie, des finances, des alliances et du reste. — On n'y réussit pas avec des principes abstraits, avec des phrases de journal, avec les vagues notions qu'on rapporte du collége ou de l'École de droit, et qui chez nous composent le bagage ordinaire d'un homme politique. De pareils instruments d'optique sont d'effet nul ou trompeur. L'éducation de l'avocat, la routine du chef de bureau, la pratique bornée, locale et technique n'ajoutent guère à leur portée. Ce n'est point ainsi que se fabriquent les longues vues. On ne se les procure qu'avec beaucoup de frais. On est tenu, pour les avoir, de voyager, de savoir des langues, de rencontrer à l'étranger des savants et des politiques de sa connaissance, de prendre chez les autres peuples des termes de comparaison, d'y observer sur place les mœurs, les institutions, le gouvernement, la vie publique et la vie privée. — Beaucoup de membres du parlement ne profitent de leurs vacances que pour aller sur le continent faire une enquête de quinze jours ou de six semaines. Ils viennent en France, en Espagne, en Italie, en Allemagne, afin de rafraîchir, rectifier, approfondir leurs impressions antérieures, non pas une fois, mais cinq, six et dix fois. Ils veulent se tenir au courant, suivre les ondulations de l'opinion publique. De cette façon, leur jugement n'est jamais arriéré, et multiplie ses chances d'exactitude. Qu'un point noir se forme en Danemark, en Pologne, à Rome, aux États-Unis; presque aussitôt ils y sont et rapportent le renseignement précis. — A l'étranger, ils se font présenter aux hommes éminents ou spéciaux, les invitent chez eux, les feuillettent et les dépouillent comme des volumes, notant souvent tout le détail de la conversation, et au retour communiquant le manuscrit aux gens de leur monde; j'ai lu de ces manuscrits, rien de plus instructif. — A ces informations ils ajoutent la vue des choses. L'un d'eux va dans nos fermes, examine les engrais, les machines, les bestiaux, fait provision de chiffres, et, au retour, imprime ou prononce une série de conférences sur l'état de l'agriculture en France. Celui-ci parcourt les manufactures de Paris, pendant que sa femme visites les écoles professionnelles.—Au-dessous des hommes d'État, presque tous les gens riches ou simplement aisés font de même. J'en sais qui, ayant plusieurs enfants et gagnant une douzaine de mille francs chaque année, prélèvent annuellement sur ce médiocre revenu un millier de francs pour une excursion. Pas un jeune homme de bonne famille qui ne fasse le tour du continent; toute éducation complète comporte des voyages et un séjour plus ou moins long à l'étranger. En vacances, les avocats, les gens de loi, les professeurs s'abattent par centaines sur l'Allemagne. Beaucoup ne voient que les dehors des choses; un vase ne peut recevoir au delà de sa capacité; mais tous rapportent quelques idées ou tout au moins des notions moins fausses et des préjugés moins grossiers.—Toutes ces informations réunies forment une opinion publique plus éclairée sur les grands sujets, moins incompétente en matière politique, plus sensée, plus voisine du vrai, plus accessible au bon conseil. Par suite, l'homme d'État dont la clairvoyance a démêlé la bonne voie, est appuyé, encouragé. L'équipage acclame le capitaine ; souvent même l'opinion va le chercher et le conduire au gouvernail.

Chose plus essentielle encore, une telle éducation est le plus sûr moyen de le former. Répandue sur toute la classe supérieure, elle tombe forcément sur les grands esprits comme sur les petits esprits de la classe. Si l'un d'eux est bien doué, il n'avorte pas, faute de la culture suffisante et appropriée ; il reçoit celle qui le développe, et son talent ou son génie atteint toute sa taille. Comme d'ailleurs sa situation, sa fortune et ses alliances l'exemptent du trop long apprentissage et des petits tracas d'argent, il peut de bonne heure donner ses fruits. Tels le second Pitt, Canning, sir Robert Peel, lord Palmerston, aujourd'hui M. Gladstone et le jeune lord Stanley. Sans doute il est fâcheux que la richesse héréditaire et l'importance précoce aillent couronner injustement une classe entière, et, par suite, quelques coquins, plusieurs brutes, et quantité de gens médiocres. Mais c'est à ce prix qu'on forme une élite. L'institution ressemble à un haras ; sur cent sujets, vous avez six bons coureurs ; sur mille, un coureur de premier ordre. Songez que, sans chefs capables, un État ne peut prospérer, et qu'il y a telle occurrence où, faute d'un grand homme, un État croule. Pouvez-vous payer trop cher une recrue certaine de chefs capables, et la chance fréquente d'un grand homme d'État?

Voyons la machine à l'œuvre : « C'est un trait distinctif de ce pays, dit l'*Edinburg Review*[1], et un trait dont nous sommes fiers, que nous conduisons nos affaires nous-mêmes et sans l'intervention de l'État. » Par exemple, en vingt et un ans, sur treize millions deux cent mille livres sterling dépensés pour l'instruction publique, l'État n'en a donné que quatre millions deux cent mille livres ; le reste a été fourni par des souscriptions. — Les sociétés particulières fourmillent : sociétés pour le sauvetage des noyés, pour la conversion des juifs, pour la propagation de la Bible, pour l'avancement de la science, pour la protection des animaux, pour la répression du vice, pour l'abolition des dîmes ecclésiastiques, pour rendre les ouvriers propriétaires, pour leur bâtir de bonnes maisons, pour faire un fonds à leurs caisses d'épargne, pour l'émigration, pour la propagation des connaissances économiques et sociales, pour le bon emploi du dimanche, contre l'ivrognerie, pour fonder une école d'institutrices, etc. Il suffit de se promener dans les rues et de feuilleter les journaux ou les revues, pour deviner la multitude et l'importance de ces institutions. — Mes amis me disent qu'elles sont

---

[1] Juillet 1861.

presque toutes conduites avec sérieux et conscience. L'Anglais ne se détache pas des affaires publiques : ce sont ses affaires; il veut prendre part à leur gestion. Il ne vit pas à l'écart, il se croit tenu de contribuer d'une façon ou d'une autre au bien commun. De même, chez nous, un honnête homme ordinaire se croit tenu d'aller régulièrement à son bureau ou à son comptoir, d'y bien faire son inspection ou son travail : il perdrait sa propre estime, il se regarderait comme un drôle, et, qui pis est, comme un sot, s'il s'en remettait à autrui, s'il se laissait engager dans de mauvais pas, duper, voler par un mandataire.

C... me conduit à un meeting pour l'éducation et la réforme des jeunes vagabonds. L'association entretient environ cent jeunes gens de treize à vingt ans, les uns ayant subi des condamnations, les autres présentés par des parents très-pauvres, qui les font admettre pour les soustraire à la fréquentation des coquins et pour les empêcher de devenir voleurs. On les loge, on les habille, on les nourrit, on leur enseigne un métier (cordonnier, imprimeur fabricant de jouets, de petits meubles, etc.). Ceux de la seconde catégorie ont le privilège de former un orchestre d'instruments de cuivre, qui jouent dans la cour en attendant la cérémonie. — Figures ternes et peu agréables; costume particulier, gris et bleu; un pénitencier, même privé, même bien tenu, n'est jamais un lieu de plaisance. — L'établissement a été fondé par M. Bowyer, sorte de saint Vincent de Paul laïque; il porte ce titre : *Preventive and reformatory Institution*. On quête auprès des personnes qui entrent, et on leur distribue une brochure fort instructive. J'y lis que « les frais d'entretien pour chaque jeune homme de l'éta-

blissement sont en moyenne et environ de 17 livres st. par an, tandis que pour l'entretien de chaque criminel à la prison d'Halloway, ils égalent le traitement d'un vicaire (75 livres), et que les vols d'un filou de Londres ne sont guère évalués à moins de 300 livres st. par an. »
— Conclusion : il est plus économique de payer ici pour le jeune vagabond que de le laisser croître dehors. — La charité anglaise s'autorise par des chiffres.

Quinze d'entre eux partent aujourd'hui pour l'Australie, de leur propre choix ; on paye leur voyage ; le meeting d'aujourd'hui a pour occasion ce départ.

Ils sont au milieu de l'assistance, sur trois bancs, et ils écoutent. Le comte de ***, membre de la Chambre haute et très-riche propriétaire, est président et ouvre la séance : air timide, petite voix aigre, grand col aigu, qui sort d'un habit mal fait ; il a plutôt la mine d'un boutiquier retiré que d'un grand seigneur. Après quelques phrases embarrassées, il lit plusieurs lettres fort convenables de jeunes gens sortis de l'institution. L'un d'eux, fendeur de bois dans la forêt vierge, croyait d'abord qu'il lui serait impossible de s'accoutumer à la solitude ; maintenant il travaille sans ennui du lever au coucher du soleil. Pourtant il ne peut parler à personne, sauf un quart d'heure à la femme qui vient chaque jour lui apporter ses provisions.

Autre discours, celui d'un évêque orateur et qui en fait de pareils presque tous les jours : « Vous avez été nourris ici à l'abri des tentations, comme des plantes sous cloche (*under the glass*) : c'était pour laisser à vos bons instincts le temps de prendre racine. Maintenant vous allez être transplantés en pleine terre, livrés à vous-mêmes ; il faut que vos racines s'attachent et vivent. Pour cela n'ayez pas confiance en vous, mais en Jésus-Christ, qui est votre seul ami, qui sera votre aide dans la solitude, parmi les tentations. » — Bon débit paternel et grave, sans emphase ni mots d'auteur ; il proportionne son langage aux esprits qui l'écoutent. D'ailleurs, la religion protestante est efficace ici ; la Bible de Robinson est toujours le compagnon du *squatter* seul au milieu des bois déserts.

Troisième discours par M. S..., membre de la Chambre des communes, qui s'adresse surtout à l'assistance. — En vingt-cinq années d'expérience, il a vérifié que la transplantation est très-salutaire, d'abord parce qu'elle soustrait les jeunes gens à la contagion du mauvais exemple, ensuite et surtout parce qu'elle provoque le développement des qualités anglaises, énergie, habitude de compter sur soi, goût pour l'effort, activité, toutes inclinations qui, n'ayant pas de débouchés sur le pavé de Londres, s'emploieraient à domicile contre la société et pour le mal. — Bon raisonnement, bien pertinent, exempt de rhétorique; cela est rare en France. — Il finit en proposant des remercîments à l'évêque, et toute l'assistance, les dames, les jeunes filles elles-mêmes, lèvent la main pour voter les remercîments.

De là nous allons visiter une *ragged school*. C'est un grand bâtiment en briques dont les salles sont bien aérées et bien tenues ; je les compare tout bas aux chambres étroites d'une école correspondante à Paris [1]. Par malheur celles-ci sont vides, les enfants ont congé aujourd'hui, et l'ami qui me guide est obligé de me quitter. « Cela ne fait rien, me dit-il, il y a une

---

[1] École des frères, près de Notre-Dame, par exemple.

autre *ragged school* près d'ici, dans Brook-street, allez la voir. — « Tout seul, sans être présenté? — Parfaitement, et on sera très-poli. » — J'y vais, et en effet un gentleman qui allait sortir me fait entrer, me présente au *master*, et me conduit dans tout l'établissement, qui est fort complet, et, outre une école, renferme une crèche, un asile, des ateliers, et, à l'étage supérieur, des dortoirs pour les plus grands. Pendant le jour, les lits sont relevés contre la muraille ; pendant la nuit, au moyen d'un mécanisme trop long à expliquer, ils peuvent être isolés et surveillés exactement.

Dans les ateliers, les jeunes garçons travaillent à des ouvrages de vannerie, à la confection de petits modèles en bois pour les écoles de dessin ; on les fait chanter, emboîter le pas, défiler devant moi. Certainement on a raison de les occuper et de les instruire ; car leurs figures sont inquiétantes et semblables à toutes celles des jeunes détenus. — La grande salle des très-jeunes enfants est presque pleine et pourtant n'a pas de mauvaise odeur. Presque tous ont des souliers, et ils ne sont pas trop déguenillés. Plusieurs petites filles tiennent dans leurs bras un bébé à la mamelle. Les plus habiles et les plus dociles de la troupe sont les moniteurs des autres; à ceux-là on donne quelques *pence* par semaine. A tous et à toutes on apprend à lire, à écrire, à compter, à chanter, à faire l'exercice. La maîtresse enseigne aux filles la couture ; c'est une jeune et jolie fille, pleine d'entrain, de bonne humeur, dont la mine joyeuse et les façons cordiales sont excellentes en pareil lieu ; elle gagne douze shillings par semaine, et le *master* vingt-cinq. — A mon sens, un pareil établissement, surtout dans un quartier pauvre, est un appareil de désinfection morale; en effet, d'après les documents, à Londres, le nombre des délinquants adolescents, qui était de 10,194 en 1856, est tombé à 7,850 en 1866. — On compte vingt-cinq mille enfants dans les *ragged schools* de Londres, trois cent mille dans celles de toute l'Angleterre. Trois d'entre elles seulement sont aidées par le gouvernement; toutes les autres sont entièrement défrayées par les particuliers. Ils sentent que l'école, comme la police, et mieux que la police, contribue à la sécurité de la rue.

Conversations le soir sur les diverses sociétés analogues : on m'en cite trop, j'en nomme seulement quelques-unes. — On vient de fonder un établissement, une sorte de club, où les gouvernantes, les dames bien famées, bien vérifiées par de bons certificats, peuvent trouver, quand elles viennent à Londres pour leurs emplettes ou leurs leçons, un dîner, du feu, une bibliothèque, du thé, des personnes de leur connaissance. — Autre établissement privé contenant environ quatre-vingts jeunes femmes pauvres ; c'est pour les soustraire aux tentations ; on leur fournit du travail, et d'ailleurs la vie en commun est moins chère. Les frais pour chacune d'elles sont d'environ dix livres sterling par an. — Société pour vendre les Bibles ; on les vend au lieu de les donner, parce que, données, elles seraient méprisées. Les dames de l'association, étant trop loin du peuple, n'avaient pas de prise sur lui ; elles ont imaginé des intermédiaires, des femmes pauvres, honnêtes, zélées, qui se font leurs commissionnaires, colportent la Bible dans les plus mauvais quartiers, se lient avec les femmes d'ouvriers, les réunissent le soir dans une chambre, leur enseignent la couture, le ménage, etc. En ce moment, il y a cent de ces *Bible-women* en fonctions ; l'une d'elles, l'an dernier, a vendu 419 Bibles et 501 Nouveaux Testaments. — Associations de tempérance ; il y en a dans toute l'Angleterre. J'ai vu ces jours-ci, dans la rue, des jeunes femmes qui appartenaient à ces sociétés ; il y en avait dix voitures; elles allaient à un meeting. Elles s'engagent à ne jamais goûter de spiritueux ; quelques-unes par scrupule ont refusé de prendre la potion prescrite par le médecin ou même le vin de l'eucharistie. Une affiche porte que la *Total abstinence Association* tiendra son meeting à tel endroit et donne le programme de la fête : plusieurs orchestres, thé à quatre heures, promenade dans le parc, exposition d'une collection de tapis, service divin dans la jolie église, discours des principaux sociétaires, entrée à prix réduit pour les membres de toutes les associations de tempérance. Ce mélange saugrenu de motifs et d'*attractions* disparates est bien anglais. — Beaucoup de ces sociétés correspondent ou même s'associent; par exemple, la plupart des *mechanic's institutes* (écoles industrielles) et des *ragged schools* se rattachent à quelque caisse d'épargne ; c'est pour enseigner l'épargne et ses avantages aux enfants et aux jeunes gens. — Quand une de ces sociétés est considérable, elle a son journal, sa revue ou magazine, ses publications spéciales : telle l'association Wesleyenne, l'union des *Ragged schools*, la société pour la propagation de la science sociale, la grande société qui multiplie et répand les Bibles, etc. — Je ne parle pas des ligues qui ont pour objet quelque réforme légale et qui sont transitoires comme leur objet ; la plus célèbre est celle qui se proposait l'abolition du droit d'entrée sur les céréales (*anti-corn-law*) et dont Cobden fut le chef.

On en trouvera le détail dans les œuvres de notre Bastiat : souscriptions énormes, meetings, orateurs ambulants, conférences publiques, petits traités populaires, gros ouvrages savants, propagande universelle et incessante, la machine est admirable pour soulever et déplacer l'opinion. — Ici, qu'un homme ait une bonne idée ; il la communique à ses amis; plusieurs de ceux-ci la trouvent bonne. Tous ensemble fournissent de l'argent, la publient, appellent autour d'elle des sympathies et des souscriptions. Les sympathies et les souscriptions arrivent, la publicité augmente. La boule de neige va grossissant, heurte à la porte du parlement, l'entre-bâille et finit par l'ouvrir ou l'enfoncer. Voilà le mécanisme des réformes ; c'est ainsi qu'on fait soi-même ses affaires, et il faut se dire que, sur tout le sol de l'Angleterre, il y a des pelotes de neige en train de devenir boules. Beaucoup se brisent l'une contre l'autre, ou se fondent en chemin ; mais, de leurs débris, il s'en forme toujours de nouvelles, et c'est un beau spectacle que celui des fourmilières humaines obstinées à les pousser.

Pour expliquer ce zèle, nous trouvons les raisons suivantes : 1° L'Anglais a besoin d'agir; quand il a fait ses affaires, il lui reste un surplus d'énergie qui se dépense dans les affaires publiques. D'ailleurs, beaucoup de personnes, étant indépendantes et de loisir, n'ont pas d'autre débouché ; c'est ce même besoin d'action qui produit leurs voyages et quantité d'entreprises pénibles ; par exemple, miss Nightingale n'était point dévote ni mystique à la façon d'une sœur de Charité, quand elle est venue organiser les hôpitaux de Crimée ; pour tout ressort, elle avait l'idée de l'humanité et une âme très-active. 2° L'Anglais est riche, et, en outre, quand il se prémunit contre l'avenir, c'est d'une autre façon que le Français, par des dépenses, non par des économies. Par exemple, il aime mieux laisser moins à ses enfants et les mieux élever; il consent à travailler chaque jour une heure de plus pour ne pas se priver d'un voyage. Par le même motif, il peut donner et donne volontiers une portion de son temps et de son argent pour consolider et améliorer la société qui l'abrite et abritera sa postérité. Un homme qui entend bien ses intérêts entretient les toits de la grande maison publique aussi soigneusement que ceux de sa petite maison privée. 3° Par tradition, antiquité du *self government*, diffusion des connaissances économiques. L'Anglais est habitué à voir de loin dans les matières politiques et sociales, il sait les inconvénients d'un toit non réparé, l'effet des infiltrations, le danger d'une charpente pourrie. Comme il est sensé, réfléchi, docile aux raisonnements raisonnables, il inspecte tous les matins ses chevrons et ses tuiles, et paye sans difficulté le couvreur. 4° Il peut, sans s'ennuyer, faire toutes les choses ennuyeuses, assister à des meetings, examiner des comptes, etc. Il a moins besoin d'amusement que le Français.

Visite à Saint-Bartholemew's Hospital. 40,000 livres sterling de revenu, outre les dons des particuliers. Quantité d'autres hôpitaux portent ce titre : « Entretenu par les souscriptions particulières. » — Le conseil se réunit une fois par semaine; le trésorier, si chargé d'ouvrage, n'est pas payé. Six cents malades; on pourrait en mettre huit cents. L'édifice est très-vaste et renferme une bibliothèque, des collections, un musée anatomique. Le jeune médecin qui me conduit et qui a vécu en France, me dit qu'ici un étudiant peut toute la journée voir les malades, et que chez nous, s'il n'est pas interne ou externe, il ne les visite plus, passé dix heures du matin. — Les lits sont séparés par un intervalle de cinq ou six pas et beaucoup plus espacés qu'en France. — Parfaite propreté; tout me semble très-bien monté et mené ; cuisine énorme, où tout est cuit au gaz ; vaste salle arrangée en garde-manger pour la viande. — Outre les infirmières, il y a des *nurses* qui les surveillent, elles-mêmes anciennes infirmières, toutes en général d'âge mûr et respectables ; elles ne veillent pas. Quinze à vingt shillings par semaine ; non nourries. On se loue d'elles comme de nos sœurs de Charité ; ainsi la conscience laïque peut remplacer la ferveur religieuse.

Beaucoup de fractures et quantité d'appareils très-ingénieux pour maintenir le membre, pour le soutenir aéré, lui permettre certains mouvements sans nuire à la formation du cal. Mais surtout, quantité de coxalgies, névroses, scrofules attribués à des vices du sang, à la mauvaise nourriture, à l'appauvrissement de la substance humaine. Les figures blêmes, délabrées, usées, sont lamentables.—Mon jeune médecin admet que l'excès du travail et du gin en Angleterre multiplie énormément les imbéciles et les fous. Les malades ne songent pas ici à se racheter de la dissection, ce qui est leur grande préoccupation chez nous ; on leur cache l'usage qu'on fait des corps ; d'ailleurs ils sont hébétés, éteints. De même, les filles de la rue ; l'âme d'un Français est plus élastique et garde plus longtemps son ressort.

Mon médecin me remet aux mains d'un clergyman de ses amis, philanthrope et homme instruit, qui me conduit au workhouse de Saint-Luke. Tout le monde sait qu'un workhouse est un asile qui tient un peu de la prison : joint à la taxe des pauvres, il forme l'un des traits distinctifs de la constitution anglaise. C'est un principe anglais que les indigents, en aliénant leur liberté, ont droit à la nourriture. La société les défraye, mais les enferme et les emploie. Comme cette condition leur répugne, ils n'entrent que le moins possible.

Celui-ci contient en ce moment cinq à six cents vieillards, enfants abandonnés ou sans ressources, hommes et femmes sans ouvrage. Cette dernière classe est la moins nombreuse, trente ou quarante femmes et une douzaine d'hommes; en hiver, elle le sera bien davantage. En outre, l'établissement donne des secours au dehors et à domicile; cette semaine, il a secouru aussi 1,011 personnes. Au dedans, la dépense par tête est de trois ou quatre shillings par semaine.

Nous parcourons soixante à quatre-vingts salles, chambres et compartiments : buanderie, brasserie, boulangerie; ateliers de menuiserie, de chaussures, d'effilage du chanvre, crèches pour les tout petits enfants, écoles pour les filles, salles des vieillards, salles de vieilles, salles des femmes malades, salles des accouchées, salles des hommes malades, des enfants malades, des aliénés; dortoirs, réfectoires, parloirs, promenoirs, etc. Tout cela est suffisamment propre et sain ; mais il paraît que d'autres workhouses seraient des spécimens beaucoup plus beaux. — Les enfants chantent faux, mais semblent bien portants. Quant aux fous, aux malades, aux vieillards, je les trouve, comme toujours, plus usés qu'en Italie ou en France ; la guenille humaine est plus lamentable en Hollande, en Allemagne, en Angleterre que dans les pays latins. Pourtant je les crois assez bien soignés : trois repas par jour ;

viande trois fois par semaine, et tous les jours aux malades ; pain excellent ; la cuisine et les provisions ont un apparence confortable. On change les draps tous les quinze jours. Les salles sont aérées, et il y a du feu dans chacune d'elles. Les vieillards ont du thé, du sucre, quelques journaux. Çà et là on voit un livre d'histoire naturelle, de piété ou de morale, le Magazine de Chambers, une Bible, et, sur les murs, des sentences de l'Écriture. Détail touchant, sur la table est un pot de fleurs nouvelles. — Mais il faudrait ici un homme spécial qui ait le temps de s'arrêter, et je ne suis qu'un curieux qui passe. J'en vois pourtant assez pour sentir combien cette société s'occupe de ses pauvres. A propos des *Workhouses* et des institutions utiles, l'esprit public est toujours en éveil, par les associations collatérales, par les journaux et les revues, et même par les romans, qui deviennent alors des résumés d'enquêtes et des moyens de vulgarisation. J'en ai lu sur les prisons et la vie des détenus; tout cela sert. Par exemple, la semaine dernière, on m'a montré Pentonville, prison d'épreuve (*probation*), où les condamnés restent neuf mois avant d'être déportés, et, selon leur conduite plus ou moins bonne, obtiennent une réduction de peine plus ou moins forte. C'est une admirable ruche en fer, si ingénieusement construite et distribuée, qu'on pourrait la présenter dans une exposition parmi les machines modèles.

Cette après-midi, j'ai des billets pour la revue des volontaires, autre institution spontanée, libre, et fondée sur l'amour et l'intelligence du bien public — « En cas d'invasion, l'Angleterre n'aurait pas assez de soldats. Fournissons-lui des soldats, à savoir nous-mêmes, et des soldats équipés, enrégimentés, exercés. » — Sur ce raisonnement, ils se sont enrôlés, habillés, armés à leurs propres frais, sans intervention, ni aide du pouvoir central : en six mois cent trente mille, et ils comptent qu'ils seront deux cent mille. Un peintre et un avocat de mes amis sont, l'un soldat, l'autre capitaine ; en moyenne, ils font l'exercice une heure et demie chaque jour. Depuis quelque temps, outre une heure et demie le matin, c'est trois heures dans l'après-midi pour se préparer à la grande revue. Souvent ils sont mouillés, mais ils plaisantent de leurs fatigues. Un officier de Crimée, que je connais, dit qu'ils sont déjà assez instruits pour entrer en campagne. Les souscriptions particulières ont afflué ; les grands aident les petits ; le duc de .... vient d'envoyer à la revue, par train express, 2,000 de ses mineurs. Presque tous les jeunes gens riches ou aisés se sont inscrits ; leur club porte ce titre : *For hearth and home*, et les dames les encouragent.

C'est dans Hyde-Park que le défilé se déroule. Une immense estrade encadre l'enceinte ; alentour, les fenêtres des maisons regorgent de monde ; les toits eux-mêmes sont couverts ; les gamins ont grimpé aux arbres et s'y tiennent par grappes en chantant d'une voix aigre. Les superbes gardes du corps font la haie, et la reine en calèche est saluée de hurrahs formidables. A perte de vue les uniformes rouges se détachent sur la verdure, et voici enfin la longue ligne grisâtre de la nouvelle milice. Autant que j'en puis juger, ils manœuvrent bien ; à tout le moins, ils sont équipés d'une façon pratique, sans luxe ou pompons, non pour paraître, mais pour agir. — Ce que cette institution a provoqué de réunions, de raisonnements, d'enquêtes, de lettres publiques dans les journaux, on ne saurait le dire ; il est clair pour moi que le *self-government*, entre autres avantages, a le privilége de mettre en jeu à chaque instant toutes les facultés pensantes de la nation.

———

Plus je m'informe et plus je réfléchis, plus il me semble que ce gouvernement a pour ressorts, non telles ou telles institutions, mais certains *sentiments* très-énergiques et très-répandus. S'il est solide et se soutient, c'est que le respect est universel et profond pour plusieurs choses. S'il est actif et avance, c'est que, ces choses exceptées, tout le reste est livré à la discussion, au contrôle, à l'initiative des individus.

Un de mes amis a connu Vincent, ouvrier imprimeur, que les *Trades-Unions* envoyaient aux élections pour haranguer le peuple. Vincent résumait ainsi ses expéditions oratoires. « Je puis dire tout ce qui me passe par la tête, attaquer n'importe qui et n'importe quoi, sauf la reine et le christianisme ; si je parlais contre eux, mon public me jetterait des pierres. » — Outre ces deux sanctuaires inviolables, le respect public couvre, quoique à un degré moindre, les deux grands édifices dont ils sont le centre. On respecte le christianisme, et aussi l'Église, le clergé, le pasteur. On respecte la reine, et aussi la constitution, la hiérarchie, le nobleman, le gentleman.—Sans doute, beaucoup d'ouvriers sont *sécularis-*

tes, imbus de doctrines analogues à celles de M. Comte, aigris par l'inégalité monstrueuse des profits et des fortunes. Mais, en somme, la nation est conservatrice, et se prête aux réformes sans se livrer aux révolutions.

Les classes ne sont pas divisées entre elles comme en France; nul coup de main n'est à craindre, ni par en haut du côté du trône, ni par en bas du côté de la rue; il n'y a pas de systèmes disponibles et de rechange qu'on songe à mettre à la place du système existant. Sur l'ensemble on est d'accord, et devant la loi chacun s'incline. — Entre cent exemples à l'appui, j'en citerai deux aux deux bouts de l'échelle. La reine et le prince Albert s'enferment dans leur rôle de monarques constitutionnels, et ne songent jamais à le dépasser; ils consentent à n'être que de simples modérateurs, à suivre la direction du parlement et de l'opinion. Ils n'ont pas de parti au parlement; ils n'intriguent jamais contre un ministre, même contre celui dont la personne ou les idées leur sont désagréables; ils l'acceptent loyalement et jusqu'au bout. — D'autre part, voici une scène de rue que me conte un de mes amis venu de Manchester. Une fille en colère avait jeté une pierre dans un carreau; un policeman arrive, la prend tout doucement par le bras, et l'engage à le suivre au poste. « Allons, venez, ne faites pas de résistance, vous n'aurez qu'une nuit de prison. » Elle refuse, s'assoit sur le pavé, puis se couche en disant : « Traînez-moi, si vous voulez. » Attroupement; toutes ses camarades arrivent et l'exhortent : « Allons, Mary, ma fille, ne fais pas la mauvaise tête; vas avec lui, tu as eu tort. » Le policeman appelle ses compagnons; on emmène Mary; point de tumulte ni de cris, personne ne résiste ; on sent qu'il est raisonnable d'obéir à la loi. — Mon ami ajoute qu'ici, lorsqu'un homme arrêté se débat, les assistants s'informent, et que, s'ils trouvent le policemen dans son droit, ils lui prêtent main-forte. — De même, en cas de troubles, toutes les classes fournissent des constables volontaires. — En somme, ils appuient leur gouvernement, et nous subissons le nôtre.

Un établissement si bien assis peut supporter les attaques ; des discours, des meetings, des ligues ne le renverseront pas. Par suite, la critique a droit d'être incessante, énergique et même violente. La solidité de la constitution autorise la pleine liberté du contrôle. En effet, ce contrôle est exercé sans interruption et sans ménagement ; pas une question intérieure ou extérieure qui ne soit traitée à fond dans cinquante articles, maniée et retournée en tous les sens, avec une force de raisonnement et une abondance de documents qu'on ne peut s'empêcher d'admirer.

Pour en juger, il faudrait lire pendant quelques mois les principaux journaux, le *Times*, le *Saturday Review*, le *Daily News*, le *Standard*, et la portion politique ou économique des grands trimestriels. Très-souvent ils atteignent à la haute éloquence : bon sens et raison virile, renseignements complets, vérifiés et puisés aux meilleures sources, franchise entière poussée jusqu'à la rudesse, ton hautain et dur de la conviction militante, ironie froide et prolongée, véhémence de la passion concentrée et réfléchie ; l'indignation et le mépris coulent de source et à pleins bords ; une pareille polémique chez nous aboutirait infailliblement à des duels et à des émeutes. — Ici, la froideur du tempérament émousse l'impression trop vive. Il est admis que l'invective, même personnelle, n'atteint point un homme politique, et qu'on ne se bat pas pour une feuille de papier noirci. Il est reconnu que la clameur et le tocsin de la presse n'aboutissent jamais à une prise d'armes, mais seulement à des meetings, à des protestations, à des pétitions. Le jour de mon arrivée à Londres, je voyais dans les rues des hommes-affiches qui portaient écrits par devant et par derrière les mots suivants : « Énorme usurpation des droits du peuple ! Les lords inscrivent au budget quatre cent cinquante mille livres sterling d'impôt sans le consentement de la nation ! (Ils venaient de faire cette addition en rectifiant le budget voté par les Communes.) Compatriotes, une pétition ! » —Quelques jours après, étant dans un quartier éloigné, à Clerkenwell, je lis, dans le journal de l'endroit, l'annonce d'un meeting à ce sujet. — Rien de plus ; mais ce franc parler et ces perpétuelles réunions publiques suffisent. On peut dire que, par les journaux et par les meetings, un grand parlement universel et beaucoup de petits parlements disséminés sur tout le pays, préparent, contrôlent et achèvent la besogne des deux Chambres.

Nous allons à Parliament-House ; quoique l'architecture répète incessamment un motif assez pauvre et ne témoigne pas d'une grande invention, elle a le mérite de n'être pas grecque et du Midi ; elle est gothique, accommodée au climat, aux besoins de l'œil. Le palais se réfléchit magnifiquement dans la rivière luisante ; de loin, son campanile, la légion de ses aiguilles et de ses dentelures se profilent vaguement dans la brume. Les lignes élancées et tordues, les nervures compliquées, les trèfles et les rosaces diversifient l'énorme masse qui couvre quatre acres, et laissent approcher de l'esprit l'idée d'une forêt enchevêtrée. A défaut de génie, les architectes ont eu du bon sens : ils se sont souvenus des hôtels de ville flamands, des hautes salles capitulaires, seules capables, par la variété, par l'élégance, par l'audace, par la délicatesse et la multiplicité de leurs formes, de contenter des âmes du Nord et des âmes modernes. — Une des salles, Westminster-hall, qui sert aux grands procès politiques, est immense et de la première beauté : 110 pieds de haut, 290 de long, 68 de large ; la charpente ouvragée qui surplombe et porte la voûte date, dit-on, du onzième siècle. — Dans toutes les autres pièces, des boiseries sculptées hautes de huit pieds posent sur les murs leur revêtement fauve : au-dessus sont des cuirs dorés, des tentures rouges et brunes, des vitraux de couleur ; du plafond descendent les lampes suspendues à leurs chaînes luisantes... L'effet d'ensemble est riche et grave ; faute de soleil et de lumière, ils ont, comme Rembrandt, recours à la couleur, au contraste des saillies éclairées et des enfoncements sombres, à la force des tons rouges et noirs, aux luisants des cuirs et des boiseries, aux vitraux qui violentent et diversifient le jour.

Belle salle de séance pour les lords, confortable et bien appropriée à son objet. Fauteuils en cuir rouge, boiseries foncées et fouillées, dorures gothiques en or fauve ; il en reste une impression d'opulence sérieuse. Les membres assistants ne sont pas nombreux ; on me dit que parfois ils sont cinq ou six ; sauf les grandes occasions politiques, ils s'absentent ; d'ailleurs, la discussion est le plus souvent inutile, chaque vote étant connu d'avance. — On me nomme les principaux, et j'entends citer des fortunes énormes ; les plus grosses sont de 300,000 livres st. par an. Le duc de Bedford a 220,000 livres st. de revenu en terres ; le duc de Richmond 300,000 acres d'un seul tenant ; le marquis de Westminster, propriétaire d'un quartier de Londres, aura un million sterling de revenu à la fin de ses baux à long terme. Le marquis de Bredalbane peut faire, dit-on, trente-trois lieues à cheval en ligne droite sans sortir de ses terres ; le duc de Sutherland possède tout le comté de ce nom au nord de l'Écosse. Trois évêques en surplis blanc siégent à leurs places. Mais les dehors de l'assemblée ne sont guère imposants. Un lord a la figure d'une vieille machine diplomatique, un autre, celle d'un bibliothécaire aimable et usé ; le ministre qui se lève semble un avoué intelligent. Quelques jeunes pairs sont des élégants et portent une raie au milieu de la tête ; d'autres, immensément barbus, font penser à des commis voyageurs. Seul lord C... a la physionomie fatiguée, pénétrante et fine d'un artiste. Leurs façons sont très-simples, on dirait des bourgeois à leur club ; ils gardent sur la tête leurs longs chapeaux en tuyau de poêle, parlent de leur place, sans fracas, d'un ton de conversation.—Ce manque d'apprêt est excellent : un uniforme brodé, comme celui de nos sénateurs ou de nos pairs, est une pompe et une surcharge qui, du dehors, pèsent sur le dedans et rendent la pensée officielle comme l'apparence. Ceux-ci font des affaires et non des phrases.

A la Chambre des communes, de dix heures à minuit. Le sans-gêne est encore plus grand ; salle comble, et tous ont le chapeau sur la tête ; quelques-uns le portent très en arrière et enfoncé. Plusieurs sont en chapeau gris, pantalon et jaquette de fantaisie, renversés demi-couchés sur leur banc, l'un d'eux tout à fait vautré sur le sien, et deux ou trois assez débraillés. Ils entrent, sortent, causent d'un air ennuyé et sans façons; certainement un club où l'on se tiendrait ainsi serait médiocrement respectable.

On me montre les ministres, lord Palmerston, M. Milner Gibson, lord John Russell, M. Wood secrétaire de la guerre, M. Gladstone. A côté de nous, dans la galerie, viennent s'asseoir plusieurs lords de la Chambre haute, un jeune duc immensément riche, tous mal cravatés, et lui en paletot râpé. Le silence se fait au-dessous de nous. Les députés, serrés sur des banquettes, n'ont pas même de table pour écrire. Ils prennent des notes sur leurs genoux, boivent un verre d'eau qu'ils déposent ensuite à la place où ils étaient assis. Chacun parle debout à sa place, d'un ton naturel et avec peu de gestes. — Certainement une salle ainsi disposée et tellement étroite est incommode et même malsaine, trop chaude en été et pour des séances de nuit; un homme doit s'y user vite. Mais cette simplicité indique des gens d'affaires qui suppriment le cérémonial pour expédier la besogne. Au contraire, une tribune exhaussée, isolée comme celle de notre Corps législatif, pousse à l'éloquence théâtrale.

Il s'agit aujourd'hui de l'empiétement des lords qui ont voté un bill de finances sans l'assentiment des Communes; la séance est, dit-on, une des plus importantes de l'année la Chambre est au complet et attentive. Après M. Seymour, M. Horsman se lève. Prononciation très-distincte, ton parfaitement juste et convaincu, énergie sans emphase. Sa thèse est que les lords ne sont pas un corps de simples privilégiés; quoique non élus, ils représentent le peuple. Ce sont des country-gentlemen, comme les autres, ayant des terres et des valeurs industrielles comme les autres, les mêmes intérêts, la même éducation, les mêmes idées, partant aussi bien placés qu'eux pour décider des intérêts communs. L'élection n'est qu'un des moyens de désigner les représentants de la nation ; il y en a d'autres, par exemple la possession de telle dignité, ce qui est le cas des évêques, l'hérédité, ce qui est le cas de la reine et des lords laïques. D'ailleurs, depuis 1832, les Communes ont une prépondérance marquée ; il faut un second corps qui les contrôle, sans quoi on tombe dans la démocratie pure, etc. — Un peu long, il se répète ; pourtant il fait impression ; on crie : « Écoutez ! écoutez ! » presque à chaque phrase. — Après lui, et dans le sens inverse, parle M. Bright, orateur accompli. — Mais j'ai vu trop de choses tous ces jours-ci ; mes nerfs ne sont pas aussi résistants que ceux d'un député, et je quitte la Chambre.

Comment y entrent-ils ? B..., qui a une place considérable dans le gouvernement, avoue néanmoins que la mécanique des élections est grossière, souvent sale. Le candidat loue un hôtel ou une auberge, y tient table ouverte, le pavoise, paye à boire, fait amener les électeurs en voiture, soudoie des musiciens, des braillards, des entrepreneurs d'élections, des orateurs qui vont parler pour lui dans les tavernes, parfois des gens qui font le coup de poing et jettent des pommes à l'adversaire. La scène est tapageuse, souvent brutale ; le taureau populaire se sent à demi lâché. — Il est admis qu'une élection est coûteuse ; le parlement tolère certaines dépenses, et ne juge pas qu'il y ait corruption lorsqu'elles restent en deçà d'un certain chiffre, quatre ou cinq cents livres. A cet effet, un parti peut réunir des fonds ; on me cite le duc de Buccleugh, qui, une fois, envoya pour les dépenses électorales de son parti quarante mille livres sterling. Mais, par delà les dépenses autorisées, il y en a de bien plus grandes. On estime qu'une élection coûte souvent quatre, cinq, six mille livres sterling, et davantage. Pour que l'électeur se dérange et vienne voter, il faut lui donner quelque chose de positif, une place, une promesse de place, plusieurs bons dîners, de l'ale et du vin à profusion, parfois de l'argent comptant.—Enquête faite, on a trouvé que M. Leathan, à Wackefield, avait payé un vote trente livres, et un autre vote, quarante livres ; un troisième électeur, voulant déguiser son marché, lui avait vendu quarante livres une brosse à cheveux valant trois shillings. Les dépenses officielles de cette élection étaient de 461 livres, et les secrètes de 3,700.

Dans une autre élection, l'agent électoral, assis dans une première chambre, recevait les électeurs, convenait du prix, et les faisait passer dans une autre pièce où un second agent leur comptait la somme dite ; la convention et le payement étant ainsi séparés, chaque agent pouvait déclarer qu'il n'avait point fait l'opération bilatérale appelée marché. — Mais les peintres seuls savent donner le détail vivant ; à ce sujet, lisez l'histoire de deux élections, l'une chez Thackeray dans les *Newcomes*, l'autre chez Eliot dans *Felix Holt the Radical*. — Au total, l'influence locale est le grand ressort, et se fonde principalement sur la possession du sol et sur la richesse, sur l'ancienneté de la résidence et de la famille, sur l'étendue du patronage exercé, sur la notoriété et la position sociale du candidat. D'après tout ce que j'ai vu de la classe supérieure, il me semble qu'ici ces racines sont bonnes, saines, vivaces, en dépit de la boue et des vers parmi lesquels elles plongent comme toute plante humaine, et quoiqu'il faille encore beaucoup de drainages pour épurer la boue, beaucoup de surveillance pour détruire les vers.

It works well : la machine fonctionne bien. Elle ne craque pas, elle ne menace pas de craquer. Elle agit, et, en outre, elle s'accommode au temps, elle réforme ses rouages. Bien plus, à la façon dont elle agit, on la sent capable de renouvellements profonds. Elle pourra plus tard comporter peut-être l'extension indéfinie du droit de suffrage, la diminution de la prérogative des lords, la suppression du monopole de l'Église, tout cela sans explosion ni dislocation, par une adaptation graduelle et ménagée des anciennes pièces aux nouveaux usages. Les classes gouvernantes s'informent, elles se tiennent au courant, elles jettent à chaque instant leur sonde pour mesurer la force et démêler la direction des eaux populaires, elles ont le sentiment exact du nécessaire et du possible. — J'assistais dernièrement à une séance d'un comité de la Chambre : il s'agissait de savoir si le British Museum, qui est à la fois une bibliothèque, un musée et un cabinet d'histoire naturelle, resterait tel qu'il est, ou si on transporterait une partie de ses collections dans un autre local. Sept ou huit députés sont devant une table dans une haute salle où le public peut entrer. Ils interrogent des hommes spéciaux, d'abord un secrétaire naturaliste, puis l'architecte de la couronne, puis le directeur de Kensington Museum, d'autres encore ; cependant ils prennent des notes. Ton uni, modéré, parfois sourires ; on dirait d'une conversation instructive ; en effet, ce n'est pas autre chose. Les questions sont infiniment minutieuses et précises, sur la façon de disposer les collections d'animaux, sur le nombre des spécimens possédés, sur l'avantage de montrer ensemble le mâle, la femelle et les petits, sur le chiffre des visiteurs, sur leur âge et leur condition, sur les jours de leur plus grande affluence, sur le nombre de pieds carrés contenus dans l'édifice, sur sa distribution intérieure, etc. Voilà comme on s'instruit, par enquête et contre-enquête, avec chiffres, détails, certitude, acquisition de documents positifs et applicables. — Ces jours-ci, lord Stanley a fait un discours sur l'Inde, conçu dans le même esprit, tout fondé sur les renseignements et jugements des généraux et administrateurs du pays, cités textuellement, en sorte que ce discours résumait l'expérience de trente ou quarante vies éminentes et compétentes. — Quel guide et quel correctif que l'expérience ! que de bon sens il faut pour ne se fier qu'à elle ! que d'art et de soin pour la faire, la répéter, la préciser, la rectifier, l'appliquer juste ? Et que nous sommes loin de la bonne éducation politique !

CHAPITRE PREMIER

PROMENADES DANS LONDRES

On m'a fait membre de l'Athenæum-Club pour un mois. C'est un grand rendez-vous fort choisi, bien situé, où l'on peut dîner et lire, presque un palais, entouré de palais semblables, et qui rappelle ceux de notre place Louis XV. Péristyle, vue sur un parc, très-hautes salles, domestiques en culotte courte, nombreux, empressés, silencieux, toutes les recherches du luxe bien entendu et moderne. Bibliothèque de quarante mille volumes, superbe salle de lecture : toutes les revues en toutes les langues, toutes les brochures nouvelles, fauteuils roulants, exquis pour l'hiver et l'été; le soir, des étoiles lumineuses très-douces s'allument au plafond et jettent une vague clarté sur les boiseries sombres. Tous les besoins sont prévenus, tous les sens sont caressés par les mille petites attentions d'une prévoyance ingénieuse, universelle et exacte. — En face est un autre rendez-vous tout pareil, le *Traveller's-Club*. Comme ils savent organiser le bien-être! — Je lisais hier soir, à l'*Athenæum* un Essai de Macaulay, qui nomme Galilée, Locke et Bentham comme les trois auteurs des plus grandes idées modernes ; au lieu de grandes, mettez fructueuses, et le paradoxe devient une vérité manifeste. C'est par le recours à l'expérience, c'est par le goût du fait et de l'observation minutieuse, c'est par l'avénement et le règne de l'induction que l'homme a pu maîtriser la nature, réformer la société, améliorer sa condition, ajuster les choses à ses besoins, édifier une société, des institutions, des chefs-d'œuvre de bel arrangement et de savant confortable comme celui dont je jouis en ce moment.

Lettres d'introduction et cartes d'entrée au British Musæum. — Je ne parlerai pas des marbres grecs, des desseins originaux italiens, non plus que de la National Gallery, de la galerie d'Hamptoncourt, des tableaux de Buckingham-Palace, de Windsor, des collections privées. Pourtant, que de merveilles et quels documents d'histoire, cinq ou six civilisations supérieures résumées chacune par un art complet, toutes si différentes de de celle que j'examine aujourd'hui, si propres à en faire saillir le bien et le mal ! Mais il faudrait pour cela un livre à part. — 600,000 volumes, salle de lecture immense, circulaire, à coupole, si bien que personne n'est loin du bureau central et n'a le jour dans les yeux. — Tout le pourtour est garni de livres de *référence*, dictionnaires, collections de biographies, classiques en tout genre, que l'on peut consulter sur place, et très-bien rangés. D'ailleurs, à chaque table, un petit plan indique d'avance leur ordre et leur position. — Chaque place est isolée ; on n'a devant soi que le bois de son bureau, en sorte qu'on n'est pas gêné par les regards du voisin. Siéges de cuir et tables recouvertes de cuir, très-propres ; deux plumes à chaque place, l'une d'oie, l'autre de fer ; petit pupitre où l'on peut mettre un second livre à portée, ou le volume qu'on copie. — Pour demander un livre, on en écrit le titre sur un billet qu'on remet au bureau central ; l'employé vient lui-même vous apporter le livre, et très-vite ; j'en ai fait l'expérience, même sur des ouvrages rares. On répond de l'ouvrage, tant qu'on n'a pas retiré le billet. Banc spécial pour les dames, ce qui est une attention délicate. — Quel contraste si on considère notre grande Bibliothèque du Louvre, sa salle si longue, sa lumière dans les yeux de la moitié de ses lecteurs, ces lecteurs serrés à une table commune, les noms des livres criés tout haut, les stations d'une heure au bureau du centre! On vient de la réformer sur le patron de celle-ci, mais sans la rendre aussi commode.

Mais la nôtre est plus libérale, ouverte de droit au premier venu. Ici, il faut être une personne « respectable ; » on n'est reçu que sur le témoignage de deux répondants. Au reste, on dit que cela suffit, qu'il vient ici des gens plus que râpés, en habits d'ouvriers, et même sans souliers; des clergymen les ont présentés. — La subvention pour l'achat de nouveaux livres est sept ou huit fois plus grande que chez nous. Quand est-ce que nous saurons employer notre argent aux bonnes dépenses?

Sur d'autres points, ils réussissent moins complétement, par exemple à Sydenham-Palace, qui a contenu l'avant-dernière Exposition et qui est maintenant une sorte de musée-muséum. Il est énorme, ainsi que Londres et tant de choses à Londres ; mais comment exprimer l'énorme? Toutes les sensations ordinaires de grandeur montent ici de plusieurs degrés. L'édifice a deux milles de tour, trois étages d'une hauteur prodigieuse. Cinq ou six bâtisses comme notre palais de l'Industrie y tiendraient à l'aise, et il est en verre : d'abord un immense rectangle qui, au centre, se relève en bosse comme une serre, et que flanquent deux hautes tours chinoises; puis, des deux côtés, de longs bâtiments qui descendent à angle droit, enserrant le parc, ses jets d'eau, ses statues, ses kiosques, ses pelouses, ses groupes de grands arbres, ses arbres exotiques, ses collections de fleurs. Le vitrage universel scintille au soleil; à l'horizon, ondule une ligne de collines vertes, noyées dans cette vapeur lumineuse qui fond les teintes et répand sur tout le paysage une expression de bonheur tendre. — Toujours la même façon de comprendre le décor : d'un côté, le parc et l'architecture végétale, qui est bien entendue, appropriée au climat et belle; de l'autre, l'édifice, qui est un entassement monstrueux, sans style, et témoigne, non de leur goût, mais de leur puissance.

A l'intérieur, musée antique contenant les *fac simile* en plâtre de toutes les statues grecques et romaines répandues dans l'Europe; — musée du moyen âge; — musée de la Renaissance; — musée égyptien; — musée ninivite; — musée indien; — copie d'une maison de Pompéi; — copie de l'Alhambra. Les ornements de l'Alhambra ont été moulés, et, dans une salle voisine, les moulages sont conservés comme pièces à l'appui. — Pour ne rien omettre, on a copié les plus célèbres tableaux italiens en mauvaises pochades dignes d'une foire. — Serre tropicale gigantesque, avec pièces d'eau, jets d'eau, tortues nageantes, grandes plantes aquatiques en fleur, sphinx et statues égyptiennes hautes de soixante pieds, spécimens d'arbres colossaux ou bizarres, entre autres l'écorce d'un sequoia californien, haut de quatre cent cinquante pieds et mesurant cent seize pieds de tour. L'écorce est ajustée et dressée sur une armature intérieure, de façon à donner une idée de l'arbre. — Salle de concert à gradins, circulaire et qui a l'air d'un Colisée. — Dernièrement, dans les parterres, on voyait les imitations en grandeur naturelle des monstres antédiluviens, mégathériums, dinothériums et les autres. — Blondin y fait ses exercices à cent pieds en l'air. — J'en passe la moitié; mais est-ce que cet amoncellement de curiosités disparates ne reporte pas la pensée vers la Rome des Césars et des Antonins? Alors aussi on construisait des palais de plaisance pour le peuple-roi, des cirques, des théâtres, des thermes où l'on rassemblait les statues, les peintures, les animaux, les musiciens, les acrobates, tous les trésors et toutes les singularités de l'univers; c'étaient des panthéons de la richesse et de la curiosité, de véritables bazars, où le goût du nouveau, du divers, du démesuré remplaçait le sentiment de la beauté simple. A la vérité, Rome s'approvisionnait par la conquête, et l'Angleterre se pourvoit par l'industrie. C'est pourquoi là-bas les tableaux, les statues étaient des originaux volés, et les monstres, rhinocéros ou lions bien vivants, déchiraient les hommes, tandis qu'ici les statues sont en plâtre, et les monstres en carton. Le spectacle est de seconde qualité, mais de la même espèce. Un Grec s'y fût trouvé mal à l'aise, et l'eût jugé bon pour des barbares puissants qui essayent de s'affiner et n'y réussissent guère.

Même impression à la grande Exposition de cette année, qui, comme la précédente, est une invention anglaise, un produit de l'esprit industriel et mercantile, transporté depuis sur le continent. Le bâtiment est énorme, et ce qu'il y a dedans est énorme : voilà ce qu'on en peut dire de mieux. — A l'entrée, une fontaine monumentale, qui jette de l'eau parfumée, ressemble à ces édifices de pâtissier, brodés d'angélique, qu'on sert dans les noces de bas étage. Les bijoux, les porcelaines, les objets d'art sont laids, trop brillants, d'un ton cru, sans finesse. On y voit en argent de petits matelots, lanciers, écossais, soldats de toutes armes qui sont de vrais jouets d'enfants ; quel est l'homme d'esprit qui voudrait mettre cela sur sa cheminée ? Des lustres lourds, d'une ornementation compliquée et exagérée, blessent l'œil. Avec des massifs de matières précieuses, or, vermeil, diamant, avec des broches de dix mille livres sterling, ils croient atteindre au style riche, et n'arrivent qu'à l'étalage grossier et gros. Voyez encore parmi leurs ornements d'escalier une négresse sculptée sous ce nom : une fille d'Ève. L'intention est psychologique, peut-être morale ; cette figure peut parler aux abolitionnistes ou à leurs adversaires, mais non à d'autres. — A côté, en manière de contraste, sont des glaces de Saint-Gobain, l'Assomption du Titien copiée par les Gobelins, le service de table de la ville de Paris par Christofle, une Égyptienne en bronze habillée de jaspe par Lerolle. — Cela ranime, égaye ; il semble qu'après le rosbif pur on retrouve la cuisine délicate. — Au fond, l'impression que laissent ces jubilés modernes est assez triste, et le régime industriel, qui devient celui de tous nos États civilisés, y laisse voir tous ses défauts. Vingt pianos et orgues jouent à la fois, et chacun un air différent. Un de ces pianos imite l'orgue, le triangle, la flûte, le tambour, tout un orchestre; les exécutants sont des prestidigitateurs payés qui se font valoir. Qu'aurait dit un Athénien, un contemporain de Vinci, une madame de Sévigné, de cette cacophonie ? — Le charivari des formes et des couleurs n'est pas moins étourdissant ; et l'effet est pareil à celui des quatre immenses pages où s'étouffent les annonces du *Times*. Là, comme ici, la concurrence s'étale. Chacun fait la réclame à son produit ou à sa drogue. Chacun tâche d'inventer quelque raffinement qui flatte une envie, un caprice, une manie. Chacun est devenu spécial et s'enfonce plus avant dans sa spécialité étroite. On dépense du génie à fabriquer et à vendre tel système de brosses à cheveux. Des populations d'ouvriers en acier chôment et jeûnent si la mode des crinolines faiblit. L'esprit se rétrécit, l'homme s'échauffe au gain, travaille trop, contracte trop de besoins. Le goût baisse et s'émousse. Tout devient peuple, peuple ouvrier, boutiquier, âpre et dur, inquiet et triste. Faire de l'argent, tel est aujourd'hui l'aiguillon journalier, l'idée absorbante, et dans ce pays encore plus que dans les autres. Ils ont bien raison de garder leur haute classe, avec sa fortune indépendante, ses loisirs occupés, sa culture supérieure, ses vues d'ensemble. Même en politique, un contre-poids est utile, et encore, malgré ce contre-poids, la politique de l'Angleterre devient celle d'un marchand qui se tient au fond de son comptoir, ferme ses volets et dit qu'il n'a rien à voir aux rixes de la rue.

Dimanche dernier et le dimanche précédent, il y avait à Hyde-Park des prédicateurs en plein air, avec leur Bible et leur parapluie : c'étaient des particuliers qui éprouvaient le besoin de communiquer au public leurs idées religieuses. — Un autre dimanche, à quarante milles de Londres, j'ai vu, sur la place du village, deux hommes en redingote et chapeau noir qui chantaient des psaumes ; on me dit que cela n'est pas rare, surtout lorsque le sermon de l'après-midi est bon ; ils en rapportent un surplus de ferveur qui cherche à s'épancher. Longues figures maigres, voix nasillardes, yeux levés au ciel ; vingt personnes sont alentour et s'édifient avec eux. — Le zèle est très-vif, surtout chez les *dissenters* ; leurs jeunes gens sont enrégimentés : l'un se tient le dimanche à un certain carrefour pour distribuer de petits traités pieux ; un autre rassemble le jeudi une dizaine de bateliers et leur fait une conférence sur la Bible. Encore aujourd'hui, on peut entendre des femmes prédicateurs de la secte méthodiste[1] ; une des authoresses les plus distinguées de notre temps a, dit-on, commencé ainsi. — Nous-mêmes à Paris, nous recevons parfois le contre-coup de cette piété excentrique. Par exemple, le révérend Reginald y affichait ses sermons avec cette devise en grosses lettres : « Come to Jesus now : *Venez à Jésus en ce moment même.* » En effet, la thèse de la secte est qu'en un instant, par un coup de la grâce, le pécheur le plus obstiné peut être converti. Le révérend Reginald montait en chaire, énonçait la thèse et présentait une de ses ouailles, gros jeune homme bien portant, comme exemple et preuve visible à l'appui.

---

[1] Rôle de Dinah dans *Adam Bede*.

Alors celui-ci prenait la parole et disait : « Oui, mes frères, j'ai été un pécheur public, mais la grâce du Seigneur m'a touché, etc. » — Voilà bien une idée anglaise : fournir le document, la pièce de conviction, le spécimen vivant, à la façon d'un zoologiste, pour soutenir une doctrine mystique.

Un autre dimanche, à huit heures du soir, dans une ville d'université, je trouve sur une place publique deux gentlemen et un homme de la classe moyenne qui prêchent ; ils font ainsi tous les dimanches. Le premier, qui est un jeune homme de vingt ans, est visiblement ému ; il tâche de vaincre sa timidité, il emploie beaucoup de gestes. « — Jésus-Christ est venu pour nous, pécheurs ; pensons à nous, misérables pécheurs, etc. » — Après ce début, le second ouvre sa Bible et lit un passage sur les habitants de Jérusalem, assiégés et affamés par le roi d'Assyrie ; celui-ci, effrayé par l'ange du Seigneur, décampe précipitamment ; deux lépreux, qui osent les premiers se hasarder hors des murs, trouvent les tentes pleines de provisions, mangent et boivent avec délices. C'est un type du chrétien, qui n'a qu'à sortir du péché pour trouver auprès du Seigneur tout ce dont il a besoin. Le Christ est notre réconfort, notre asile, notre sécurité. Là-dessus petite histoire d'un marin qui se mettait en mer et répondait à un gentleman inquiet de son danger : « Oui, mon père est mort noyé, et aussi mon frère, et aussi mon grand-père. — Alors pourquoi allez-vous en mer? — Monsieur, où est mort votre père? — Dans son lit. — Et votre grand-père? — Dans son lit. — Et vos autres parents? — Dans leur lit. — Pourtant vous n'avez pas peur de vous coucher dans votre lit et vous avez raison. C'est qu'il n'y a qu'une assurance pour le chrétien, en mer ou dans son lit, à savoir le Christ. » — Le dernier, homme maigre, aux joues creuses, à la voix rauque et violente, semblait agité par l'esprit. Mais, comme son thème était pareil, je suis parti au bout d'un quart d'heure. Il y avait là une cinquantaine d'assistants, hommes et femmes, la plupart bien vêtus ; quelques-uns murmuraient parfois et souriaient ironiquement, mais la plupart des hommes, toutes les femmes écoutaient gravement et semblaient édifiés. — J'approuve beaucoup ces sortes de scènes : 1° elles sont un débouché (*they give vent*) pour une forte passion, pour une conviction intense, qui, faute d'issue, se tournerait peut-être en folie, en mélancolie, en sédition ; 2° elles sont morales, et peuvent faire un bon effet sur quelques consciences ; 3° elles rafraîchissent dans le public ordinaire cette persuasion qu'il y a des idées augustes, des croyances sérieuses, des âmes sincèrement zélées ; l'homme n'est que trop enclin à penser que l'indifférence et l'amusement sont le but de la vie.

Ce sont là les restes du vieil esprit puritain, les survivants rabougris d'une grande faune aujourd'hui fossile. Mais le fonds est toujours religieux. Selon G..., qui a fini ses études ici, la plupart des jeunes gens, même ceux dont l'esprit est éveillé, n'ont pas eu un seul doute sur la foi ; ce qui chez nous est la règle est l'exception chez eux ; ils chantent sérieusement et de tout leur cœur à la chapelle. — Les trois quarts des journaux et des livres blâment avec un air de conviction « le scepticisme français et l'infidélité allemande, » c'est-à-dire l'hérésie qui nie et l'hérésie qui affirme. Quant aux hommes faits, ils croient en Dieu, à la Trinité, à l'enfer, quoique sans ferveur. Le dogme protestant s'accommode très-bien aux instincts sérieux, poétiques, moraux de la race; ils n'ont pas besoin d'effort pour le garder, ils auraient besoin d'effort pour le rejeter. Un Anglais serait très-fâché de ne pas croire à l'autre vie; elle est à ses yeux le complément naturel de celle-ci; dans toutes les grandes crises, sa pensée devient solennelle et le porte vers les perspectives de *l'au delà*. — Pour se figurer la contrée mystérieuse que devinent les aspirations de son âme, il a une sorte de carte très-ancienne, qui est le christianisme, commentée par un corps de géographes fort respecté, qui est son clergé. La carte souffre plusieurs interprétations, et les géographes en titre laissent une certaine latitude aux vues personnelles. N'étant point gêné, il n'est pas mécontent, et ne songe point à se défier de ses géographes, ni de sa carte. — Au contraire, il saurait mauvais gré aux importuns qui voudraient troubler (*unsettle*) les opinions qu'il s'est faites à ce sujet. Elles sont faites, fixes, enracinées; elles sont une partie de son éducation, de ses traditions, du grand établissement public où il est compris. Il accepte le protestantisme et l'Église en bloc, avec la constitution anglaise. Il voit dans le protestantisme une règle de conduite, une exhortation à la justice, un appel au *self government* intérieur. Il voit dans l'Église un auxiliaire de l'État, un établissement d'hygiène morale, une bonne régie des âmes. — Par toutes ces causes, le respect du christianisme s'impose à l'opinion comme un devoir, et même comme une bienséance. On admet difficilement qu'un incrédule soit bon Anglais et honnête homme. On blâme celui qui, ayant eu le malheur de perdre la foi, essaye d'ébranler la foi des autres. « La poltronnerie intellectuelle, disait l'*Edinburgh Review*[1], est la seule espèce de lâcheté qui soit commune dans ce pays, mais elle y domine à un degré lamentable. La plupart des écrivains ont des scrupules et des alarmes à propos des tendances de leurs livres. Les pénalités sociales qui sont attachées aux opinions non orthodoxes sont si sévères et si impitoyablement exercées, que chez nous la critique philosophique et la science elle-même balbutient trop souvent en chuchotements ambigus ce qui devrait être proclamé sur les toits. »

Non-seulement le haut vol de l'intelligence est entravé, mais un rigorisme méticuleux gêne, en beaucoup de cas, la parole et même l'action. — M. Guizot conte dans ses Mémoires qu'ayant dit dans une compagnie : « *Hell is paved with good intentions* : L'enfer est pavé de bonnes intentions, » il fut repris par une dame ; le mot *enfer* est trop grave pour entrer dans la conversation ordinaire. — Certains jurons, par exemple : « *Goddem !* Dieu me damne ! » sont monstrueux, et nul entraînement ne les excuse. Un jeune Français que j'ai connu ici conduisait quelques personnes dans un bateau ; il fait un faux mouvement, l'aviron saute, il tombe à la renverse en lâchant le malencontreux juron. Les trois dames baissent les yeux comme stupéfaites et regardent l'eau attentivement ; un des Anglais rit franchement, mais les deux autres deviennent rouges commes des jeunes filles. — Cette pruderie religieuse conduit souvent à l'hypocrisie. Je sais un gros négociant de Londres, qui vient deux fois par an à Paris pour ses affaires ; il y est fort gai et s'amuse le dimanche

---

[1] Avril 1848.

aussi librement qu'un autre. Son hôte de Paris vient chez lui à Londres, est fort bien reçu, et, le dimanche, descendu au salon, pousse une bille sur un petit billard de dames. Voilà le négociant fort alarmé qui arrête le jeu tout de suite : « Quel scandale ! si les voisins entendaient ! » — Au voyage suivant, il amène à Paris sa femme et ses filles ; plus de gaieté, ni d'expansion ; plus d'amusements le dimanche ; il est roide, boutonné, exemplaire. Sa religion est un costume officiel. — Voilà le *cant* qui indignait si fort lord Byron. Depuis vingt ans, il est en baisse ; la philosophie de M. Comte, l'exégèse allemande, les conclusions de la géologie et des sciences naturelles s'insinuent par un progrès lent, mais incessant. Le libre examen reprend ses droits et ouvre les portes sans casser les vitres.

A mesure que les observations se multiplient, elles convergent ; il n'y a pas de plus grand plaisir en voyage que de voir de petits faits nouveaux s'insérer dans les précédents, s'ajouter comme autant de traits ou de tons à la peinture commencée. Voici ceux de la semaine à propos du régime aristocratique et des sentiments qu'il inspire.

Une dame de la bourgeoisie, mais de bonnes façons et d'extérieur distingué, entre à Brighton dans une boutique de fromages. Le marchand lui dit de sa douce voix obséquieuse : « Quelle espèce de fromage patronnez-vous (*patronize*), madame? » — C'est qu'il est honorable pour une denrée d'obtenir la sanction aristocratique. A cet effet, on voit sur des boîtes de gâteaux, sur des pots de pommade · « Adoptés par la nobility et la gentry. »

B... est venu en France pendant l'Exposition, et a été tout étonné des familiarités que les soldats français prennent avec leurs officiers. Un capitaine des guides regardait je ne sais quel imprimé sur une vitrine; deux soldats derrière lui se penchent pour lire par-dessus son épaule. « Chez nous, me dit B..., cela serait impossible : il y a des rangs. » — Dans ses notes de voyage, en 1839, à Calais, le docteur Arnold fait une remarque semblable : « Je vois ici une fusion des rangs qui peut être bonne, mais j'ignore si elle l'est. Des hommes bien habillés parlent familièrement à des personnes qui appartiennent décidément à la basse classe. » — Pour moi qui suis Français, je ne puis m'empêcher d'être un peu choqué quand j'entends, comme hier, un homme de quarante ans, distingué, considéré, dire milord, monseigneur, à un petit garçon de dix ans, butor et borné, mais fils d'un marquis.

A Cambridge, Trinity-College, S... a dîné dernièrement dans la grande salle. Trois cents personnes à table, toute la vaisselle est d'argent. Petite table à part pour les étudiants qui sont des noblemen, et ils ont un costume distinctif. — Dans ces universités, et même dans les écoles, les jeunes nobles ont des flatteurs qu'on nomme *tuft hunters*, étudiants roturiers qui tâchent, par leurs services et leurs bassesses, de préparer leur fortune. Un nobleman a toujours quelque cure, quelque place à sa disposition, et plus tard il en fera l'aumône à son ancien complaisant.

Il est d'usage de faire baronnets les trois ou quatre médecins les plus distingués du pays. Sous le dernier règne, il y en avait un singulièrement illustre ; on voulut lui donner le titre de lord et le mettre à la chambre des pairs ; il refusa. — « Il eut raison, dit l'Anglais qui me conte cette anecdote : l'homme qui avait tendu la main pour recevoir la guinée, ne pouvait être pair du royaume. » — A titre de Français, je pense tout le contraire ; mais le fait et le commentaire n'en sont pas moins caractéristiques.

« En Angleterre, dit un romancier bon observateur que je viens de lire, les gens ne sont que trop disposés à adopter les opinions de leurs supérieurs en rang et à se laisser conduire par eux. » — C'est tout l'opposé en France.

Conversation avec Thackeray ; je cite son nom parce qu'il est mort, et que les idées de sa conversation se retrouvent dans ses livres. — Il me confirme en paroles tout ce qu'il a écrit sur l'esprit *valet*. Je lui conte un petit fait dont j'ai été témoin. Dans un meeting de bienfaisance, l'orateur montrait à ses auditeurs l'importance de l'œuvre en leur faisant remarquer que le marquis de ... « *a person in such a situation*, » avait bien voulu présider la séance. Thackeray dit que ces sortes de platitudes sont fréquentes, admire beaucoup notre égalité, dit que les grands sont tellement habitués à voir les gens à genoux, qu'ils sont choqués lorsqu'ils rencontrent un caractère indépendant. « Je passe maintenant, me dit-il, pour un caractère dangereux. »

« L'esprit et le talent, disait Stendhal, perdent vingt-cinq pour cent de leur valeur en arrivant en Angleterre. » En effet, la place est prise par l'aristocratie de naissance ou de fortune; les artistes, les écrivains restent au second rang, sauf cinq ou six tout à fait éminents; on les reçoit dans les salons, mais à titre de *lions*, de curiosités. Quelques-uns, à cause du caractère moral ou politique de leurs ouvrages, sont plus considérés, plus écoutés ; tels Stuart Mill, Macaulay, Carlyle, Dickens, Thackeray, Tennyson, parce qu'ils contribuent de loin à l'œuvre importante entre toutes, à la direction des affaires ou des sentiments. Mais, selon mes amis, le rôle et la considération des autres sont bien moindres que chez nous. Les excellents journalistes qui, trois ou quatre fois par mois, écrivent un chef-d'œuvre dans un grand journal ne signent pas et sont inconnus au public. A proprement parler, ce sont des chevaux de fiacre littéraires (*literary hacks*). On lit leur article à déjeuner, comme on avale la tartine beurrée qui accompagne le thé. On ne demande pas qui a fait l'article ni qui a fait le beurre. Si, le mois suivant, l'article et le beurre sont moins bons, on change de journal et de fournisseur. M. X..., célèbre correspondant du *Times* pendant la guerre de Crimée et la révolte de l'Inde, n'est rien ici et meurt de faim en ce moment, à la tête d'un petit journal[1]. On n'a pas vu un seul journaliste devenir député, ministre, comme en France après 1830. — Cependant, en ceci comme dans la religion, un changement insensible s'opère, et la première place finira par appartenir à l'intelligence.

---

[1] Le *Times* lui a fait une pension de 500 livres sterling.

Feuilleté un gros recueil d'albums et de numéros du *Punch*; c'est le meilleur journal satirique de l'Angleterre. Comparé aux journaux français du même genre, il est très-instructif.

Pas un seul dessin sur les lorettes, et, chez nous, ils sont innombrables; c'est un de nos torts, il vaut mieux ne pas étaler sa vermine. Gavarni disait : « Je hais la fille parce que j'aime la femme, » et, à cent reprises, il raille les coquines. Mais ses coquines sont bien jolies; sa raillerie n'éveille qu'un sourire fin, et quand, pendant plusieurs années, on a vu des scènes pareilles aux vitrines, on en garde, sans s'en douter, l'impression malsaine. — Je prie le lecteur d'excuser cette phrase morale; mon excuse, c'est qu'elle est vraie. Tout spectacle, toute émotion laisse en nous sa trace à demeure, et ces petites traces multipliées composent, à notre insu, la grande empreinte que nous appelons notre caractère. Au bout de dix, vingt, trente années, il nous reste, à l'endroit de la galanterie, un fond de faiblesse, de curiosité, ou tout au moins de tolérance, et la croyance vague que l'irrégularité doit avoir sa place au soleil, tout comme la règle.

Pas un seul dessin sur l'infidélité du mari ou de la femme, et chacun de nous sait combien en France ces dessins étaient nombreux, surtout il y a quinze ans; ils le sont moins aujourd'hui, mais on en trouve encore. Au contraire, ici le mariage est honoré, on en représente les douceurs, les affections, la poésie intime. Par exemple, « *samedi soir, arrivée du steamer des maris.* » La jetée est couverte de femmes, la plupart jeunes, et dont le visage rayonne de joie; les enfants dansent de plaisir; quel accueil ! Voyez, par contraste, le même sujet entre les mains d'un dessinateur français, le train des maris au Tréport ou à Trouville; on les représente comme des fournisseurs grotesques, grognons et trompés. — Même sentiment dans les scènes conjugales. — Auguste, pendant le premier mois de son mariage, entreprend de faire le thé. C'est au bord de la mer, dans un joli cottage; lui et sa jeune femme, demi-enlacés, approchent de la fenêtre pour contempler le calme du grand ciel et la beauté du soir. Cependant, la théière éclate, le chien hurle et le domestique effaré arrive au bruit. Raillerie douce; l'artiste envie les distractions du couple heureux qu'il met en scène.

A la place de l'amour illégitime, il reste l'amour permis. De là toute une série de sujets que nos dessinateurs n'abordent guère. Quantité de dessins représentent le petit manége du jeune homme et de la jeune fille qui s'entendent tout à fait ou à demi, en vue du mariage. En France, nous n'avons pas ces dessins, parce que nous n'avons pas le sujet. — Au bord de la mer, Théodore et Émily, abrités derrière la grue du port, se croient invisibles, et Théodore, à genoux, aplatit son nez tendre et sentimental contre une main blanche qu'on lui abandonne. Ils ont oublié le miroir tournant d'une chambre optique qui s'est fixé sur eux depuis dix minutes, et les donne en spectacle aux assistants. — Edwin et Angelina se sont donné rendez-vous au bout de la jetée; mais l'un a pris la branche droite, et l'autre la gauche. Arrivés au bout, ils s'aperçoivent à cent mètres de distance; il faut qu'ils fassent trois milles pour se rejoindre. — Une jeune dame, bonne écuyère, a sauté haies et broussailles, et laisse sa rivale empêtrée par derrière : « — Me voilà, j'espère, débarrassée de miss Georgina, et dans la même prairie qu'Auguste. » En effet, un cavalier se montre à distance. — Deux amoureux à cheval se promènent sur la plage de Brighton ; l'air y est bien meilleur pour la santé que les brouillards de Londres. « Du moins, tel est leur avis. » L'ironie est bienveillante ; évidemment l'artiste se dit : « Que ne suis-je à leur place ! » — Aussi les fait-il élégants du mieux qu'il peut, bien habillés, bien élevés ; les jeunes filles surtout sont charmantes ; Punch se représente comme amoureux, en extase devant leurs blonds cheveux dénoués ; son cœur bat : c'en est trop, ne soyez pas si jolies. — En voici toute une volée, dix-huit dans une crique au bord de la mer, dans toutes les attitudes, penchées sur leur dessin, brodant, ramassant des échantillons de minéraux, rieuses ; c'est « la Grotte des sirènes. » — Notez qu'elles sont honnêtes, et que le dessin l'est autant qu'elles ; dans les cavalcades, dans les coups de vent sur la jetée, il ne dévoile rien ; s'il touche à leurs jupes, c'est pour les rabattre. Par la même raison, la galanterie est respectueuse ; l'attentif tient l'écheveau, mouche le petit frère ; il n'est pas conquérant, mais plutôt soumis ; elles le grondent et le mènent. — Parfois, ce sont elles qui font le premier pas ; là-dessus, les *Fast Girls* fournissent à la satire ; l'une à l'écart laisse le jeu de croquet pour causer avec qui de droit ; l'autre, au moyen d'une partie d'échecs, se ménage un tête-à-tête. Au besoin, la maman entame l'affaire ; telle matrone, fort digne, entourée de ses trois filles, jette sa ligne dans les eaux ecclésiastiques, vers un jeune clergyman, riche et bien apparenté, qui est chez elle en visite : « Je suis bien heureuse, dit-elle, cher monsieur Cecil Newton, de vous trouver orthodoxe, je n'ai pas besoin d'exprimer l'espérance que vous ne donnez pas dans cette triste hérésie qui prescrit le célibat du clergé ! » Pour lui, sa mine empêtrée, sa grimace édifiante et sentimentale, son regard glissé en coulisse sur les trois jolies amorces, sont bien comiques. — En tout cas, dans les dessins comme dans les romans, on voit toujours le mariage à l'horizon, au bout du chemin; on ne soupçonne pas qu'il y ait des stations intermédiaires ; or, selon le mot de Shakspeare, « tout est bien qui finit bien. »

Voilà nos gens mariés ; regardons les scènes d'intérieur. Elles ne sont point déplaisantes, amèrement satiriques ; point de bourgeois grimés, de vilains enfants grognons et tyrans, comme ceux que Daumier dessine si largement et avec une haine si manifeste. Presque toujours ici l'artiste juge que l'enfance est gracieuse et belle. — Il y a du tapage dans la *nursery* ; ce sont deux attelages de petits garçons et de petites filles, quatre par quatre, qui cavalcadent au son d'une trompette ; mais leurs joues sont si roses, et tout ce petit monde est si joyeux ! — Deux fillettes dans un jardin viennent avec beaucoup de sérieux proposer à grand'maman de sauter à la corde. — Une autre a trouvé des ciseaux et travaille gravement à couper les cheveux du petit frère ; c'est qu'il a voulu être chauve comme grand-papa. — Le soir de Noël, dans le large salon paré de houx et illuminé, on danse, et le grand-père souriant fait vis-à-vis à sa plus petite fille, une bambine de six ans qui relève sa robe et fait la révérence d'un air gai et mutin. — Ce sont les incidents, parfois les accidents, mais toujours la douceur intime et persistante de la vie domestique.

Il est vrai que le père a bien des embarras : six, huit, dix enfants, et qui souvent s'échelonnent d'année en année; il a cinquante ans, le chef dégarni, le ventre proéminent, et le petit dernier sort de nourrice. On les voit qui fourmillent. Encore un, et qui ne sera peut-être pas le dernier; cependant l'escouade des tantes et grand'mères se répand dans la maison encombrée. Le « *paterfamilias*, » relégué dans l'escalier, avale son dîner sur les marches. Un Français en aurait la sueur au front; un bonheur si ample finit par devenir un malheur; quel tracas qu'une pareille couvée! Il faut la conduire aux bains de mer, l'installer, pourvoir à tout, aux repas, aux habits, à l'éducation, à la santé, aux plaisirs, et, avant tout, maintenir la subordination et la concorde. Véritablement, une telle famille, accrue des serviteurs et des servantes, forme un petit gouvernement, et le père est tenu d'être chef, magistrat, arbitre souverain. — J'ai vu de ces familles qui, vivant à la campagne, à six lieues de tout bourg, renfermaient une trentaine de membres, domestiques et maîtres; joignez-y quinze ou vingt maisons de tenanciers à portée du château, douze chevaux dans les écuries, une ferme attenante; la viande de boucherie était fournie par les bêtes tuées sur le domaine; dans ces conditions, le gentleman moderne ne diffère pas beaucoup de son ancêtre, l'ancien baron féodal. — A la vérité, ce cas est assez rare; mais dans le bourgeois, dans le père de famille de Londres, on retrouve les traces de la même autorité. Il n'est pas faible ni relégué au second rang, comme dans nos albums français. Il se sent responsable, il dirige, il administre. — Par exemple, il a résolu d'introduire chez lui l'hydrothérapie; un par un, on voit les pauvres bambins en longue chemise, coiffés de toile cirée, tout grelottants et désolés, approcher de la douche froide, pendant qu'il brandit la rude brosse à frictions. — L'hiver est venu, il faut à toute la maison de fortes chaussures économiques; le cordonnier est là, et, sous l'œil paternel, toutes les fillettes désespérées laissent enfouir leurs petits pieds dans d'énormes bottines à clous. — Le père veut passer une semaine au bord de la mer; comme la sujétion de l'hôtel lui pèse, la caricature le montre s'installant sur la plage; deux cabines ou voitures de bains serviront pour le coucher; on cuira le dîner en plein air; tantes, enfants, maman, tout le monde y travaille; le grand fils de vingt ans, le cigare aux lèvres, épluche les légumes. Le père, cependant, debout, d'un air sarcastique et satisfait, inspecte et gouverne; à le voir, il est clair que sa volonté n'aura pas de contradicteurs; sa carrure, son regard, ses mains croisées derrière son dos ou enfoncées dans ses poches, sa gravité, son flegme, la rareté de ses gestes et de ses paroles, tout annonce en lui le sentiment de l'autorité incontestée et légitime. — Exagération, fantaisie, caricature, je vous l'accorde; mais le document n'en est pas moins instructif; il ouvre une percée sur la vie d'une famille anglaise; on devine pourquoi ils ont et comment ils gouvernent une demi-douzaine ou une douzaine d'enfants.

Portraits de domestiques; comme la classe est très-nombreuse et que dans chaque famille aisée ils sont nombreux, l'artiste les met souvent en scène. D'une part, il peint leurs misères; dans une société aristocratique, leur rang est fort bas, et on les rabaisse à d'étranges emplois. — Une vieille lady solennelle et commandante se promène au parc accompagnée de son chien et suivie de son grand domestique : « John Thomas? — Milady? — Portez Beauty ; pauvre chérie, elle commence à être lasse. » — Même scène entre une fillette de seize ans et sa femme de chambre ou gouvernante; celle-ci porte déjà deux chiens, un sous chaque bras, et la petite patricienne s'écrie : « O Parker, vous auriez dû porter Puppet aussi! Il va avoir les pieds mouillés! » — Pluie battante ; un lord économe, bien abrité dans sa voiture, dit à ses gens qui ruissellent sur le siége : « Bonté céleste ! avez-vous des parapluies, là dehors? — Non, milord. — Alors donnez-moi vos chapeaux neufs, ici dedans. » — D'après beaucoup de petits faits, je crois qu'en France ils ont moins de confortable, mais qu'ils sont traités avec plus d'égards. A tout le moins, on ne les tient pas à une aussi grande distance ; la créature humaine se maintient plus intacte et disparaît moins sous la livrée. Toujours revient la différence foncière, celle qui sépare le pays de la hiérarchie et le pays de l'égalité. — D'autre part, l'artiste montre leurs ridicules. Par un effet de l'institution aristocratique, chaque classe de la société voit sous elle une classe inférieure, s'en distingue avec obstination et ne souffre pas qu'on l'y assimile. Thackeray a peint vivement ce travers ; c'était celui de la cour de France sous Louis XIV. Ici il est aussi vivace chez le laquais que chez le gentleman ; or rien de plus grotesque que l'orgueil d'un valet. — Un domestique de milord annonce à milord qu'il le quitte, parce qu'il a vu milord sur l'impériale d'un omnibus. — Un laquais consent à porter du charbon de terre dans la nursery. « Si madame me le demande comme une faveur, je ne ferai pas beaucoup d'objections ; mais j'espère que madame ne me prend pas pour une fille de service. » — Ils se croient des gentlemen parce qu'ils sont beaux, bien habillés, bien nourris, et qu'ils prennent leurs aises. Ils sont délicats, ils se soignent, ils veulent avoir de belles façons. L'un, dans la calèche, consulte son livre de paris. Un autre, qu'on appelle pour monter derrière la voiture, s'étend languissamment et refuse : « Si madame trouve qu'il ne fait pas trop chaud pour elle, je trouve qu'il fait trop chaud pour moi. » — « Jane, dit une jeune mariée à sa femme de chambre, j'ai vu avec surprise que personne d'entre vous ne s'est levé quand je suis allée à la cuisine tout à l'heure. » — L'autre, redressant la tête, lui répond d'un air rogue : « Vraiment, madame ! Eh bien, c'est nous que nous avons été surpris de ce que vous soyez venue dans la cuisine ousce que c'était l'heure que nous étions à déjeuner. » — Mais il faudrait voir les figures, les gestes ; quand je cherche des mots pour les traduire, je n'en trouve point, sinon en anglais. La langue du pays rend seule les choses du pays, par exemple le museau acariâtre de la domestique qui, faute de beauté, est restée fille, le contentement, le sérieux, la majesté et la servilité du valet de pied qui se sait bel homme.

Amusements : presque tous sont athlétiques. Il suffirait de feuilleter ces albums pour voir combien le goût des chevaux et de la chasse dangereuse est national. Sur trois numéros, il y en a un qui représente les mésaventures et les incidents de l'équitation. Incessamment on raille les cavaliers timides et maladroits; on se moque des étrangers de distinction qui hésitent devant un obstacle et ne trouvent point de plaisir à se casser le cou. — Grandes chasses au renard l'hiver par le froid, à travers les broussailles nues ; les petits garçons et les petites filles les suivent sur leurs poneys. — Les jeunes filles sautent les haies, les fossés, les barrières à cinq traverses, piquent droit à travers les taillis, descendent au galop les fondrières ; grandes, sveltes, sûres de leur assiette, elles arrivent à fond de train, enlèvent leur cheval par-dessus les clôtures, et font honte aux cavaliers novices. — De grosses mamans, au large dos, trottent avec les autres, sous la conduite du maître d'équitation ; des familles entières, depuis le grand-père de soixante-dix ans jusqu'à la fillette de six ans, chevauchent au bord de la mer comme un clan de centaures. Miss Alice, qui a huit ans, monte le grand cheval de son père et offre son poney à maman qui est un peu nerveuse. — Il est visible qu'elles ont besoin de grand air et de mouvement. Dans une course en pays de montagnes, vieilles et jeunes, enveloppées de waterproofs et de tartans, sont perchées sur l'impériale avec les hommes ; l'intérieur de la voiture n'est bon que pour les chiens qui s'y prélassent. Au bord de la mer, par une bourrasque, elles arpentent la jetée ; le vent qui souffle dans leurs cheveux, les averses qui les mouillent, ne font que les mettre en joie ; il y a là un instinct primitif, celui du lévrier et du cheval de course ; il leur faut l'effort musculaire et les intempéries du ciel libre pour fouetter leur sang. J'ai vu de jeunes Anglais, à Paris, en hiver, laisser toutes les nuits et toute la nuit leurs fenêtres ouvertes. — Cela fait comprendre leur passion pour tous les exercices en plein vent, pour le cricket, pour la pêche et la chasse. — Le ciel descend en eau, toute la campagne semble une mare ; le vieux gentleman sous son waterproof manœuvre opiniâtrément sa ligne. — La rivière est gelée ; avec une pioche, un paysan lui perce la glace, et

il jette son hameçon dans le trou pour avoir un brochet.
— Aucun embarras, ni dépense, ni danger ne les arrête ; ils s'en vont à deux cents lieues dans le High-lands pour pêcher le saumon, tirer le daim ou la *grouse;* les amateurs partent de Londres avec leurs chevaux en wagon pour un rendez-vous de chasse. B... me dit qu'un faisan bien gardé, nourri pendant l'hiver, etc., coûte tué quarante à cinquante francs à son propriétaire. Sur trois sportmen, il y en a au moins un qui, à la fin de sa vie, s'est rompu un membre. Là-dessus, les plaisanteries ne tarissent pas. — Un gentleman à cheval s'informe à son voisin de sa bête, qu'il trouve un peu rétive : « Oh ! elle est bien connue, elle a cassé plus de clavicules que pas une autre en Angleterre. » Un petit monsieur musqué part pour la chasse au cerf, et, arrivé au bureau du chemin de fer, dit à son compagnon, grand gaillard solide : « Prenez-vous l'aller simple ou l'aller et retour ? — Moi, je prends l'aller et retour, parce que je connais le cheval que je vais monter ; mais vous, vous feriez mieux de prendre l'aller simple avec un billet d'assurance [1]. » La perspective est désagréable. — Non pas toujours. Pour certains tempéraments, la difficulté, la peine, le péril sont des excitants. Quantité d'Anglais trouvent du plaisir à s'éprouver, à s'endurcir, à s'entraîner pour surmonter quelque obstacle ; de là, l'*Alpine Club* et autres sociétés semblables. Les qualités de l'athlète et du cavalier font, à leurs yeux, une portion du caractère viril (*manliness*). Ainsi l'opinion vient fortifier l'instinct, et l'affectation s'ajoute à la nature. Jacquemont, dans l'Inde, les voyait s'emplir de viandes et de

[1] Au bureau des chemins de fer anglais, on peut acheter, moyennant un supplément, un billet d'assurance sur la vie

spiritueux, puis galoper deux heures sous le soleil terrible, tout cela par mode, bravade ou routine, pour ne pas se croire efféminés ni timides, sauf à se crever, ce qu'ils font.

Même caractère chez la plupart des petits garçons. Le dessinateur les montre précoces d'une autre façon que les nôtres, non par la malice, l'esprit, la précocité des sens, mais par l'audace et la vigueur. Ses voyous de la rue (*street boys*) si maigres et si petits ne sont pas des Gavroches ; ils ont les poings plus exercés que la langue ; un bon mot leur plaît moins qu'un tour de force. Deux de ces pygmées, en hiver, veulent pousser une boule de neige haute deux fois comme eux pour bloquer une porte, et, à demi gelés, se trouvent heureux et à leur aise. — Quant aux riches, ils ne sont pas moins aventureux et résistants que les pauvres. — Deux bambins décrochent un bateau pour aller seuls en mer. — Leurs plaisirs sont rudes et bruyants ; ils pataugent jambes nues dans les criques, ils pêchent des pieuvres qu'ils rapportent embrochées dans le salon. Tout petits, ils apprennent à boxer, et ils boxent avec des gants devant leur maman. Le père, qui vient les voir à l'école, s'enquiert de leurs progrès : « Oh ! cela va assez bien ; il y a déjà trois camarades que je puis rosser, et Fred ici peut en rosser six, moi compris. » Un autre, sur son poney gros comme un terre-neuve, prend son élan pour sauter une petite rivière, et répond au domestique qui lui fait des objections : « Mon cheval et moi, nous savons nager. » — B... me disait que, dès l'enfance, on leur répète : « Vous devez être un homme » (*a man*). Ils sont élevés dans cette idée qu'ils ne doivent pas pleurer, ne jamais donner un signe de faiblesse, qu'ils sont tenus d'être hardis, entreprenants, protecteurs du sexe faible. Un tout petit dit à une grosse dame effrayée par un troupeau de bœufs : « N'ayez pas peur et mettez-vous derrière moi. » Un autre de six ans, sur son poney chevelu du Shetland, crie à ses grandes sœurs qui sont au balcon : « Holà ! hé ! jeunes filles, si vous avez l'idée de faire un tour à cheval sur les sables, je suis votre homme. » — Par contre, ce que l'artiste raille le plus volontiers en lui, c'est la gloutonnerie. Emily lui a tout offert pour l'amuser, sa boîte à peinture, son piano, ses livres, et il grogne : « Hi ! hi ! je n'appelle pas cela de l'amusement ! Ce qu'il me faut, ce sont des figues, ou du pain d'épices, ou un grand morceau de tofé ! Voilà ce que j'appelle de l'amusement ! » Naturellement le dessinateur conforme le type physique au type moral. Il ne les fait pas fins, mais robustes et rudes. De plus, il exagère à plaisir leur bravoure naturelle. Deux bambins sur un âne veulent franchir un fossé devant lequel un monsieur à cheval hésite. Un gamin de cinq ans, les mains dans les poches, dit à son oncle, grand gaillard bien emmitouflé qui va sortir et songe aux rôdeurs nocturnes : « Dites donc, oncle Charles, si vous ne vous sentez pas à votre aise pour vous en retourner seul, eh bien, je vous ferai la conduite jusque chez vous. » — Défalquez de la caricature la saillie voulue et trop forte, il reste la chose elle-même, du moins la chose telle que les Anglais la voient ou veulent la voir. Sur cette donnée, avec les rectifications et les confirmations convenables, on peut voir la chose telle qu'elle est.

Parmi les documents à l'appui qui peignent le tempérament, la race et la nature, il y en a de tout proches. Les gens du peuple, surtout les paysans, les matelots, les fermiers et aussi les squires rustiques, sont ici des gaillards ou des patauds énormes ; tous leurs dehors annoncent la solidité brutale. On voit qu'ils mettent leur orgueil à se bien nourrir. — Un vieux monsieur de la campagne a l'air d'un porc engraissé, qui se souvient du sanglier son grand-père. — Près de là est le portrait du juré anglais : il part pour la séance bouffi, empiffré, ayant mangé comme un ogre, et, par surcroît, sa femme lui remplit ses poches. C'est que les jurés sont retenus jusqu'à ce qu'ils soient d'accord ; la diète finit par les rendre unanimes ; rien de plus horrible que le vide pour un tel estomac. — Fête dans les districts houillers ; les horions en sont le plus bel ornement : la fille revient avec son père qui a le bras cassé et dit à son galant, rustaud massif, d'aller taper à son tour. — Deux matelots à Balaclava, grosses et grandes bêtes de combat, bien carrées du tronc et bien repues, s'approchent de leur officier et lui disent humblement : « Faites excuse, Votre Honneur, mais est-ce que John Grampus et moi, nous ne pourrions pas avoir un jour de congé à terre, pour aller aux tranchées tirer avec les soldats ? » — Mais le personnage le plus significatif de tous est le type idéal de l'Anglais, John Bull, tel qu'on le voit dans les caricatures politiques ; voilà leur représentant choisi par eux-mêmes. Dans ce portrait, qui pour eux est un résumé, ils montrent l'essence et le fond du caractère national. Enfant, c'est un gros gaillard de Rubens ou plutôt de Jordaens, qui, par surcroît, a l'air renfrogné d'un dogue. Adulte, il ressemble à un marchand de bœufs ; cinquante ans, la carrure épaisse, le ventre proéminent sous un grand gilet étalé, des fortes bottes à revers, un chapeau bas, un gourdin à la main. Mais l'âge ne lui a rien ôté de sa force ; corps à corps ou à coups de poing, il est capable d'accepter le plus rude adversaire. Imaginez-vous un type de distinction, puis le contraire parfait ; c'est cette dernière impression qu'il laisse : très-peu de cou, large menton, solide mâchoire, tout l'appareil masticateur est développé ; le col roide remonte à mi-joue au-dessous du menton rasé, et les favoris des deux côtés font des côtelettes ; ainsi le bas du visage est celui de M. Prudhomme. Mais les yeux joyeux ou sauvages, les sourcils redoutables, toute l'expression de la physionomie indiquent la forte séve animale et le tempérament colérique. Peu de front, point d'esprit, idées courtes et rares ; celles qu'il a sont d'un marchand ou d'un fermier. En revanche, on démêle en lui le bon sens et l'énergie, un fond de bonne humeur, de loyauté, d'application, de ténacité, bref, cette consistance de caractère par laquelle l'homme prospère dans la vie, et se rend, sinon aimable, du moins utile. — Il y a mieux que cela en Angleterre ; mais on ne se trompe pas trop, si l'on prend ce type et ses analogues pour peindre les aptitudes et les inclinations les plus fréquentes dans la moyenne de la nation.

A l'extrémité opposée, se trouve le type de l'artiste. On sait combien les dessins français le mettent au-dessus du bourgeois ; ici, par une rencontre notable, c'est l'inverse. — Les musiciens sont des singes payés qui viennent faire leur bruit dans un salon. — Les peintres sont des artisans barbus, mal payés, mal habillés, mal élevés, prétentieux, à peine supérieurs d'un degré aux photographes. — Ceux-ci sont des ouvriers qui ne savent pas leur langue et ne sont bons que pour prêter à rire. — Thackeray a combattu maintes fois ce défaut de l'opinion ; un de ses personnages, peintre et fils d'un colonel, Clive Newcome, remarque avec étonnement qu'à Paris les artistes vont de pair avec les gens du monde, et que Delaroche, Horace Vernet dînent chez le roi. Jamais un moraliste français n'aurait eu besoin de prouver que l'art du peintre est une occupation aussi libérale que la profession de médecin ou d'avocat.— Probablement aux yeux du gros John Bull que je viens de décrire, un peintre n'est pas un gentleman, car il se sert de ses mains pour peindre. Il n'est pas « respectable, » car il n'a pas de ressources régulières, et on dit qu'il y a du désordre dans son atelier. C'est donc un manœuvre qui manque de tenue ; il est au rang de son voisin, l'ouvrier en chambre, un pilier de cabaret.

Les caricatures politiques ont l'air d'avoir été dessinées par John Bull lui-même : dessin dur, exact, sans souplesse ni finesse, plaisanterie âpre, rude : c'est la gaieté d'un dogue. De plus, tout est subordonné à l'effet pratique ; il s'agit de ramener une affaire d'Etat, une guerre, un changement de ministère, une situation politique à quelque scène bien familière de la vie courante, en sorte que tout cerveau, même le plus obtus, puisse la comprendre. — Dans les dessins de mœurs, les types sont très-bien saisis, vivement accusés, et expriment énergiquement le moral par le physique. — En tout ceci ils sont les successeurs d'Hogarth.—Au contraire, dans les frontispices et les bordures de chaque almanach, la fantaisie, la verve burlesque, l'imagination excentrique et intarissable, les mascarades folles, les processions drôlatiques, les figures gracieuses ou monstrueuses, l'invention originale, sentimentale et comique débordent jusqu'à faire souvenir de Dickens et même parfois de Shakespeare.

Pour achever de dépouiller ce recueil, notons deux caricatures tragiques : il s'agit du paupérisme ; on l'aperçoit partout en Angleterre, du moins par des échappées.

Le cultivateur primé. Le pauvre misérable en guenilles, mains jointes, maigre, l'air humble, s'agenouille, couronné de roses. Derrière lui, sa femme et ses six enfants, en longue ligne, ont l'air aussi faméliques que lui. Le président du comité, gras et bien vêtu, lui remet solennellement sa récompense : un marteau et une pierre. Qn'il la casse et la distribue à ses enfants à jeun. L'assemblée sourit ; gentlemen et belles dames contemplent avec une curiosité froide, comme un animal d'espèce inférieure et inconnue, la lamentable brute qui produit le pain.

Les vêtements à bon marché. Vingt squelettes cousent sur un établi ; le propriétaire, bourgeois ventru, à l'œil dur, aux bajoues stupides, surveille leur tâche en fumant son cigare.

Ces deux gravures, au milieu des autres, font le même effet que la vue d'une *lane* hideuse, comme on en trouve près d'Oxford-street, après une longue promenade parmi les palais, les hôtels et les confortables maisons bourgeoises du West-End et de la Cité.

———

Présenté à John H..., jeune *barrister* (avocat) fort complaisant. Il loge au Temple, sorte de ruche d'hommes de loi et d'apprentis hommes de loi, où quantité de petits appartements garnis donnent l'idée d'un quartier latin et d'une basoche. Quatre corporations associées (*ins of court*) composent l'institution; chacune a sa salle où elle dîne, et la principale obligation de l'étudiant est d'y dîner six fois par trimestre[1] pendant trois ans. Un an de stage chez un *lawyer* lui donne le droit de plaider sans avoir suivi les cours. — En tout, six professeurs, et les examens de sortie sont facultatifs. — Ce n'est point là une grande école de droit semblable à la nôtre, instituée pour enseigner d'abord la théorie. Pareillement, il n'y a point d'École polytechnique; celui qui veut devenir ingénieur entre chez un ingénieur (*engineer*), et s'instruit en faisant, comme un rapin chez un peintre. Ce manque d'enseignement supérieur et organisé, cette omission des grands cours théoriques et préalables, ce recours principal à l'expérience est un trait notable et tout anglais. — Au reste, un cours de droit systématique serait fort difficile à faire. Il n'y a pas ici de code rédigé, comme chez nous, d'après des principes philosophiques sous-entendus, mais un amas de statuts et de précédents, plus ou moins disparates, parfois contradictoires, que le futur légiste est tenu de s'assimiler par une longue trituration toute personnelle. D'autre part, il n'y a point ici d'école historique, munie, comme en Allemagne, d'un tact délicat et de grandes vues d'ensemble pour expliquer l'appropriation graduelle de la loi aux mœurs; et, par suite, sa génération, sa portée, ses limites. Ce qui

---

[1] S'il est membre d'une université, il lui suffit d'y dîner trois fois par trimestre.

supplée aux théories philosophiques et historiques absentes, c'est l'usage et bien souvent la routine.

Quelques-uns de ces hommes de loi, *barristers*, *sollicitors*, *attorneys*, gagnent vingt mille livres sterling par an ; l'un d'eux qu'on me cite, de trente à trente-cinq mille.

Nous allons voir des procès à Westminster. Jury en matière civile comme en matière criminelle, et toujours sur la question de fait, qu'on distingue de la question de droit. Mais, en matière civile, le jury n'intervient que sur la demande des parties, lesquelles alors payent une certaine somme. — Nous assistons à trois procès. Dans l'un, il s'agit du divorce qu'une femme réclame contre son mari; la chose a cessé d'être un privilége aristocratique et n'exige plus de frais exorbitants ; ils sont maintenant de vingt-cinq ou trente livres, à la portée des bourses médiocres. Du reste, les comptes rendus de ces procès conjugaux, très-fréquents dans les gazettes, méritent d'être lus, parce qu'ils ouvrent une percée sur un vice du ménage anglais, à savoir, sur la tyrannie et la brutalité du mari. — Rôle très-remarquable des avocats, et fort différent de celui qu'ils remplissent en France. Non-seulement ils plaident, mais ils font l'office de juges d'instruction ; car, à l'audience, le plaignant, le défendant et chaque témoin, sont soumis par eux à un interrogatoire et à un contre-interrogatoire. Tour à tour les deux défenseurs tournent et retournent leur homme, tâchent de l'embarrasser, de le troubler, de le jeter dans quelque contradiction. Certes, il est désagréable d'être témoin en Angleterre, et le quart d'heure qu'on passe sur la sellette est des plus vilains. — Par suite, tout le faix du procès retombe sur les avocats; le juge n'est là que pour exercer un contrôle, interdire certaines questions, être le modérateur des champions à l'audience, comme la reine est le modérateur des partis au parlement.

Un rôle si actif et si divers doit beaucoup augmenter l'importance et aiguiser l'intelligence des avocats. Chez nous, ils sont trop souvent des enfileurs de phrases qui tombent dans la rhétorique et que le président fait taire; ici, ils sont tenus, comme nos juges d'instruction, de deviner et manier le caractère humain. Trois ou quatre, à l'œil perçant, à la prononciation nette et vibrante, au geste décidé et subit, me semblent d'admirables renards; je ne voudrais pas tomber entre leurs pattes. — La femme interrogée est à part, dans une petite loge grillée, bien en vue; mon guide me dit que sa condition est basse, son accent vulgaire, sa toilette louée. Mais elle a dans ses réponses cet air d'attention et d'énergie persévérantes que j'ai vu si souvent en ce pays. A chaque instant, elle a envie de pleurer et renfonce ses larmes. On lui demande si elle n'a pas frappé son mari avec les pincettes, si elle a quelquefois commencé les disputes. Elle ne répond point *non* à la volée, comme une méridionale; elle baisse la tête, réfléchit une demi-minute, puis, sûre de sa mémoire, après vérification et avec certitude, elle répond : « Non, jamais. » L'accent est très-convaincu, très-beau sur le mot *jamais*.

Il faut lire les comptes rendus des procès criminels, pour comprendre à quel point ici le rôle du juge est élevé et dignement rempli. On ne voit jamais poindre en lui l'esprit de persécution, les sentiments de l'homme de police, le désir de venger la société, l'instinct du chasseur qui se pique au jeu et veut saisir son gibier. « Le principe de la loi anglaise, dit un article que je traduis, est qu'un homme doit être tenu pour innocent tant qu'il n'est pas prouvé qu'il soit coupable. Le faix de la preuve est tout entier à la charge de ceux qui le poursuivent. A l'inverse du prévenu de France, il peut clore ses lèvres ; il n'est pas obligé de s'accuser lui-même ; sous aucun prétexte, quel qu'il soit, il n'est permis aux officiers de justice, hauts ou bas, d'extraire de lui son secret. »

Conformément à cet esprit de la loi, lorsque le juge prononce, c'est avec l'autorité et l'impartialité d'une conscience absolument convaincue. Il ne déclame ni n'invective. Il ne dissimule pas les points faibles de la preuve; il n'exagère pas sa certitude. Il mesure son expression, il traduit avec scrupule, en paroles précises, son opinion bien mûrie, et, quand enfin à la sentence légale il ajoute le blâme moral, la gravité et la noblesse de son accent deviennent admirables. Maintes fois, il m'a semblé que la justice elle-même, si elle avait une voix, parlerait ainsi. L'homme s'est effacé, pour être le simple organe de la vérité et du droit. Sous un tel ascendant, le condamné doit s'humilier, souscrire luimême à sa sentence. Je ne connais pas de spectacle qui puisse imprimer aussi solennellement dans le cœur des hommes la vénération de la loi. — Mais il y a toujours un mal à côté d'un bien. On me dit que, par cette législation, l'individu est plus protégé que la société, que la preuve légale est trop difficile à fournir, et que beaucoup de coupables échappent.

La bonne compagnie ne fréquente pas les théâtres, sauf les deux opéras qui sont des fleurs exotiques de luxe et de serre, où le prix des places est énorme et où l'on n'entre qu'en costume de soirée. — Quant aux autres, leur public n'est guère recruté que par le peuple et la demi-bourgeoisie. Il n'y a plus de comédie nationale en Angleterre ; les auteurs traduisent ou arrangent des pièces françaises. — Cela est bien étrange ; car ils ont des mœurs originales qu'on pourrait mettre en scène. En outre, on voit par leurs romans qu'ils savent pénétrer et représenter les caractères. La verve satirique ne leur a jamais manqué ; ils ont eu au siècle dernier de très-bons auteurs comiques et des acteurs admirables. D'où vient qu'il n'y a pas de comédie à Londres et qu'il y en a une à Paris ? — Est-ce parce qu'on ne trouve pas de caractères comiques en Angleterre ? Il me semble qu'il y en a plus qu'ailleurs, justement parce que les types y sont tranchés, poussés intrépidement jusqu'à l'extrême. — Est-ce parce que la pruderie des mœurs interdit le rire ? Elle n'interdit que le rire indécent, et laisse toute place au rire honnête. — Est-ce parce que la réserve anglaise a supprimé le geste multiple, l'expression abandonnée et vive ? Mais c'est la situation qui produit l'intérêt, et des figures graves peuvent être engagées dans l'action la plus piquante. — Ceci est une énigme, surtout pour le lecteur qui vient de feuilleter un roman de Dickens ou un album de John Leech.

Ce soir, nous allons à l'Olympic, petit théâtre assez analogue à notre Palais-Royal. La première pièce est une parodie du *Marchand de Venise*, pleine de calembours et de coqs-à-l'âne ; mais il faut être d'un pays pour en goûter les turlupinades. — L'autre pièce, *Dearest Mamma*, est imitée de *la Belle-Mère et le Gendre*. Un des acteurs, Addison, joue le rôle du vieil oncle avec une verve et une vérité étonnantes. Figurez-vous un gros, chauve et joyeux bonhomme, bien rond, bien roulé dans sa longue redingote, bien commode à vivre, bien heureux d'être veuf et libre, d'une belle humeur systématique, tout occupé de ne pas troubler « son équilibre, » qui fait chaque jour ses cinq repas et ses trois promenades hygiéniques, qui chante de petits airs à tout propos, qui, à la fin de ses phrases, lâche une sorte de sifflement comme un vieux merle, qui dort dans tous les fauteuils, et qui, endurci par les intempéries du mariage, dodeline de la tête et finit par ronfler confortablement sous les mercuriales qu'on lui fait. Physique et moral, le type est complet, sympathique et original, très-bouffon et très-naturel, et l'imitation en est parfaite.

On joue encore quelquefois Shakspeare ; j'ai vu Macready dans *Macbeth*, il y était puissant et dramatique, surtout dans la scène de folie, quand, devant le spectre de Banquo, haletant d'horreur, avec un cri rauque, il s'abattait à terre comme un taureau fou. Le public rit encore quand Hamlet, au cimetière, dit que la pourriture du grand Alexandre sert aujourd'hui à boucher un trou de mur. — Mais les habitudes des yeux ont trop changé ; nous n'avons plus la naïveté du seizième siècle ; l'illusion est dérangée par les changements de scène si fréquents ; nous ne pouvons croire à ces armées représentées par six figurants, à ces batailles sur la scène. Même en Angleterre, les gens bien élevés doivent être révoltés lorsqu'ils voient Cornwall, sur le théâtre, arracher tour à tour les deux yeux de Glocester. — A mon sens, Shakespeare lu iait maintenant plus d'effet que Shakespeare représenté ; du moins, je vois moins bien ses personnages quand ils me sont montrés par l'intermédiaire d'un acteur.

―――

La vie n'est pas trop chère à Londres, quand on se contente de l'essentiel. Un jeune *engineer* de mes amis dépense en tout dix francs par jour ; son dîner, bière, rosbif, pommes de terre, asperges, pâté, fromage, lui coûte deux shillings, et son logement fort propre comprend une chambre et un salon. — B..., qui est venu ici lire des manuscrits arabes, a, près du Bristish Musæum, une belle chambre, le service et le déjeuner pour une guinée par semaine. Tous les deux payaient davantage à Paris. — On peut louer aux environs de Regent's-Park une maison entière pour cent livres par an. — En revanche, dès qu'on entre dans la vie luxueuse, les prix deviennent énormes. Quatre Français, en trois jours, ont dépensé dix-huit cents francs dans un hôtel élégant. Dans un autre hôtel du quartier à la mode, un salon, une chambre à coucher, un *dressing-room*, le service et les bougies coûtent dix-huit guinées par semaine. — Lord S... souriait avec incrédulité en écoutant un Français, mon ami Louis T... qui, l'an dernier, a tué trente-six chevreuils dans une chasse louée deux mille francs. — Tous les plaisirs de luxe, l'opéra, la chasse, la représentation élégante sont réservés aux grandes fortunes, ce qui est un nouveau trait de séparation entre les pauvres et les riches.

———

Notre linge n'est pas rentré au jour dit, ni le lendemain, ni le surlendemain, ni le jour d'après ; enfin on nous le rapporte non lavé ; c'est qu'il y a eu cette semaine deux fêtes consécutives, et le blanchisseur nous dit que, depuis huit jours, les ouvrières se soûlent.

J'ai vu, depuis mon arrivée, trois femmes ivres en plein jour. Deux, près de Hyde-Park, dans la plus belle rue, étaient visiblement des femmes de mauvaise vie, avec des restes de châles et des bottines éculées, le sourire hébété, les pieds chancelants et la langue lâchée. La troisième, bien mise et âgée d'environ cinquante ans, trébuchait au milieu d'un rassemblement, s'avouait ivre avec un sourire étrange, et disait que c'était pour avoir bu à l'Exposition. Je crois le vice fort rare chez les femmes bien élevées ; cependant l'extrême ennui, le chagrin peuvent y conduire ; Eliot l'a mis en scène dans sa nouvelle intitulée *Janet's Repentance*[1].

[1] *Times*, 23 novembre 1870 : « A lady in the vicinity of London, who takes great interest in the *recovery of ladies from habits of intemperance*, continues to receive into her family one lady from *the higher classes*, requiring help in this respect. A vacancy now occurs. Address Hon. secr. of the Ladies' Total abstinence Association, n° 33, Baker-street. »
Cette annonce ouvre d'étranges perspectives.

En revanche, il est terrible dans le peuple. J'ai fait ces jours-ci deux visites à Chelsea et j'ai rencontré chaque fois des hommes ivres-morts en travers du trottoir. L'ami qui habite ce quartier y trouve assez souvent des ouvrières dans cet état et cette attitude. Un clergyman philanthrope me dit que, sur dix ouvriers, huit sont ivrognes. A Londres, ils gagnent beaucoup, de une à deux livres sterling par semaine ; une fois qu'ils ont payé leur pain, ils vont boire, trois ou quatre jours de suite, du gin, du brandy-and-water et autres liqueurs fortes. L'ivresse produite par ces spiritueux hébète l'homme, le rend triste et souvent fou. De là, quantités de *delirium tremens* et autres maladies alcooliques. — D'après un article du *Ragged schools' Magazine*, il y avait à Londres, en 1848, onze mille débitants de spiritueux, et seulement quatre mille bouchers et boulangers. Trente mille personnes par an sont arrêtées à Londres parce qu'elles sont en état d'ivresse. De compte fait, deux cent soixante-dix mille individus entrent chaque semaine dans les quatorze principales maisons de gin. A Glasgow, sur dix maisons, il y a un débit de gin[1]. — Les statistiques estiment qu'à Manchester les ouvriers dépensent chaque année en boissons environ un million sterling ; à Glascow à peu près autant ; à Newcastle, quatre cent

---

[1] Le *Times*, dans un de ses derniers articles, signalait le Lancashire comme une des contrées où l'éducation était le plus négligée et s'autorisait de ce que la plupart des actes de mariage portaient une croix au lieu de signature. — M. Wilson, curé de Liverpool, a répondu au journal anglais qu'il ne fallait pas conclure du fait cité que toutes les personnes qui faisaient une croix ne savaient pas écrire, « attendu que, dans un cas sur cinq, l'un des époux était sous l'influence des alcooliques au moment où il signait l'acte de mariage, et qu'il traçait une croix, parce que son état nerveux l'empêchait d'écrire son nom. »

(*Débats*, 22 septembre 1871.)

mille livres sterling; à Dundee, deux cent cinquante mille. 141 ouvriers ayant été observés à Preston, on trouva qu'en moyenne ils dépensaient en spiritueux 22 pour 100 de leur gain, un peu plus de onze livres et demie par an; 41 dépensaient de 25 à 75 pour 100 de leur gain; 12 étaient de la Société de tempérance, et s'abstenaient de toute liqueur forte. — Tel est en effet, le remède, et l'on comprend la ferveur, la propagande et l'utilité de ces associations. Dans beaucoup de rues, je vois des images qu'elles publient; on y représente l'ivrogne abruti, inerte, entouré de petits démons qui lui enlèvent par pelletées le cœur et la cervelle, pendant qu'au-dessous le diable principal montre un bouteille de gin, avec ce jeu de mots : *My best spirit.*

CHAPITRE VII

MANUFACTURES ET OUVRIERS

Départ pour Manchester. Je lis en route divers journaux et revues, entre autres trois ou quatre articles sur la France, contre son gouvernement, qui est despotique et ne laisse aucune portion des affaires publiques aux mains de l'individu. — L'auteur raisonne comme si les Français étaient des Anglais ; involontairement il se suppose transporté en France ; il imagine combien il y serait mal à l'aise, combien ses habitudes seraient choquées, combien notre régime administratif lui imposerait de gênes. — Mais ces gênes, si grandes pour lui, sont petites pour nous ; la majorité des citoyens sentirait bien davantage celles du régime contraire. Prendre part aux affaires publiques, c'est s'imposer un surcroît de travail, être de cinq ou six comités, faire ou écouter des rapports, subir en quinze jours douze discours sur le même sujet, digérer des statistiques et des enquêtes, toutes occupations ennuyeuses. Nous les remettons au gouvernement; s'il est un despote, il est aussi un intendant. Il nous impose beaucoup d'entraves, mais il nous dispense de beaucoup de tracas. Nous le laissons trancher, rogner, comme un intendant muni d'un blanc seing, en le critiquant tout haut, en nous disant tout bas que, s'il devient insupportable, nous avons toujours la ressource de le mettre à la porte. — A la vérité, le calcul est mauvais; après des années de tranquillité et d'insouciance, on se trouve ruiné, engagé dans de mauvaises affaires. D'ailleurs, une expulsion entraîne toujours des scènes violentes. Enfin, comme la maison ne peut se passer d'un intendant, on est obligé, après chaque bagarre, de prendre le premier venu, ce qui est fâcheux, car il est souvent pire que l'autre.

Paysage plat et terne pendant les cent premiers milles; au delà les collines commencent, et la campagne prend une expression. Ces hautes collines onduleuses nagent dans la brume; parfois, quand le soleil affleure, une clarté faible vient, comme un sourire, se poser sur leur vert pâle; ce sourire fugitif, dans le deuil universel des champs mouillés, est si touchant et si triste !

Nous entrons dans le pays du fer et de la houille ; partout les traces de la vie industrielle; les débris de minerai font des montagnes; le sol est disloqué par les excavations; les hauts fourneaux flamboient. Nous approchons de Manchester. Dans le ciel cuivré du couchant, un nuage de forme étrange pèse sur la plaine ; sous ce couvercle immobile, des cheminées hautes comme des obélisques se hérissent par centaines ; on distingue un amas énorme et noirâtre, des files indéfinies de bâtisses, et l'on entre dans la Babel de briques.

Promenade dans la ville ; vue de près, elle est plus lugubre encore. L'air et le sol semblent imprégnés de brouillard et de suie. Les manufactures alignent l'une après l'autre leurs briques salies, leurs façades nues, leurs fenêtres sans volets, comme des prisons économiques et colossales. Une grande caserne à bon marché, un *work-house* pour quatre cent mille personnes, un pénitencier de travail forcé, voilà les idées qui viennent à l'esprit. Une de ces bâtisses est un rectangle à six étages, chacun de quarante fenêtres ; c'est là que sous la lumière du gaz, au roulement assourdissant des métiers, des milliers d'ouvriers, parqués, enrégimentés, immobiles, tous les jours, tout le jour, poussent machinalement leur machine ; se peut-il une vie plus violentée, plus contraire aux instincts naturels de l'homme ? — Vers six heures, les ateliers dégorgent dans les rues une foule agitée et bruyante ; hommes, femmes, enfants, on les voit grouiller dans l'air trouble. Leurs vêtements sont salis ; beaucoup d'enfants vont nu-pieds ; les figures sont tirées et mornes ; plusieurs s'arrêtent aux boutiques de gin ; les autres s'éparpillent et regagnent leurs tanières. — Nous les suivons ; quelles tristes rues ! Par la fenêtre entr'ouverte, on voit la pauvre chambre, au niveau du sol, souvent plus basse que le sol humide ; des tas d'enfants blancs, charnus, malpropres sont sur le seuil et respirent le mauvais air de la rue, moins mauvais que celui de la chambre. On aperçoit un reste de tapis, un linge suspendu qui sèche. — Nous poussons plus loin, du côté du faubourg ; là, dans un espace plus libre, des files de petites maisons économiques ont été bâties par entreprise. La rue noire est pavée de scories ferrugineuses ; les toits bas allongent leurs files rouges sur le gris universel du ciel ; mais chaque famille est chez elle, et le brouillard qu'elle respire n'est pas trop impur. Voilà les favorisés, les heureux. Et nous sommes en été, aux plus beaux jours de l'année ! Là-dessus, on se demande quelle peut être leur vie en hiver, lorsque le brouillard noie, étouffe, engloutit toute la nature visible, et l'on sent de quel poids ce climat inhumain, ce régime industriel pèsent sur l'homme.

Courses et visites dans le quartier riche. Ici et à Liverpool, comme à Londres, le caractère anglais se marque dans les constructions. Le citadin fait tout ce qu'il peut pour cesser d'être citadin ; il tâche d'avoir dans un coin de la ville son château et sa campagne ; il a besoin d'être chez lui, de se sentir seul, roi de sa famille et de ses domestiques, d'avoir à lui et autour de lui un coin de parc ou de jardin qui le délasse de la vie artificielle et des affaires. De là d'immenses rues sans boutiques, silencieuses, où chaque maison, entourée d'un carré vert, est isolée et ne contient qu'une famille. En outre, au delà de Manchester, s'étend Bowdon, sorte de villa générale, avec un superbe parc à lord Stamford, qui en donne la jouissance au public : magnifiques arbres, riches gazons, troupeaux de daims familiers, couchés dans les fougères. Au sortir de l'atelier ou du bureau, comme on doit sentir la douceur et le calme de ces beautés naturelles ! — Car ici il n'y en a point d'autres ; même dans le quartier riche, la promenade attriste. Dix, quinze, vingt maisons de suite ont été bâties sur le même patron, et se suivent comme des dames sur un damier, avec une régularité mécanique. Les gazons corrects, les petites grilles, les façades vernissées, les compartiments exacts font penser à des ménageries peintes, à des jouets bien propres. L'ornement est de mauvais goût, chapiteaux, colonnes grecques, balustres, toits gothiques et autres formes empruntées à des siècles ou à des lieux lointains, le tout frais et disparate, luxe équivoque et de pacotille, comme celui d'un enrichi qui s'attife en croyant se parer. — Il est bien de travailler, il est bon d'être riche ; mais ce n'est pas assez que de travailler et d'être riche.

Ils sont puissants, voilà la compensation. La vie de ces chefs de maisons industrielles ou commerciales peut être comparée à celle d'un petit prince. Ils ont les capitaux, les grandes visées, la responsabilité, les dangers, l'importance, et, à ce que l'on dit, l'orgueil d'un potentat. Comme lui, ils ont leurs délégués et leurs représentants aux quatre coins du monde ; ils sont tenus de connaître au jour le jour l'état et les ressources des pays environnants ou lointains ; ils risquent leur acquis en entreprises énormes ; ils ont à discipliner et à contenter un peuple d'ouvriers ; ils peuvent être des bienfaiteurs pour des milliers d'hommes ; ils sont les généraux et les gouverneurs du travail humain. Un quart de million sterling, un demi-million sterling, voilà les mots qu'on entend répéter à propos de leurs entreprises, achats et ventes, valeurs des navires nolisés ou des produits emmagasinés. Ils envoient reconnaître tel ou tel district du globe ; ils découvrent des débouchés ou des approvisionnements au Japon, en Chine, en Australie, en Égypte, en Nouvelle-Zélande ; ils poussent à l'élevage des moutons, à l'acclimatation du thé, à la culture du coton dans une contrée nouvelle. Dans cette façon d'entendre les affaires, toutes les facultés ont tout leur jeu.

Les magasins de tissus sont des monuments babyloniens ; l'un d'eux a cent deux mètres de façade ; une machine à vapeur monte les ballots. Telle manufacture de coton contient trois cent mille broches. Selon un de mes amis, ingénieur, et d'après les relevés authentiques du coton brut qui entre et du coton manufacturé qui sort, le district de Manchester a gagné pendant deux ans cinq cents millions de francs par mois ; aujourd'hui il en gagne encore deux cent cinquante [1]. — Nous visitons les ateliers de Shaw et de Platt, l'un filateur, l'autre constructeur de machines à filer. Platt fabrique vingt-trois mille broches par semaine ; il en a fabriqué jusqu'à trente-cinq mille ; il a quatre mille huit cents ouvriers ; il fait pour trente millions d'affaires par an, et l'on dit que l'an dernier il a gagné cinq millions. Quand on entre dans ces ateliers on demeure stupéfait ; c'est un pêle-mêle gigantesque et ordonné, un labyrinthe de roues, d'engrenages, de rubans de cuirs roulants, un édifice vivant et agissant, qui, du sol au plafond et d'étage en étage, travaille avec une vitesse vertigineuse, comme un automate infatigable et acharné. Dans un vaste hangar, dix-huit forges flamboient, chacune flanquée de deux petites ; une fourmilière d'ouvriers s'agite dans l'ombre traversée de rougeurs ardentes. — Chez un autre, Sharp, constructeur de locomotives, sept à huit cents ouvriers font cent locomotives par an, chacune de soixante-quinze mille francs. Il faut venir ici

---

[1] Selon M. Chadwick (*British Almanach and Companion*, 1863), le capital employé en constructions, machines et approvisionnements pour le coton était, en 1859, dans le Lancashire, de 52 millions sterling ; il comprenait 28 millions de broches, et 300,000 métiers. Les gages payés aux 400,000 ouvriers étaient de 205,835 livr. st. par semaine, ou de 10,653,000 livr. st. par an

pour sentir la puissance de l'eau et du feu ; ce ne sont que piliers de fonte semblables à des troncs d'arbres, machines à entailler qui font sauter des copeaux de fer, machines à forer qui, dans des plaques de fer épaisses comme le pouce, percent des trous aussi aisément que dans du beurre ; pilons de cinq cents kilos dont le jeu est si précis qu'ils cassent une noisette sans entamer l'amande ; cisailles monstrueuses, forges colossales. Huit hommes, rangés en file, poussaient dans une de ces gueules de feu un arbre de fer rougi, gros comme le corps. — Mais l'homme, ici, est un insecte ; l'armée des machines prend toute l'attention. A la vue de ces créatures d'acier, de forme bizarre, si laborieuses, si industrieuses, parmi les grincements et le tonnerre de leur hâte furieuse, on pense aux nains et aux géants souterrains de la mythologie scandinave, aux monstres déformés qui, dans les cavernes des montagnes, forgeaient pour les dieux des colliers et des armures. Aujourd'hui, c'est pour l'insecte qu'ils travaillent ; il leur commande ; et parfois, en voyant la disproportion des serviteurs et du maître, on oublie à quel prix il leur commande.

Si on regarde la carte géologique, on voit autour de Manchester une large plaque teintée de noir : c'est le district houiller. Les villes y poussent comme des champignons gigantesques ; il y en a sept ou huit nouvelles autour de Manchester, de quarante à quatre-vingt mille âmes, par exemple Oldham, que je viens de voir. Mon ami, l'ingénieur français, me dit que mille kilos de houille coûtent ici de 5 à 8 shillings ; à Paris, 23 francs ; à Roubaix, de 15 à 18 ; dans les Vosges, de 34 à 40. Mêmes teintes noires autour de Birmingham et de Glasgow, et mêmes conséquences. Ajoutez-y la terre argileuse qui fournit la brique, et ici, comme à Londres, un grand estuaire, un débouché, un port naturel, Liverpool, capable de recevoir des flottes entières. Mettez là-dessus un peuple de travailleurs obstinés et prolifiques, et vous comprendrez cette étonnante agglomération de produits, d'hommes et de bâtisses. — Mon ami ajoute deux traits qui, selon lui, expliquent la prospérité des grands établissements. D'une part, les capitaux sont énormes, et, dans la lutte industrielle des nations diverses, la victoire est toujours aux gros bataillons. D'autre part, l'organisation est bonne ; l'ouvrier est appliqué, et suit exactement le modèle donné ; le contre-maître est assidu, et il est toujours en place à l'heure dite ; les machines sont de qualité excellente, et l'on peut évaluer avec sûreté leur rendement. Ouvriers, contre-maîtres, machines, employés, commissionnaires, tout fonctionne avec régularité, indéfiniment, comme un rouage bien vérifié et bien huilé. Le maître vient chaque jour passer quatre heures à sa caisse et aux ateliers pour surveiller l'ensemble ; cela suffit. La discipline et la solidité des subordonnés font le reste.

Nous partons pour Liverpool. Son nom indique un ancien étang, et véritablement la contrée plate, humide, imprégnée par les brouillards de la mer, encombrée d'eaux stagnantes, semble moins faite pour les hommes que pour les sarcelles. Par instant, le paysage redevient primitif ; on aperçoit des landes incultes, des tourbières rousses, une campagne sans enclos, terminée à l'horizon par une ligne indistincte de verdure pâle. Les lourds nuages violacés, l'exhalaison incessante de la mer et du sol occupent et brouillent, comme en Hollande, l'espace qui s'étend entre le ciel bas et la plaine infinie.

Grand bâtiment grec vers le centre de la ville, sorte de temple à caissons dorés, dont les colonnes imitent le jaspe ; c'est une salle de concerts. Un orgue horriblement rude y fait son tapage. De l'autre côté en face, est une bibliothèque qui a coûté 50,000 livres sterling léguées par un particulier. — Mais ce n'est point la beauté ou l'élégance qu'il faut chercher ici. Liverpool est un monstre comme Manchester : comptoirs et magasins monumentaux, immenses rues dont les maisons sont surchargées, comme à Londres, d'arcades, de colonnes et de pilastres, sans autre effet sur le spectateur qu'une impression d'encombrement et d'accablement. Cinq cent mille habitants, et le port est le plus peuplé après celui de Londres.

A côté des docks, les magasins de coton font une sorte de rempart cyclopéen, indéfini, monotone ; c'est le réceptacle de presque tout le coton du monde. — Mais l'aspect des docks eux-mêmes efface tout. La Mersey, large comme un bras de mer, s'enfonce vers l'ouest, amenant, emportant les navires. Sur son flanc, et sur une longueur de six milles, ils entrent dans des canaux, dans des bassins lambrissés de pierre, sortes de rues et de carrés aquatiques multipliés et ramifiés, où ils se réparent et se déchargent. Leurs mâts serrés semblent une forêt d'hiver qui s'allonge à perte de vue et barre tout l'horizon du Nord. Pourtant ces docks si vastes, si nombreux, ne suffisent pas à leur multitude; ils s'entassent par files et par tas, à l'entrée des canaux, attendant une place; on leur bâtit une ligne de nouveaux docks à Birkenhead, en face, sur l'autre rive.

Ce spectacle, je crois, est un des plus grands de l'univers. Certains navires jaugent trois mille cinq cents, quatre mille tonneaux. Un steamer a cent mètres de long. Un navire à l'ancre, le *Great Britain*, va porter douze cents émigrants en Australie. Si, dans les docks secs, on descend l'escalier pour arriver jusqu'à la quille, on s'aperçoit que la coque du navire a de quarante à cinquante pieds de haut. Les flancs évasés et doublés de cuivre ont la gracieuse courbure d'un oiseau nageur qui va dormir sur la vague.

De Birkenhead, le regard embrasse tout le port, l'énorme nappe de la rivière; elle luit jaunâtre et un peu houleuse, dans une faible brume. Les bateaux à vapeur montent, descendent, se croisent, d'un mouvement roide et mécanique, comme des crabes noirs. Les navires à voiles voguent souples et penchés, comme de beaux cygnes. Un vaisseau de guerre à voiles et à vapeur, le *George*, de quatre-vingt-dix canons, arrive en souverain, et toute cette foule s'écarte sur son passage. — De l'autre côté, la ligne sans fin des mâts et des agrès borde le ciel, et la ville colossale s'entasse par derrière.

Nous allons voir quelques ateliers, entre autres ceux de Laird, constructeur de navires en fer. On dit que, depuis trente ans, il en a bâti deux cent cinquante : quinze cents ouvriers, forges et outils monstrueux, chantiers munis de canaux où l'eau arrive. En ce moment on voit sur le principal chantier la carcasse d'un steamer à aubes, long de trois cent cinquante pieds, qui fera le service entre Londres et l'Irlande à raison de vingt milles par heure. Il coûtera de quatre-vingt à cent mille livres sterling ; la construction durera six mois ; le carré en fer qui contient les huit chaudières est composé de poutres de métal grosses comme le corps d'un homme.

Toujours la même impression, celle de l'énormité. Mais le travail et la puissance suffisent-ils pour rendre l'homme heureux? Après dîner, M. B..., grand négociant, reste à table en tête-à-tête avec ses hôtes ; tous boivent du porto trois heures durant, sans rien se dire. Un autre, dès qu'il peut s'échapper, va se détendre les nerfs à sa campagne ; il est passionné pour l'élevage des porcs. — Quand l'homme n'est pas heureux de sa condition, il cherche un alibi dans le rêve. On me montre une place où quatre ou cinq prédicateurs, la plupart méthodistes, viennent prêcher en plein vent le dimanche, au milieu d'une foule ; l'idée du royaume de Dieu, du Christ affectueux, de l'ami tout-puissant et tendre est un refuge pour les imaginations attristées. — Un autre refuge est l'ivresse. « Ce Liverpool, dit un romancier[1], est une ville terrible pour l'ivrognerie. D'autres villes peuvent être aussi mauvaises; les statistiques le prouvent ; mais je ne connais pas d'endroit où l'ivresse soit si affichée et si impudente, non-seulement dans les rues détournées et dans les cours ignobles où l'on s'attend à la voir, mais partout. Je ne fais jamais un petit voyage en chemin de fer dans l'après-

---

[1] *A life for a life*, by the author of *John Halifax*, p. 314.

midi sans être exposé à rencontrer au moins un gentleman ivre, ronflant dans son wagon de première classe, ou dans la seconde classe deux ou trois hommes ivres qui chantent, qui jurent, ou qui, stupidement, se laissent conduire par leurs femmes blêmes. Ce qu'il y a de triste, c'est que leurs femmes n'ont pas l'air de s'en affecter, que chacun prend l'affaire comme une chose toute naturelle. Le gentleman, qui a souvent plus de cinquante ans, n'est que « gris, » et il a coutume de l'être tous les soirs de sa vie. L'homme pauvre a bu sa goutte ou ses deux gouttes, ce que font tous ses camarades dès qu'ils en ont l'occasion. Ils ne voient pas de honte en cela ; ils rient un peu de lui, s'accommodent à son humeur, et sont prêts à prendre son parti contre tout survenant qui aurait des objections contre un pareil compagnon de route ; ils n'en ont pas, leurs femmes non plus ; elles sont très-bien habituées à tolérer des amoureux ivrognes, à apaiser, à conduire des maris ivres. »

Il est six heures, et nous revenons par les quartiers pauvres. Quel spectacle ! Aux environs de Leeds-street, il y a quinze ou vingt rues tendues de cordes en travers, où sèchent des haillons et des linges. Sur chaque escalier grouillent des troupeaux d'enfants, échelonnés par cinq ou six sur les marches, l'aîné portant le plus petit ; figures pâles, cheveux blanchâtres ébouriffés, guenilles trouées, ni bas, ni souliers, tous ignoblement sales ; le visage et les membres semblent encroûtés de poussière et de suie. Il y a peut-être deux cents enfants qui se vautrent et se battent ainsi dans une seule rue. — On approche, et l'on voit, dans le demi-jour du couloir, la mère, une grande sœur accroupie, presque en chemise. Quels intérieurs ! On aperçoit un morceau râpé d'*oil cloth*, parfois une coquille marine, une ou deux chinoiseries de plâtre ; la vieille grand'mère idiote est assise dans un coin ; la femme essaye de raccommoder les pauvres hardes, les enfants se bousculent. L'odeur est celle d'un magasin de chiffons pourris. Presque toutes ces maisons ont pour rez-de-chaussée un sous-sol dallé, humide. Se figure-t-on la vie, dans ces caves, en hiver? — Quelques enfants tout petits sont encore frais et roses, mais leurs grands yeux bleus font mal à voir ; ce beau sang va se gâter ; plus âgés, ils s'étiolent : la chair devient flasque et d'une blancheur malsaine ; on voit des visages scrofuleux, de petites plaies recouvertes d'un morceau de papier. — Nous avançons et la foule augmente. De grands garçons, assis ou demi-couchés sur le trottoir, jouent avec des cartes noires. Des vieilles barbues, livides, sortent des boutiques à gin ; leurs jambes flageolent ; leur regard morne et leur sourire hébété sont inexprimables ; ils semblent que les traits aient été lentement corrodés par le vitriol. Les haillons tiennent à peine et montrent par place la chair crasseuse ; ce sont d'anciens habits élégants, des chapeaux de dame. — Détail horrible, ces rues sont régulières et paraissent assez nouvelles ; probablement c'est un quartier réformé, aéré par une administration bienfaisante ; voilà ce qu'on a pu faire de mieux pour les pauvres. La file uniforme des maisons et des trottoirs s'allonge des deux côtés, encadrant de ses lignes mathématiques cet amas fourmillant de laideurs et de misères humaines. L'air est trouble et pesant, le jour blafard et terne ; pas une couleur, pas une forme à laquelle les yeux puissent s'arrêter avec plaisir ; les gueux de Rembrandt étaient plus heureux dans leurs taudis pittoresques. Et je n'ai pas vu le quartier des Irlandais ! Ils affluent ici ; on dit qu'il y en a cent mille ; leur quartier est le dernier cercle de l'enfer. — Non pas, pourtant, il y a pis et plus bas, notamment, me dit-on, à Belfast, en Irlande, où le soir, au sortir de la manufacture, les filles, sans bas, souliers ni chemise, en blouse grise de travail, s'attardent sur le trottoir, pour ajouter quelques pence au salaire de la journée.

Après avoir bien regardé, il me semble que parmi les ouvriers, les deux types les plus saillants, et autour desquels se rangent le plus grand nombre de nuances, sont les suivants :

1° L'athlétique surabondamment nourri. Tronc immobile, carré, culasse énorme ; c'est le *porter*, dit-on, qui développe ainsi les muscles. Ces larges dos, ces poitrines bombées, ces épaules massives, sont superbes à voir. Quelques-uns sont des géants, hauts de six pieds et davantage. On rencontre plus fréquemment ce type dans les fabriques de fer ; il y a là des colosses tranquilles qui poussent et retournent les grosses pièces dans la forge. Mes amis me disent que j'en rencontrerais de plus beaux encore dans le Yorkshire.

2° Le flegmatique ; celui-ci se trouve partout, notamment dans les fabriques de coton, et, à dire vrai, presque toutes les figures rentrent dans ce type. Teint pâle, œil terne, regard froid et fixe, mouvements exacts, réguliers, ménagés; ils ne dépensent ainsi qu'un minimum d'effort. C'est pourquoi ils sont des travailleurs excellents; rien de tel qu'une machine, pour conduire des machines.

Des manufacturiers français me disent que chez nous l'ouvrier travaille parfaitement bien pendant la première heure, moins bien la seconde, encore moins bien la troisième, et ainsi de suite en diminuant, en sorte que, pendant la dernière heure, il ne fait plus rien de bon. Sa force musculaire fléchit, et surtout son attention se relâche. — Ici, au contraire, l'ouvrier travaille aussi bien pendant la dernière heure que pendant la première. D'ailleurs sa journée n'est que de dix heures et non de douze, comme celle de l'ouvrier français. — Par suite de cette attention plus soutenue, l'Anglais peut mener plus d'ouvrage. Chez Shaw, pour conduire 2,400 broches, il suffit d'un homme et de deux enfants; en France, il faut deux hommes et trois, quatre enfants, quelquefois davantage. En revanche, en certaines qualités, l'ouvrier français est plus adroit; par exemple, dans les Vosges, les tisserands font des étoffes beaucoup plus correctes et jolies. — Toujours la même différence entre les deux races. Le Français goûte et découvre d'instinct l'agrément et l'élégance; il en a besoin. Un quincailler de Paris me disait qu'après le traité de commerce, quantité d'outils anglais, limes, poinçons, rabots, avaient été importés chez nous; bons outils, manches solides, lames excellentes, le tout à bon marché. Cependant, on n'en avait guère vendu; l'ouvrier parisien regardait, touchait, et finissait par dire : « Cela n'a pas d'œil (n'est pas agréable à l'œil); » il n'achetait pas. — Une qualité produit toujours un défaut et réciproquement. Cette finesse des sens et ces exigences de l'imagination empêchent le travailleur d'être *steady*, persévérant, obstiné, quand l'ouvrage est monotone; il ne sait pas marcher régulièrement en cheval de labour; il s'arrête, il va plus vite, il s'ennuie, il est tenté d'innover, de céder à la fantaisie.

Comment vivent-ils, et quel est leur budget? Là-dessus, j'ai des livres de statistique récente, entre autres celui de M. Chadwick, mais surtout les renseignements que me donnent mes amis industriels et ingénieurs. Dans les manufactures de fer, les bons ouvriers gagnent de 33 à 36 shillings par semaine; les autres de 15 à 20. Dans les manufactures de coton, un homme gagne de 16 à 28 shillings par semaine; une femme, une jeune fille, un petit garçon, de 7 à 12 shillings; ainsi, la femme et les enfants ajoutent aux recettes de la famille. On estime que la moyenne des gages dans le Lancashire est de 20 shillings pour un homme fait, qu'il peut vivre avec 10 shillings, que s'il a une femme et quatre enfants, il doit dépenser 30 shillings, qu'en général ses recettes et ses dépenses s'équilibrent tout juste. Il nage à la surface, péniblement; les ouvriers habiles et supérieurs peuvent seuls être au-dessus de leurs affaires. Pour les autres, la misère est extrême quand survient un accident, une maladie, un chômage. Cinq causes de malheur pèsent sur eux :

1° Comme le climat est très-mauvais, ils sont obligés de dépenser beaucoup en houille, lumière, spiritueux, viande, blanchissage fréquent, habits souvent renouvelés. De plus, l'ouvrier est dépensier et l'ouvrier anglais plus qu'un autre. A Oldham, il fait quatre repas par jour, thé, café, une bouteille et demie d'ale, beurre, fromage, trois fois de la viande. A Manchester, les ouvriers constructeurs en fer sont renommés pour accaparer les primeurs des légumes.

2° Comme la concurrence est très-âpre, chacun est tenu de travailler jusqu'à l'extrémité de sa force; il faut plus d'efforts ici qu'ailleurs, pour se maintenir au niveau et à flot; à la moindre défaillance, on coule bas, et les bas-fonds sont horribles.

3° Ils ont des enfants par troupeaux, quatre, cinq, le plus souvent six, et davantage; un de mes amis connaît des familles où il y en a quinze et dix-huit. Comptez les dépenses de la grossesse, de l'accouchement, de la layette, les maladies des enfants et de la mère; d'ailleurs, jusqu'à dix ans, un enfant dépense et ne gagne pas. S'il en survit quatre, il faut que tous les trente ans l'industrie double, ou que la moitié de la population émigre.

4° Sous le régime industriel, les chômages sont inévitables. Tantôt un débouché sur lequel vous comptiez vous est ravi par l'industrie supérieure d'une nation rivale; tantôt il est fermé par la disette, la guerre ou les changements de la mode. Joignez à cela les grèves, et les ouvriers, par centaines de mille, se trouvent sur le pavé sans travail ni pain[1].

5° Ils sont enclins à l'ivrognerie, et de tous les fléaux celui-là est le plus terrible. Le climat y pousse, parce qu'il faut bien se réchauffer, se ranimer, s'égayer,

---

[1] Selon M. Chadwick, « en octobre 1862, des 400,000 travailleurs habituellement employés dans le Lancashire, plus de 150,000 étaient sans aucun ouvrage, et plus de 120,000 ne travaillaient qu'une portion du temps, environ trois jours par semaine, » ce qui donne une moyenne de 210,000 personnes sans aucun ouvrage.

oublier pour un moment une vie si triste et si tendue. Je viens de lire les rapports annuels d'un clergyman à une société de bienfaisance; à cet égard ils sont tragiques.

Par l'effet de toutes ces causes réunies, peu d'ouvriers arrivent à l'aisance, deviennent rentiers, petits commerçants. Une personne qui est en contact perpétuel avec eux et qui vit ici depuis vingt-six ans estime à cinq pour cent, un pour vingt, la proportion de ces heureux. La plupart des autres meurent à l'hôpital, au work-house, ou, dans leur vieillesse, sont soutenus par leurs enfants. En général, le régime industriel use une population; par exemple, celle de Manchester est plus rabougrie que celle d'Oldham, ville nouvelle. — Comme la majorité des travailleurs anglais est employée dans l'industrie et qu'une exploitation agricole est conduite ici comme une manufacture, il faut, si l'on veut comparer la moyenne du bonheur en France et la moyenne du bonheur en Angleterre mettre en regard la vie d'un ouvrier anglais et celle d'un paysan français. Celui-ci, frugal, routinier, vit dans un cercle bien étroit; mais presque toujours il a ou il acquiert un morceau de terrain, c'est-à-dire un capital visible, une ressource palpable, qui lui donne la sécurité d'esprit et dont il jouit par l'imagination; d'ailleurs, le régime agricole et la petite culture comportent un genre de vie plus naturel et moins contraint. En revanche, l'ouvrier anglais, surtout celui des villes, a plus d'idées et de notions en tout genre, plus d'intelligence en matière sociale, politique, religieuse, bref un horizon plus large. Il entend parler de grands intérêts, de choses lointaines; il lit des journaux, il a des curiosités. — Dernièrement, ici, un biographe ambulant faisait deux lectures sur Macaulay, à un shilling et demi d'entrée, et la salle était pleine d'ouvriers. A Londres, on a été obligé de recommencer une leçon publique et gratuite sur l'utilité de la géologie. — Autre cause de développement. L'ouvrier, compris dans une grande organisation, sent combien il dépend des autres; par suite, il s'associe à ses pareils, et sort ainsi de la vie solitaire. A... me conte l'histoire de vingt-cinq ouvriers qui, ayant chacun trente livres sterling d'économies, s'associèrent, il y a quelques années, pour construire des machines. Pendant plusieurs mois, aucune pratique. Ils tinrent conseil, résolurent de persister, et se réduisirent à ne dépenser chacun que trois shillings et demi par semaine, c'est-à-dire à jeûner, eux et leur famille. Un client se présente, s'intéresse à eux, leur achète une machine, invite le public à venir la voir; elle est très-bonne, cela les met en crédit, ils prospèrent, expulsent, après dédommagement, douze d'entre eux qui n'étaient pas assez laborieux ni assez habiles, arrangent leur organisation sur un nouveau plan. A l'origine, chacun d'eux dirigeait à son tour; à présent, ils choisissent un chef perpétuel, le plus capable. Celui-ci distribue chaque année quelques livres de dividende, mais garde presque tous les bénéfices pour améliorer l'affaire ; elle vaut à présent cinq à six mille livres sterling. Les fonctions de chef sont gratuites, tous travaillent de leurs mains ou surveillent dans les ateliers ; aucun d'eux n'a songé à se retirer, à devenir bourgeois et oisif[1].

[1] (*British Almanach and Companion*, 1863, p. 30.)
« Dans un rapport, publié récemment par la Société coopérative des Équitables pionniers de Rochdale, je trouve les noms de 150 de ces asso-

310 CHAPITRE SEPTIÈME.

Nous allons à Oldham, où les ouvriers célèbrent aujourd'hui une sorte de fête en mémoire de l'association qui les réunit. Ils marchent sous des bannières ; l'une,

ciations, comprenant 48,184 membres possédant ensemble un capital de 333,290 livr. st., et faisant des affaires, en 1861, pour le chiffre étonnant de 1.512,117 livr. st. De ces associations, il y en a 70 situées dans le Lancashire. Le *Coopérateur* d'octobre 1862 contient une liste de 500 sociétés, dont les 9/10 se sont élevées pendant les dix dernières années, et qui comprennent 77,000 membres avec un capital de 349,000 livr. st. » — L'auteur de cet article, M. John Plummer, estime qu'il y a dans le Royaume-Uni 500 sociétés coopératives, comprenant 100,000 membres, et possédant 400,000 livr. st. de capital.

Le spécimen le plus parfait et le plus heureux des associations coopératives est celle des Équitables pionniers de Rochdale. Elle se composa d'abord (1844) de vingt-huit ouvriers qui, ayant économisé penny sur penny, commencèrent avec un capital de 28 livr. st., en s'imposant l'obligation de ne jamais acheter ni vendre à crédit ; à force de bon sens, d'abnégation, de concorde et de travail, ils réussirent. — En 1861, ils étaient 4,000, leur capital montait à 59,335 livr. st., et ils faisaient pour 152,063 livr. st. d'affaires par an. A cette date, ils avaient fondé et entretenaient des magasins, ateliers et boutiques pour tous les objets de première nécessité, épiceries, chaussures, habits, farines, viande, de façon à avoir toutes choses au prix de revient et à supprimer le gain des marchands intermédiaires. Ils possédaient une bibliothèque de 5,000 volumes, abonnée aux plus grands journaux et aux meilleures revues, très riche en ouvrages de géographie, d'histoire, d'économie politique, de philosophie sociale et morale, munie de deux grands globes, d'un microscope, d'un télescope, etc. Ils avaient formé une société pour le soin des malades et l'enterrement des morts. Ils avaient donné à leur cité une fontaine de marbre, souscrit pour l'asile des sourds-et-muets, pour le dispensaire de Rochdale, pour l'infirmerie de Manchester. — Enhardis par cette prospérité, plusieurs membres de cette association firent une autre société coopérative pour l'achat du bétail et du blé, pour la confection de la farine et de la viande ; le chiffre de leurs affaires a été, en 1860, de 133,000 livres et les bénéfices de plus de 10,000 livres. — Une troisième société coopérative bâtit, en 1854, deux manufactures de coton au prix de 70,000 livr. st.; le principal mécanicien est un des directeurs. Enfin, une quatrième société coopérative, au capital de 50,000 livr. st., a pour but de fournir de bons cottages aux ouvriers qui placent dans l'affaire leurs économies.

(*British Almanach and Companion*, 1862, article de M. John Plummer, d'après une visite fait à Rochdale.)

celle des briquetiers, porte les portraits des fondateurs; au centre est un œil lumineux entouré de devises signifiant qu'ils demandent la justice et rien que la justice Grand brouhaha; les femmes avec les enfants suivent sur les côtés et font cortége. Elles ne sont point hâves ni grêles; beaux bras nus bien charnus, larges épaules, poitrine pleine; le tronc est mal équarri, mais la charpente est solide; même chez les maigres, le squelette est vigoureux. Elles restent attroupées à la porte, pendant que les maris font leur repas de corps.

Ici, comme dans toutes les autres villes industrielles, l'association a pour but le maintien et l'élévation des salaires. Toutes ces sociétés correspondent et ont à Londres leur bureau central. Quand l'une d'elles se met en grève, ses membres sont soutenus par la caisse locale, et en outre par la caisse centrale, si ses motifs sont jugés valables par le comité choisi. — Pour subvenir à ces dépenses, chaque ouvrier paye un shilling par semaine; de plus, il s'engage à ne pas travailler au-dessous d'un certain salaire. Par contre, en cas de maladie ou de chômage, il reçoit tant par jour sur les fonds communs. Toutes les semaines, il y a assemblée; ces assemblées sont secrètes ainsi que les statuts. Les présidents, trésoriers et autres délégués sont élus; leurs fonctions sont gratuites; chaque ouvrier, tour à tour, doit en remplir quelqu'une. — Ainsi constituées, ces sociétés sont très-fortes; leur caisse centrale a plusieurs millions; elles ont pu soutenir des grèves de six mois et même d'un an, parfois avec succès. Tout ouvrier qui se dégage de la ligue, ou refuse de s'y engager, est regardé comme un traître; il est mis en quarantaine, ainsi qu'un pestiféré; on ne lui parle pas, on ne lui répond plus, il est condamné à la solitude morale. Une enquête ultérieure a montré récemment qu'à ces moyens d'intimidation on ajoutait la violence, quelquefois le pillage, même le meurtre ; un comité secret, une sorte de Sainte-Vehme prononçait et exécutait la sentence. Les associations de ce genre aboutissent naturellement à la dictature. — Chose remarquable, celles-ci ne s'écartent pas de leur objet : elles n'ont pas d'autre visée que l'augmentation des salaires, elles ne songent pas à mettre la main sur le gouvernement, ce qu'elles feraient infailliblement en France. Elles ne sont pas politiques ; elles ne sont pas même sociales ; elles n'ont pas d'utopie, elles ne rêvent pas la reconstitution de la société, la suppression de l'intérêt, l'abolition de l'héritage, l'égalité des salaires, la commandite de l'individu par l'État. — « Rien de tout cela chez nous, me disaient ici des fabricants. Nos ouvriers ne généralisent pas comme les vôtres ; d'ailleurs ils ont des notions d'économie politique; surtout ils ont trop de bon sens pour courir après des chimères. Ce que nous avons à craindre, c'est une grève, ce n'est pas un coup de main socialiste. » — Je viens de lire un très-beau roman d'une personne qui vit ici et qui est à même de bien observer, *North and South*, par mistress Gaskell ; on y voit le caractère d'un ouvrier, l'histoire d'une grève. Si le portrait est fidèle (et je crois qu'il l'est), il y a dans les hommes de cette classe un bien grand fond de raison et de justice. Ils sont en lutte permanente contre les patrons, mais sur un terrain délimité, celui de l'offre et de la demande. Dans ce champ clos, chacun a la même arme, le refus de travail, refus aussi funeste à l'un qu'à l'autre. Chacun persévère dans son refus, chacun selon son courage et sa force, l'ouvrier jeûnant et le patron se ruinant ; voilà la lutte loyale et légale. En attendant l'issue, respect à la loi, pas de violence ; l'opinion est une puissance neutre que l'ouvrier doit mettre de son parti à force de sagesse et de patience. Tel est le conseil d'Higden en matière de grève. — B... me dit que beaucoup d'ouvriers à lui connus suivent cette ligne de conduite. Ils admettent que la querelle de l'ouvrier et du patron est une affaire privée ; la société peut rester en dehors ; en tout cas, elle a son droit, celui de ne pas être troublée par le conflit, et le patron, comme l'ouvrier, a son droit, celui de débattre son prix, de défendre ses intérêts à sa guise. — B... engage à très-gros prix pour sa manufacture de France un ouvrier habile, mais à condition que son salaire baissera de moitié s'il le laisse connaître à ses nouveaux camarades. « — Je comprends, monsieur, lui dit l'ouvrier, il faut que les patrons aussi fassent leurs affaires. » — Selon B..., un ouvrier français ne saurait pas se déprendre ainsi de lui-même, considérer la chose abstraitement et de sang-froid. — Transporté dans un village perdu, cet ouvrier a très-bien travaillé ; sa vie n'était pas gaie, il ne savait pas un mot de français, et ne pouvait communiquer avec personne. Mais il avait avec lui son petit garçon dont il s'occupait beaucoup. B..., trois fois par semaine, lui envoyait un journal anglais et lui disait quelques mots en inspectant l'usine. Cela lui suffisait ; il a passé ainsi plus d'un an, silencieux et digne.

Néanmoins la situation a son effet, et on ne peut nier que l'ouvrier ne regarde le maître comme son adversaire naturel. Pour diminuer cette hostilité, les patrons font des efforts très-grands et très-louables. Ils fondent ou cautionnent des *saving banks*, des *penny banks* où l'ouvrier peut déposer ses moindres épargnes. Ils lui bâtissent et louent des maisons dont, au bout de quelques années, grâce à un système d'amortissement bien combiné, il peut devenir propriétaire. Ils établissent des *ragged schools*, des *mechanic's institutes*. La reine ayant fait une visite à Manchester, soixante mille enfants des écoles du dimanche s'ordonnèrent en procession devant elle et chantèrent le *God save the queen*.

Les maîtres sont obligés d'envoyer deux heures par jour à l'école tous les enfants de douze à quinze ans qui travaillent dans leurs ateliers. — Le principe à la fois intéressé et philanthropique qui guide toutes ces institutions est le désir de diminuer l'*imprévoyance* : selon eux, elle est le vice capital de l'ouvrier anglais. Ici la brute est trop forte ; l'intelligence raisonnable et raisonnante a peine à se dégager. Son étincelle est étouffée sous la fumée trouble et lourde des instincts ; elle ne jaillit pas spontanément, vive, aérienne, comme dans les races du Midi. Il faut l'aider, lui présenter les aliments convenables, et faire une flamme assez forte pour vaincre la grosse matière qui l'offusque. Quand elle y parvient, elle est très-puissante ; mais nulle part il n'est si urgent, si indispensable de civiliser l'homme.

Nous visitons plusieurs de ces établissements d'instruction et de récréation publiques. D'abord Peel's Park, sorte de grand jardin anglais situé au centre de la ville où les pauvres peuvent s'asseoir parmi les arbres et les fleurs. Il a été fondé par une souscription privée de 35,000 livres sterling, et comprend en outre un musée et une bibliothèque. Dans ce musée, il y a deux galeries de tableaux et de dessins fort bons prêtés pour six mois par les propriétaires, une salle d'histoire naturelle contenant des collections d'oiseaux, de serpents, de papillons, etc., une salle d'étoffes anciennes ou étrangères, une salle de spécimens industriels, coton, chanvre, garance, bref, un ensemble d'objets instructifs pour l'esprit ou agréables à l'œil. — Notre guide, un grand négociant, nous disait : « Tout cela parle aux sens et d'une façon intéressante ; tout cela occupe les ouvriers et leur donne des idées ; il faut bien qu'ils puissent se distraire ; d'ailleurs, chaque heure passée ici est enlevée au cabaret. » — Il nous fait remarquer qu'il n'y a pas de gardiens dans les salles ; elles sont gardées par le bon sens et l'honnêteté publiques ; aucun objet n'est volé, détérioré, ni même touché, et il y a 2550 visiteurs par jour en moyenne.

De là nous allons dans une bibliothèque gratuite, établie aussi par des souscriptions privées, et qui sert principalement aux ouvriers. 25,000 volumes ; le bibliothécaire dit qu'il y vient 10,000 lecteurs par mois ; on y trouve les journaux. Quiconque est présenté par deux personnes respectables peut emporter des livres ; douze à quatorze cents personnes sont des emprunteurs réguliers. Je vois par les relevés qu'ils lisent surtout les Vies de Nelson et de Wellington, et aussi des ouvrages de théologie. Selon notre guide, plusieurs sont instruits, font des collections ; il nous cite un ouvrier qui sait les noms et les figures de neuf cents espèces de coléoptères. L'histoire naturelle et, en général, les sciences naturelles leur plaisent fort; ils ont le goût des faits, de la preuve expérimentale, ce qui les conduit souvent bien loin de la Bible, jusqu'au fond du positivisme; les *séculatistes* trouvent parmi eux beaucoup de recrues. D'autre part, ils lisent des revues d'économie politique, des journaux; or les journaux anglais, même ceux d'une petite ville, sont instructifs, remplis de correspondances, de renseignements circonstanciés et précis. — Il me semble qu'ici un ouvrier, s'il ne boit pas et s'il lit une heure par jour, doit avoir la tête bien meublée et très-saine.

Autre institution, *the mechanic's institute*, également fondée et entretenue par des souscriptions. Six cents élèves, filles et garçons, au-dessus de dix ans. Deux sortes de classes, les unes de français, allemand, dessin, musique, mathématiques, pour les élèves qui payent une petite somme; en général, ce sont des enfants de boutiquiers. Les autres classes sont gratuites; on y enseigne la lecture, l'écriture, le dessin linéaire, l'arithmétique; il y vient beaucoup de garçons et de filles en haillons, envoyés par les fabricants. — L'enseignement a surtout pour objet le dessin linéaire et les mathématiques élémentaires; dans la classe supérieure, de treize à seize ans, on leur explique le sixième livre d'Euclide; il faut qu'ils comprennent leurs machines. Ordinairement, le maître prend pour répétiteur un jeune garçon de la classe. — Bibliothèque d'emprunt attenante, avec un millier de volumes; salle de journaux et de revues, où les élèves viennent lire. — Il y a maintenant une ou plusieurs de ces écoles ouvrières et spéciales dans toutes les villes industrielles, et l'on se loue beaucoup de leurs bons effets. — Ils partent de cette maxime qu'il faut instruire le peuple; sinon, il devient ingouvernable. Dans cette œuvre, la religion les aide ; un protestant a besoin de lire la Bible. Quantité d'écoles sont annexées aux églises, surtout aux églises de *dissenters* ; règle générale, l'église engendre l'école.

J'admire infiniment l'esprit de toutes ces institutions, l'initiative généreuse et sensée des particuliers qui, librement, à leurs frais, améliorent la chose publique, et font les affaires de l'État sans avoir recours à l'État. On donne énormément ici et utilement. Agir par soi-même, de sa bourse et autrement, créer l'impulsion et ne pas l'attendre, cela leur est naturel. Beaucoup d'assujettissements que nous acceptons leur sembleraient insupportables; ils répugnent à tout ce qui sent l'enrégimentation et la caserne. Par exemple, aux chemins de fer, point de gare fermée où l'on parque les voyageurs; ils attendent le train sur le trottoir, au bord des rails. Pas de billet de bagages: chacun met sa malle où il veut, et la retrouve comme il peut. — Hier, l'omnibus s'est dérangé de sa route et a passé par une autre rue pour faire plaisir à deux dames qui avaient demandé permission aux voyageurs. En outre, comme il pleuvait, le conducteur a reçu trois personnes de plus, debout, dans l'intérieur. — Dimanche dernier, sur une place, un pauvre diable convaincu, une sorte de Bunyan à grande barbe, avec un vieux chapeau et une redingote râpée, est monté sur une borne, le Nouveau Testament à la main, et s'est mis à faire une conférence. « Vous voyez que les apôtres n'ont pas osé ensevelir le Seigneur ; c'est un Nicodème, un riche, un gentleman qui l'a fait; il fallait cela pour accomplir la prophétie qui est dans saint Jean. » Là-dessus, il lit la prophétie. « Ainsi, ne vous fiez jamais à la tradition, ne croyez qu'à l'Écriture. » — Il finit par une prière, les yeux au ciel, d'un ton contrit. Environ trente auditeurs; plusieurs gamins lui font des niches, jettent son chapeau à terre; mais cinq ou six figures roides ou usées l'écoutent avec recueillement. Un des assistants me dit qu'on a tort de tracasser cet homme, qu'il n'offense ni n'insulte personne, qu'il a le droit de parler selon sa conscience. Pour moi, ce qui me frappe, c'est son sérieux et son courage ; il est indifférent au ridicule; il se met en avant; ayant quelque chose à dire, il le dit et ne s'inquiète pas du reste. — *Self help*, voilà toujours le grand mot, si peu compris en France ; de la même source intérieure sortent les associations, les institutions qui pullulent ici, entre autres les institutions municipales ; Manchester s'administre elle-même, paye et choisit sa police, se gouverne presque sans intervention du gouvernement. Partant, l'édifice social repose sur des milliers de colonnes indépendantes, et non pas sur une seule, comme le nôtre ; des accidents, des chutes subites, comme nos révolutions de 1830, de 1848, de 1852 sont impossibles.

Le négociant, notre ami, nous conduit à un grand workhouse hors de la ville. Il y en a un autre dans la ville, contenant 1,200 personnes invalides; celui-ci peut en renfermer 1,900 ; en ce moment, il n'y en a que 350. Il a coûté 70,000 livres sterling ; les deux ensemble dépensent 55,000 livres par an, fournies par la taxe des pauvres; 200 livres par an à l'intendant (*manager*), 170 au médecin, 20 livres, outre la nourriture, le logement et le blanchissage, à chaque surveillant, une livre par semaine au maître cordonnier qui enseigne son état. Les administrateurs font gratuitement leurs fonctions.

L'édifice est vaste, parfaitement propre, bien entretenu ; larges cours, jardins aux alentours, vue sur les champs et sur de grands arbres, chapelle, salles hautes de vingt pieds. Il semble que les fondateurs et administrateurs aient mis leur amour-propre à faire une belle œuvre correcte et utile.

Nulle odeur nulle part, les lits sont presque blancs, munis de couvertures à dessins ; les plus vieilles femmes et les plus impotentes ont un bonnet blanc et des vêtements neufs. Tout a été prévu, calculé pour entretenir le bon air. Une salle spéciale renferme les fous, une autre les idiotes ; elles travaillent à l'aiguille quelques heures ; pendant la récréation, elles dansent entre elles au son d'un violon. Grimaces étranges ; mais elles semblent toutes bien portantes et n'ont pas l'air triste. — Dans une autre salle, on fait la classe aux enfants : l'un des grands sert de moniteur.

La cuisine est monumentale. Un massif de maçonnerie contient huit ou dix chaudières où cuit du gruau d'avoine (*oat meal*) ; c'est le principal aliment. Chaque personne a par jour deux livres de ce gruau, une livre et demie de pommes de terre, une demi-livre de pain, et, quatre fois par semaine, quatre onces de pâté ou de viande sans os. La boisson est de l'eau, sauf en cas de maladie.

Nous demeurons surpris ; à côté des chenils où vivent les pauvres, ceci est un palais. L'un de nous demande gravement à notre ami de lui réserver ici une place pour ses vieux jours. Songez qu'un manœuvre à Manchester et à Liverpool peut à peine manger de la viande une fois par semaine en travaillant dix heures par jour ! Ici une personne valide travaille à peu près six heures, peut lire les journaux, la Bible, quelques bons livres et revues; elle vit en bon air, et voit des arbres. — Et cependant, il n'y a pas en ce moment dans un workhouse une seule personne valide; il est presque vide, il ne sera rempli que pendant l'hiver. D'ordinaire, quand l'ouvrier sans ouvrage vient demander des secours à la municipalité, on lui répond : « Donnez-nous la preuve que vous voulez travailler, allez au workhouse. » — Neuf sur dix refusent. — D'où vient cette répugnance? Je voyais aujourd'hui, au coin d'une rue, une vieille qui fouillait dans un tas d'ordures, et, de ses mains maigres, ramassait des débris de légumes; probablement, celle-ci ne veut pas renoncer à sa goutte d'eau-de-vie. — Mais les autres? On me répond qu'à tout prix ils veulent avoir leur *home* et leur liberté, qu'ils ne peuvent souffrir d'être enfermés, soumis à une discipline. *They prefer to be free and to starve.* — Mais les enfants, tous ces petits au crâne blanc, sous des cheveux de filasse blanchâtre, entassés dans une chambre auprès d'une mère hâve, comment leur père peut-il supporter ce spectacle? Il le supporte, il ne veut pas être séparé des siens, aliéner son rôle de chef de famille, être parqué à part dans un compartiment; il lui semble qu'il cesse d'être homme. Le workhouse est considéré comme une prison; les pauvres mettent leur honneur à n'y point aller. — Peut-être aussi faut-il admettre que l'administration est maladroitement despotique et tracassière; c'est le défaut de toute administration; on y traite l'homme comme un rouage; on le froisse, comme s'il n'était pas sensible; on le révolte sans s'en douter. Dickens a mis en scène cette horreur de workhouse[1], en prenant parti pour les pauvres.

---

[1] *Our mutual friend.*

Soirée à Belleview pour voir les amusements populaires. C'est une sorte de casino dansant, entouré d'un jardin, avec spectacles, curiosités, œuvres d'art de pacotille. Sur un échafaudage orné du portrait de Wellington, on représente le siége de Badajoz, parade patriotique qui est accueillie par de grands hurras. Un peu après, feu d'artifice. Dans les parterres, des sociétés d'ouvriers et de petits bourgeois mangent, boivent et jouent à un jeu où l'on s'embrasse. A l'intérieur, dans une énorme salle, les ouvriers dansent, à grandes enjambées, violemment, mais sans indécence ; c'est pour se dégourdir de leur immobilité de la semaine. Beaucoup ont l'air rude et grognon, aucun l'air malin et crâne. Toujours apparaît l'athlète, parent du taureau et du dogue, au lieu du polisson spirituel, parent de l'épagneul et du singe. — L'entrée est d'un shilling ; en outre, celle du bal est de six pence. Comme Belleview est assez loin, au bout d'un faubourg, il faut mettre en sus le prix du transport ; en effet, quantité d'omnibus et de cabs sont là à la porte. Comptez encore les rafraîchissements, et notez que la plupart du temps l'ouvrier, amenant son amoureuse (*sweet heart*) ou une fille, doit payer pour deux. Or un ouvrier fileur gagne environ 23 shillings par semaine. Voilà un exemple de dépense anglaise. — B... dit que souvent un ouvrier qui gagne six francs par jour en dépense quatre pour sa boisson et sa nourriture. Dans les fabriques de fer, quelques-uns, entrepreneurs subordonnés, peuvent se faire, dans les bonnes années, jusqu'à cent cinquante, deux cents et même trois cents livres sterling. Ils mangent tout et ne mettent rien à la caisse d'épargne. — B... prétend que, sauf accident, maladie, un ouvrier anglais, laborieux, économe, est sûr de prospérer ou au moins de vivre. Mais ils **ne sont** pas économes[1].

De dix heures à minuit, deux policemen qu'un de nos amis nous a fait connaître, nous font voir les mauvais quartiers. Il y a six cents policemen à Manchester, et ils gagnent chacun environ une livre sterling par semaine. Les nôtres sont des *detective* (agents de sûreté, chargés de découvrir les malfaiteurs). L'un d'eux est à Manchester depuis vingt-six ans ; l'autre a exercé dans plusieurs grandes villes. Tous deux sont des hommes sérieux, sensés, judicieux ; ils ne se posent pas en connaisseurs, ils parlent peu et se contentent de répondre juste. Avec leur figure immobile et leur air réfléchi, ils donnent confiance et ont de la dignité. Ils nous confirment la répugnance des pauvres pour le workhouse ; selon eux, l'institution ne vaut rien et ne sert qu'à encourager la paresse. Une famille avec trois enfants peut vivre avec trente shillings par semaine, et elle les gagne. Mais la plupart des hommes se marient jeunes, souvent à dix-huit ans ; à trente ans, ils ont six enfants ; ils boivent beaucoup, n'économisent guère ; la femme devient mauvaise ménagère en devenant bonne

[1]. *British Almanach and Companion.* Résumé du recensement de 1861, sur les métiers, états et professions.) Population de l'Angleterre et du pays de Galles, 20,066,224. La classe des personnes occupées dans l'industrie comprend 4,828,599 individus, dont 3,262,510 mâles et 1,565,889 du sexe féminin. Celle des personnes occupées dans les tissus comprend 2,231,417 individus, dont 890,423 mâles et 1,340,994 du sexe féminin. Celle des personnes employées dans les mines est de 330,446 personnes, dont 94 seulement du sexe féminin. — M. David Chadwick, de Manchester, estimait que « dans le Lancashire, le nombre des personnes directement employées dans l'industrie du coton était, en 1859, de 400,000 individus, » et que le nombre des personnes dont la subsistance dépend de cette industrie est, dans le Lancashire, de 800,000.

ouvrière. D'habitude, quand un ouvrier meurt, il ne laisse pas de quoi payer l'enterrement.

Nous voyons des logements de nuit où, dans une chambre basse, sans air, sont quatre ou cinq lits occupés. Un lit entier coûte cinq pence; la moitié d'un lit, deux pence et demi. Dans un de ces lits est un homme avec sa femme. Maigre et douloureuse figure de l'homme : blêmie, jaunie, creusée comme par une maladie, elle semble un vieux masque de cire.

Dans un casino, cinq cents personnes de pauvre apparence s'entassent sur des bancs graisseux devant une estrade où dansent deux jeunes filles grêles, en gaze rose. Deux pence d'entrée; on boit du gin et on fume; l'air, chargé de vapeurs humaines, est suffocant.

Maisons de filles. Le policeman dit qu'elles se recrutent surtout dans les fabriques. Elles se tiennent dans une salle basse, et ne sont point décolletées. Plusieurs sont maigres, et leur visage ignoble est comme ensauvagé. Près d'une mulâtresse huileuse, une jolie figure de jeune fille, délicate et intelligente, est pensivement assise auprès du foyer ardent. Nous sommes en juillet, et pourtant ce feu, le soir, est nécessaire. — De même dans les cabarets de voleurs ; nous entrons dans vingt ou trente de ces tapis francs. Un grand tas de houille ardente brûle pour faire la cuisine et sécher le linge. Les hommes jouent aux dominos en fumant, et, sans rien dire, lèvent sur nous leurs yeux fixes et brillants de bêtes fauves. La lumière crue du gaz est horrible sur tous ces visages.

J'ai vu de pareils quartiers et de pareils taudis à Paris, à Bordeaux et à Marseille, mais nulle part avec une impression aussi forte. C'est celle d'un cauchemar ou d'un roman d'Edgar Poe. La lumière du gaz ne parvient pas à vaincre les ténèbres de l'air lourd, suffocant, imprégné d'exhalaisons inconnues; rien d'effrayant comme cette noirceur tachée de clartés vacillantes. Les rues symétriques semblent des cadavres de rues mécaniquement alignés et immobiles. Des malheureuses en chapeau fané y traînent çà et là leur friperie et leur sourire; elles passent, et on est tenté de s'écarter comme à l'approche d'un spectre ou d'une âme en peine.

Toutes les dix minutes nous entrons dans quelque nouveau bouge; au sortir de l'obscurité déserte, la salle basse, le poêle rouge, l'éclat violent du gaz, la troupe immonde de maigres figures anxieuses ou dangereuses font penser à quelque soupirail de l'enfer. Certainement l'horrible et l'immonde sont pires ici qu'ailleurs.

CHAPITRE VIII

DE L'ESPRIT ANGLAIS

Il me semble que je commence à concevoir la forme d'un esprit anglais, si différente de celle d'un esprit français. Quand je sens poindre en moi quelque idée de ce genre, je la porte à deux ou trois amis anglais qui ont voyagé, je la soumets à leur jugement, nous en raisonnons ensemble; elle sort de la discussion rectifiée, ou développée, et le lendemain je l'écris telle quelle.

On peut comparer assez exactement l'intérieur d'une tête anglaise à un Guide de Murray : beaucoup de faits et peu d'idées; quantité de renseignements utiles et précis, petits résumés statistiques, chiffres nombreux, cartes exactes et détaillées, notices historiques courtes et sèches, conseils moraux et utiles en guise de préface, nulle vue d'ensemble, point d'agrément littéraire; c'est un simple magasin de bons documents vérifiés, un memento commode pour se tirer tout seul d'affaire en voyage. — Le Français demande à tout écrit et à toute chose la forme agréable ; l'Anglais peut se contenter du fonds utile. Le Français aime les idées en elles-mêmes et pour elles-mêmes ; l'Anglais les prend comme des instruments de mnémotechnie ou de prévision.

Je cite tout de suite deux petits faits qui peuvent servir de spécimens. — On demandait au grand ingénieur Stephenson comment il avait inventé ses machines, et entre autres la locomotive. Il répondit que c'était à force d'imaginer et de concevoir avec une précision extrême les différentes pièces, leurs formes, leurs dimensions, leurs attaches, leurs mouvements possibles, et toute la série de changements que le changement d'une pièce, d'une dimension ou d'une attache devait introduire dans le jeu total. Ainsi son esprit ressemblait à un atelier ; les pièces y étaient numérotées et étiquetées ; il les y prenait tour à tour, les ajustait, les engrenait mentalement, et, à force de tâtonner, rencontrait la combinaison pratique. — Au contraire, Léon Foucault me disait qu'un jour, ayant trouvé une proposition de mécanique spéculative oubliée par Huyghens et Lagrange, il en avait suivi les conséquences, lesquelles l'avaient conduit à l'idée de son régulateur. — En général, le Français comprend au moyen de classifications et par des méthodes déductives, l'Anglais par induction, à force d'attention et de mémoire, grâce à la représentation lucide et persistante d'une quantité de faits individuels, par l'accumulation indéfinie des documents isolés et juxtaposés.

A cet égard, il y a dans la *Vie de Sterling*, par Carlyle, une lettre qui m'a toujours frappé. Sterling est aux Antilles ; un cyclone vient de dévaster l'île, il a failli périr avec sa femme qui est grosse ; il raconte l'événement à sa mère. Notez que le narrateur est un lettré, un poëte, qui a reçu l'éducation la plus complète, et sait manier sa langue. Mais, en cette circonstance, comme en toute autre, le premier besoin d'un Anglais est de transmettre à autrui une idée exacte, positive, *graphique* (graphic). Sa description est un pur *statement of facts* : — « Ma chère mère... presque tout ce que nous possédons, Suzanne et moi, et jusqu'à la maison où nous vivions, a été détruit soudainement par une visitation de la Providence, bien plus terrible qu'aucune dont j'aie été le témoin... Quand Suzanne sortit de sa chambre, à huit heures, je lui fis remarquer la hauteur et la violence extraordinaire de la houle, et l'aspect singulier des lourds nuages de pluie qui balayaient les vallées devant nous... Peu de temps après qu'on eut fermé les volets des fenêtres, je m'aperçus que ceux de la chambre de Tyrrell, la domestique, du côté du sud, au coin le plus ordinairement abrité de la maison, commençaient à céder ; j'essayai de les attacher, et je trouvai en poussant le volet que le vent résistait plutôt comme aurait fait une pierre ou une masse de fer, que comme un courant d'air. La pluie, sur ma figure et sur mes mains, frappait comme le petit plomb d'un fusil. Il fallut de grands efforts pour fermer les portes de la maison... Vers neuf heures, les vitres furent crevées par la seule force du vent, sans qu'aucun objet solide les eût touchées... Les fenêtres de la façade cédaient tour à tour avec fracas, et le plancher était secoué comme vous avez pu voir un tapis à Londres les jours où il y a des coups de vent. J'allai dans notre chambre à coucher, où je trouvai Suzanne, Tyrrell et une petite fille de couleur de sept ou huit ans, et je leur dis que probablement dans une demi-heure nous ne serions plus en vie... »

« La maison avait deux toits parallèles ; celui qui était du côté de la mer et abritait l'autre avec nous qui étions dessous, fut emporté, je suppose, vers dix heures. Selon ma vieille habitude, je vais vous donner un plan qui vous fera bien comprendre notre situation. » — Et, en effet, il dessine un plan, ou plutôt deux plans géométriques, avec lettres et indications : — « Dans le plan n° 1, AA sont les fenêtres qui furent détruites les premières. Ensuite, ce fut le tour de BB. Mes livres étaient entre BB et sur le mur qui fait face. Les lignes C et D marquent la direction des deux toits. E est la chambre où nous étions, et le n° 2 est le plan de cette chambre sur une plus grande échelle. Regardez maintenant ce n° 2. A est le lit, CC les deux garde-robes, B le coin où nous étions. J'étais assis sur un fauteuil, tenant ma femme; Tyrrell et la petite négresse étaient tout près de nous. Nous avions perdu toute pensée de survivre, et nous n'attendions que la chute du toit pour périr ensemble. Peu de temps après, le toit partit, mais la plupart de ses matériaux furent emportés plus loin. Un des grands chevrons fut accroché sur la colonne du lit D et maintenu par la pointe de fer, pendant que son extrémité pendait sur nos têtes. Si cette poutre était tombée un pouce de plus à droite ou à gauche, nous ne pouvions manquer d'être écrasés. Les murailles ne furent pas emportées avec le toit, et nous demeurâmes ainsi une demi-heure, tour à tour priant Dieu et épiant les murailles qui pliaient, craquaient et tremblaient sous l'ouragan... Le vieux cuisinier fit cinq tentatives pour arriver jusqu'à nous ; quatre fois le vent le jeta par terre. La cinquième fois, lui et un nègre atteignirent la maison. L'espace qu'ils avaient à traverser était tout au plus de vingt yards sur terrain plat. » — Même style jusqu'au bout, exact, simple, et, en apparence, froid. C'est l procédé de de Foe et de Swift ; il n'y en a pas de moins littéraire et de plus instructif.

Même impression, si on considère tour à tour dans les deux nations les journaux, les revues et les discours. Le correspondant d'un journal anglais est une sorte de photographe qui expédie à sa gazette des épreuves prises sur les lieux ; celle-ci les insère telles quelles. Parfois même, il y a divergence entre les raisonnements de la première page et les correspondances de la seconde. En tout cas, celles-ci sont singulièrement longues, détaillées ; un Français voudrait les abréger, les alléger ; elles lui laissent une impression de fatigue ; le tout fait masse et tas ; c'est un bloc mal dégrossi, peu maniable ; son journaliste est tenu de l'aider, de trier pour lui l'essentiel, de dégager dans cet encombrement les trois ou quatre anecdotes instructives, de résumer le tout en une idée nette exprimée par un mot vif. — La différence n'est pas moins visible si l'on met en regard leurs grands trimestriels et nos revues. Dans les nôtres, un article, même de science ou d'économie politique, doit avoir un exorde, une péroraison, une architecture ; il n'y en a guère, dans la *Revue des Deux Mondes*, qui ne soit précédé par un péristyle d'idées générales. Chez eux, les faits, les chiffres, le détail technique sont prédominants ; sauf entre les mains d'un Macaulay, ces articles nous semblent lourds, ennuyeux ; ce sont d'excellentes carrières, pleines de moellons solides, mais non taillés, qui réclament, pour entrer dans la circulation, un travail supplémentaire. — Pareillement, à la tribune et dans les meetings, l'éloquence anglaise se traîne sous les documents, et l'éloquence française s'évapore en théories.

Toute l'éducation pousse l'Anglais de ce côté. — Dans le premier collége de Londres, B... avait pour ami un jeune homme fort distingué, le second en mathématique, le premier en littérature, qui possédait à fond les auteurs latins, et entre autres Catulle. A ses yeux, Catulle était le plus exquis des poëtes. Il savait par cœur chaque vers, connaissait toutes les interprétations, avait étudié les commentaires et aurait pu presque faire une édition de son auteur. Mais si on lui avait demandé des vues d'ensemble, six pages de résumé sur Catulle, il n'aurait pu les faire, et l'avouait de bonne foi. — A Oxford et à Cambridge, les étudiants studieux lisent tous les auteurs latins, même la basse latinité, Stace, Claudien, Manilius, Macrobe, Aulu-Gelle, connaissent le grec à fond ; dès le collége, ils ont fait des vers grecs. — Mais point d'idées ; ils savent le matériel de l'antiquité, ils n'en sentent point l'esprit, ils ne se représentent pas l'ensemble de sa civilisation, le tour particulier d'une âme méridionale et polythéiste, les sentiments d'un athlète, d'un dialecticien, d'un artiste. Voyez les commentaires étranges de M. Gladstone sur Homère ; M. Grote, dans sa grande *Histoire de la Grèce*, n'a su faire que l'histoire des constitutions et des débats politiques. — Il y a vingt ans, les universités étaient des conservatoires de grec, de latin, de mathématiques, très-fermés, et qui sentaient très-fort le renfermé, très-mal disposés pour épanouir en plein air l'intelligence humaine ; pas de sciences naturelles, pas d'histoire philosophique ; aucune composition anglaise.

Depuis quelque temps les découvertes et les méthodes continentales commencent à y trouver accès ; mais, encore aujourd'hui, l'enseignement est plutôt fait pour fortifier l'esprit que pour l'ouvrir ; on en sort comme d'une gymnastique ; on n'en rapporte pas une conception de l'homme et du monde. — D'ailleurs, il y en a une toute faite, très-acceptable, et que le jeune homme n'a pas de peine à adopter. En France, aucun cadre fixe ne prend sa pensée ; la constitution, dix fois changée, n'a pas d'autorité ; la religion est du moyen âge ; les vieilles formes sont discréditées, les nouvelles ne sont qu'ébauchées. Dès seize ans, le doute le saisit ; il flotte ; s'il a quelque esprit, son plus impérieux besoin est de se construire un ensemble de convictions, ou tout au moins d'opinions. — En Angleterre, le cadre est tout prêt : la religion est presque raisonnable, et la constitution presque excellente ; l'intelligence qui s'éveille y trouve d'avance les grandes lignes de ses croyances futures. Elle n'éprouve pas le besoin de se bâtir une habitation complète ; tout au plus, elle conçoit l'élargissement d'une fenêtre gothique, le nettoyage d'une cave, la réparation d'un escalier. Moins ébranlée, moins excitée, elle est moins active, parce qu'elle n'a pas le scepticisme pour aiguillon.

A cette éducation de l'adolescent et du jeune homme joignez celle de l'adulte et de l'homme mûr. — D'abord, toute la littérature écrite ou parlée conspire pour l'approvisionner de faits plutôt que de théories ; on a indiqué tout à l'heure le caractère des journaux, des revues, des discours ; c'est aussi celui des livres, non-seulement des ouvrages graves, mais des romans si détaillés, si minutieux, copiés de si près sur le vif, et qui sont en littérature ce que sont en peinture les tableaux des Hollandais [1]. — Il faut noter encore, et au premier plan, les voyages qui sont un complément d'éducation, un emploi des vacances, une habitude, un plaisir, presque une manie, par suite la lecture si répandue des voyages. M. Murray a acheté celui de Livingstone neuf mille livres sterling ; par le prix, jugez du débit, et, par le débit, jugez de la curiosité publique. — Enfin, il faut compter la pratique des affaires, telle qu'on l'entend ici, les renseignements que chacun puise dans les comptes rendus et les meetings de son association, les chiffres, documents, statistiques et tableaux comparatifs qu'il est tenu d'étudier et de savoir pour agir avec efficacité et succès dans le cercle, grand ou petit, de ses intérêts privés ou publics. — Par tous ces canaux, ouverts depuis l'enfance jusqu'à la fin de la vie, l'information positive afflue dans une tête anglaise comme dans un réservoir. Mais la proximité de toutes ces eaux ne suffit pas encore à expliquer sa plénitude ; il y a une pente qui les attire, un penchant inné à la race, à savoir le goût des faits, l'amour de l'expérience, l'instinct de l'induction, le besoin de certitude. Quiconque a étudié leur littérature et leur philosophie, depuis Shakespeare et Bacon jusqu'aujourd'hui, sait que cette inclination chez eux est héréditaire et qu'elle appartient à la forme même de leur esprit, qu'elle tient à leur façon de comprendre la vérité. Selon eux, l'arbre doit se juger aux

---

[1] Lire, pour comprendre cet esprit, quelques biographies détaillées et complètes, par exemple.
Shakspeare and his Times, by Nathan Drake; *Chamber's Burn's Edition. Boswell's life of Johnson; Carlyle's Cromwell's speeches ana letters; Wesley's life*, by Southey. *Lockart's life of sir W. Scott.*

fruits, et la spéculation à la pratique ; une vérité n'a de prix que si elle provoque des applications utiles. Au delà des vérités applicables, il n'y a que des chimères vaines. Telle est la condition de l'homme : un cercle restreint, capable de s'élargir, mais toujours fermé de barrières, dans lequel il faut savoir, non pour savoir, mais pour agir, la science n'étant valable que par le contrôle qui la vérifie et l'usage auquel elle sert.

Cela admis, il me semble qu'on entrevoit l'ameublement ordinaire d'un esprit anglais. Autant que j'en puis juger, l'approvisionnement de faits est trois ou quatre fois plus considérable chez un Anglais bien élevé que chez le Français correspondant, du moins en ce qui concerne les langues, la géographie, les vérités politiques et économiques, et les impressions personnelles reçues à l'étranger au contact des hommes et des choses vivantes. — Par contre, il arrive bien souvent que l'Anglais profite moins de son gros bagage que le Français de son petit sac. La chose est visible dans beaucoup de livres et d'articles de revue ; l'écrivain anglais, quoique très-bien informé, a la vue courte. Rien de plus rare chez eux que le libre et grand jeu de l'intelligence qui vole et s'espace. A force d'être prudents, ils se traînent à terre sur la route banale, tirant leur charrette ; sauf deux ou trois, il n'y en a guère qui fassent penser leur lecteur. Plus d'une fois, en Angleterre, après avoir pratiqué un homme, j'étais étonné de son instruction aussi variée que solide, et en même temps de son manque d'idées. En ce moment, j'en revois cinq ou six dans ma mémoire, tous si bien pourvus qu'ils auraient pu à bon droit s'élever jusqu'aux vues d'ensemble. Ils restaient à mi-chemin, ils ne concluaient pas. Ils n'éprouvaient pas même le besoin d'ordonner leurs connaissances en une sorte de système ; ils n'avaient que des idées partielles, isolées ; ils ne se sentaient ni l'envie ni le pouvoir de les relier entre elles, sous quelque conception philosophique. — A cet égard, leur langue est le meilleur témoin ; il est très-difficile d'y traduire les abstractions un peu hautes. Comparée au français et surtout à l'allemand, elle ressemble au latin comparé au grec. Rien de plus naturel chez nous que cette formule : le beau, le bien et le vrai. Si on la rend en anglais littéralement, elle prend un aspect rébarbatif et bizarre [1]. Si on l'exprime par les mots usuels [2], elle n'est plus traduite exactement. Il manque à leur bibliothèque de mots toute une série de cases, celle du haut ; c'est qu'ils n'ont pas d'idées pour la remplir.

De là quelques inconvénients et plusieurs avantages. Les idées générales sont des cadres à compartiments ; une fois que l'esprit les a formés, il n'a plus qu'à les appliquer pour embrasser d'un regard l'ensemble et les parties d'un sujet. Ses opérations en deviennent beaucoup plus faciles et plus promptes, et si, de la spéculation, il passe à la pratique, il *organise* sans difficulté. Ce mot, qui date de la révolution et de l'empire, résume bien les facultés de l'esprit français, le succès de la raison ordonnatrice et distributive, les effets vastes et heureux de l'art qui consiste à simplifier, à classer, à déduire. Les penseurs de cabinet l'avaient cultivé au dix-huitième siècle ; il fut mis en pratique par leurs successeurs actifs aux assemblées et au conseil d'Etat.

---

[1] The Beautiful, the True, the Good.
[2] Beauty, Truth, Goodness.

Ses monuments sont le code civil, l'université, l'institution militaire, ecclésiastique, judiciaire, nos grandes administrations, les principales pièces de notre machine sociale. — Chez une nation où il manque, ses œuvres manquent aussi. Au lieu d'un code, elle a un monceau de précédents; au lieu d'une école de droit, une basoche de routine. J'entends des Anglais se plaindre de beaucoup de lacunes semblables. La législation est si ténébreuse, que chez eux, avant d'acheter un domaine, on prend au préalable un ou deux hommes de loi, qui n'ont pas trop d'un mois pour examiner les titres du vendeur et vérifier si l'acquisition ne fournira pas matière à chicanes. — C.., dit que l'état de plusieurs administrations, notamment de l'amirauté, est ridicule : désordre, sinécures, dépenses disproportionnées aux effets, lenteurs et conflits; le mécanisme est incohérent, parce qu'il n'est pas construit d'après un principe. — En toutes choses, ils n'avancent et ne corrigent que par tâtonnements ; ils n'apprennent les affaires qu'à force d'attention, de travail, de triture technique ; ils sont purement empiriques, à la chinoise.

Par contre, lorsque l'acquisition des cadres généraux est aisée et précoce, l'esprit court risque de devenir paresseux ; c'est le cas du Français. Souvent, au sortir du collége, presque toujours avant vingt-cinq ans, il possède ces cadres, et, comme ils sont commodes, il les applique à tout sujet; désormais il n'apprend plus, il se croit suffisamment muni. Il se contente de raisonner, et fréquemment il raisonne à vide. Il n'est pas au fait, il n'a pas le renseignement spécial et concluant ; il ne sent pas qu'il lui manque, il ne va pas le chercher, il répète des idées de vieux journal. Il oublie qu'il faut toujours se tenir au courant, toujours grossir son bagage, pour n'être pas pris au dépourvu, et parer aux événements. Non-seulement les médiocres esprits sont chez nous entachés de ce défaut, mais les plus belles intelligences n'en sont point exemptes; je n'en connais que deux qui, ayant passé quarante ans, aient continué à s'enquérir et soient parvenues à se renouveler. — Au contraire, selon C..., la culture de l'Anglais est presque indéfinie; même dans l'âge mûr, il voyage, il s'informe, il complète et rectifie ses informations; il tâche, surtout en matière économique et politique, de maintenir son instruction au niveau du changement des choses. Par eux-mêmes, les faits lui plaisent; il est content de les noter et attentif à les retenir. Accumulés de la sorte, ils font un dépôt continu au fond de son esprit, et comme une solide couche de bon sens. Car, quoique disjoints et peu apparents, ils sont là, ils ont leur poids efficace, ils pèseront sur les résolutions qu'il faudra prendre. Même borné et sans idées, l'homme s'écartera, par une sorte d'instinct, des trop grandes imprudences; il sentira vaguement que l'utile est de tel côté, et non pas de tel autre. Les renseignements épars qu'il aura ramassés sur les Etats-Unis, sur l'Inde, sur la Chine, sur l'effet du suffrage universel ou de la liberté commerciale, l'inclineront d'avance vers le plus sage parti, et la libre discussion publique achèvera de le pousser dans le sens raisonnable. Ainsi disposé, il peut accepter une expédition comme celle d'Abyssinie, mais il n'aurait pas toléré une expédition comme celle du Mexique; il peut souhaiter qu'on élargisse par degrés le droit de suffrage, mais il répugnerait à l'accorder tout d'un coup à tous. De cette façon, il est en garde contre les aventures et les théories; sa constitution ne tombe pas aux mains des spéculatifs, ni ses affaires aux mains des casse-cou. — Tels sont les effets du bon sens public, pareils à autant de ruisseaux qui fertilisent les divers champs où ils coulent. On en a vu la source commune; elle est un bassin profond, obscur, toujours rempli, toujours grossi d'apports nouveaux, je veux dire de faits positifs qui, accumulés, filtrés goutte à goutte, font un réservoir intarissable, et se déversent en cent petits courants salutaires sur tout le domaine de l'action.

Quand on loue chez les Anglais ce goût des faits, il faut noter qu'il s'agit des faits moraux comme des faits physiques; ils sont observateurs zélés du dedans comme du dehors. — A ce sujet, je viens d'avoir en main deux longues lettres adressées à une amie par deux jeunes femmes mariées depuis un mois. Il est fâcheux que la discrétion empêche de les donner. Elles semblent faites exprès toutes deux pour montrer l'habitude innée et le talent héréditaire de l'observation précise, appliquée par la première aux choses physiques, par la seconde aux choses morales. — L'une décrit minutieusement la personne de son mari, sa taille, la couleur de ses cheveux, son teint, le *country seat*, les appartements, leur distribution, le mobilier, le parc, les sorties en voiture, le tout avec statistique de la fortune, des alliances, des voisins qu'on peut voir. — L'autre développe non moins exactement le détail de tous les sentiments qu'elle a traversés, depuis le jour où, pour la première fois, à un *archery-meeting*, elle vit son futur mari. — L'une et l'autre finissent à peu près de même : « Et maintenant, je suis la plus heureuse femme de l'univers. » L'une est vul-

22

gaire, l'autre est fine; l'une n'a que des yeux, l'autre sait regarder son cœur. Mais, dans le délicat examen de conscience, comme dans le lourd catalogue descriptif, la lucidité et l'absence de phrases sont égales. Rien que des faits; nulle réflexion générale; dans le récit psychologique et dans la statistique positive, tout est document. Il est clair pour moi que leur seule envie était de renseigner leur correspondante, l'une sur sa situation sociale, l'autre sur son histoire intime, et que toute addition ou développement leur eût semblé bavardage vide.— A défaut de ces lettres, que le lecteur parcoure les romans anglais contemporains; le même esprit y est visible. Ce sont des paquets serrés de petits faits physiques et moraux, ceux-ci en plus grande abondance, et le plus souvent tout à fait précieux. En aucune littérature, on n'a mieux démêlé et suivi la filiation des sentiments, le travail souterrain par lequel se forme un caractère, l'éclosion lente d'une passion, d'un vice ou d'une vertu, la gradation insensible par laquelle, d'année en année, l'âme prend son pli. Eux seuls ont connu l'enfant et la façon dont l'enfant devient homme. Là-dessus, il faut lire les romans d'Eliot. Depuis Locke, la psychologie est indigène en Angleterre; elle y chemine côte à côte avec la statistique et l'économie politique. — Connaissance exacte de tous les dehors qui manifestent l'homme, divination exacte du dedans qui est l'homme, c'est par ces deux moyens qu'on parvient à une prévision à peu près juste et à un maniement à peu près sûr des choses humaines.

Sur ce terrain si riche poussent beaucoup de talents originaux, tous avec un autre aspect que chez nous, ceux-ci avec une pousse plus haute, ceux-là rabougris et contournés. Parlons d'abord de celui qu'on attribue le plus volontiers aux Français, l'esprit (*wit*).

C'est l'art de dire les choses agréablement ; mes amis anglais trouvent qu'il fait partie du tempérament français. — Sir Henry Bulwer[1] demandait à deux petits villageois français, l'un âgé de sept ans, l'autre de huit, ce qu'ils comptaient faire lorsqu'ils seraient grands. L'un répond : « Je serai le médecin du village. — Oh ! reprend l'autre, si mon frère est médecin, je serai curé. Il tuera les gens ; je les enterrerai ; de cette façon, nous aurons tout le village à nous deux. » — Un jour, à Besançon, j'écoutais deux soldats qui causaient couchés sur un talus ; l'un d'eux se lève en disant : « Allons, il est temps : à l'ouvrage ! — Bah ! dit l'autre, reste donc tranquille ; le sou viendra tout de même ! » — Un général allemand conte dans ses mémoires qu'un jour d'escarmouche on lui amène un hussard français avec une large estafilade sur la figure : « Eh bien, lui dit-il, mon pauvre garçon, vous avez donc reçu un coup de sabre ? — Bah ! c'est que ce matin on m'a rasé de trop près. » — Un écrivain ancien remarquait déjà que les deux qualités les plus recherchées des Gaulois étaient le courage et l'esprit[2], et son mot latin désigne très-exactement l'esprit de conversation, le talent de *faire des mots*, le goût des petites phrases vives, fines, imprévues, ingénieuses, dardées avec gaieté ou malice. — Les étrangers admirent beaucoup ce don ; ils disent qu'il pour compagnon le goût, que tous deux sont chez nous universels et précoces. — Une petite ouvrière

[1] *France social, litterary, political*, p. 75.
[2] *Duas res industriosissime persequitur gens Gallorum, rem militarem et argute loqui.*

s'habille bien, a de jolies façons, un ramage agréable, un soldat, un ouvrier sont éveillés, avisés, ont bonne tournure, savent plaisanter ; c'est l'*ingegno* du Midi, spontané, aisé, brillant. Celui du Nord est bien plus empêtré, tardif; ici l'homme du peuple est un lourdaud, tout au plus un lourdaud sensé, et la petite bourgeoise une caricature qui se charge de choses voyantes; il faut une culture bien plus longue pour les dégrossir. La civilisation ici n'est pas naturelle, mais acquise, et on n'en trouve les élégances et la beauté que dans la haute classe. Chez nous, on en découvre quelque chose dans toutes les classes, et cela répand beaucoup d'agrément et d'ornement sur la vie humaine.

Autant que j'en puis juger, ils ne savent pas s'amuser avec la parole. — Pour un Français, le meilleur moment de la vie est, je crois, un après-souper, une soirée intime entre hommes bien élevés et intelligents. Il se fait alors chez tous un bouillonnement et un pétillement du sommet de la cervelle. Ils pensent et parlent du même coup, sur les plus hauts sujets, en sautant de l'un à l'autre, par petites phrases vibrantes, et leurs idées générales, vivement lâchées, voltigent comme un essaim. En deux heures, la causerie aventureuse a fait le tour du monde. Chacun a donné un résumé de sa pensée, en mots bouffons ou graves, avec excès, paradoxe et fantaisie, sans prendre ses saillies au pied de la lettre, ni chercher autre chose qu'une fête pour son esprit. Philosophie, science, morale, arts, littérature, tous les trésors de l'intelligence humaine y sont maniés, non en lingots pesants, en gros sacs, mais en jolies monnaies d'or portatives, bien gravées, qui scintillent et tintent avec un gai cliquetis entre des mains légères. — Il semble qu'en Angleterre ces monnaies sont rares et, en outre, n'ont point cours. On les trouve trop minces, on suspecte leur aloi. On manie plus volontiers le métal brut et massif dont nous parlions tout à l'heure. La conversation est surtout instructive, et encore plus souvent absente. — De là plusieurs inconvénients, et entre autres l'ennui; car l'esprit a besoin de fêtes. En Italie il a l'opéra et l'amour, en Allemagne la philosophie et la musique, en France le feu d'artifice qu'on vient de décrire. Ici, rien au delà du travail consciencieux, de la production utile, du confortable sûr et commode. Ce n'est pas assez pour être heureux d'une bonne voiture, d'une maison bien tenue, d'une occupation régulière, d'un siége au parlement, d'une place très-probable dans le ciel. Parfois, parmi tous ces bonheurs, on bâille, on se sent morose. Alors on boucle sa malle, on monte en paquebot, on va devant soi pour chercher autre chose, quelque distraction, un rayon de soleil.

En revanche, à table, ils font beaucoup mieux que nous les discours suivis (*speeches*). On peut en lire chaque semaine dans les journaux ; il s'en débite quantité à chaque dîner politique, géographique, économique, scientifique, aux repas de corporation, à ceux qu'on offre aux personnages éminents, aux hôtes illustres. — Je me rappelle un de ces dîners auquel j'ai assisté, quoique indigne, en compagnie d'un de mes amis français, voyageur célèbre. Vers la fin, le président proposa la santé de la reine, puis tour à tour celle d'une quinzaine de personnes présentes. — « J'ai l'honneur de vous proposer la santé de notre éminent convive, un tel. » — Puis quelques phrases d'éloges, le tout correctement débité avec une gravité cordiale, et çà et là une pointe d'*humour*. Pour moi, je l'admirais beaucoup de si bien dire, mais surtout de ne point paraître ennuyé.—Sur ce mot d'introduction, le convive se levait et prenait la parole. « Je remercie l'assemblée des gentlemen ici présents et notre honorable président de la distinction si flatteuse, etc. » — Ici quelques développements qui varient selon le voyageur interpellé. L'homme du Nil promet son assistance à la première expédition qui cherchera les sources du fleuve. L'homme du pôle dit que s'il a pu hiverner dans les glaces, c'est grâce au régime rude de l'éducation anglaise et à la pratique du sport. L'homme de l'Australie occidentale remarque qu'il y a là une place pour des colonies anglaises. En outre, chacun sonne sa petite fanfare sur l'énergie de la race saxonne, sur la propagation de la civilisation anglaise, sur l'avenir de l'humanité, sur les progrès de la science. Les assistants applaudissent en frappant sur la table de leurs mains et de leurs couteaux ; on crie : *Hear! hear!* on pousse deux, trois, quatre hurras. Quelques-uns montent sur leur chaise, et saluent l'orateur en élevant leur verre ; la belle humeur devient contagieuse, et le brouhaha est complet. — Sur cet orchestre un peu gros, les discours qui se succèdent font des solos appropriés. Les lieux communs dont ils se composent ne détonnent pas; on n'est pas rebuté de leur vulgarité, ni ennuyé de leur sérieux, ni choqué de leur solennité ; du moins les convives anglais sont montés au diapason. Mon ami le voyageur français n'a pas voulu faire chorus : il a glissé un mot à l'oreille du président pour être dispensé du discours. — « Pourquoi évitez-vous votre tour ? » lui ai-je demandé ? — « Ce que je dirais serait en dehors de leur goût, ou en dehors du mien. » — Il répugne à la période soutenue ; il y voit une sorte d'affectation, surtout au dessert ; il aime mieux jeter un mot fin, suivre avec son voisin une conversation moqueuse, indiquer son idée à mi-voix, avec un sourire. Ici, on ne l'indique pas, on l'explique ; on la veut développée, énergique ; on en supporte tout l'accent et tout le poids, même à table. — Je suppose qu'ils ont du plaisir à sentir leurs nerfs secoués et leurs volontés remuées par une émotion collective : un dîner de ce genre est très-voisin d'un meeting, et aboutit plus ou moins expressément à une résolution, à une souscription, à une propagande et à des actes.

Un journal aigre dit qu'on ne peut parler français sans mentir ; la langue exagère : « Mille remercîments ! J'en suis enchanté ! Un homme charmant ! » Il oublie que l'auditeur en rabat ce qu'il faut. — A vrai dire, notre conversation et notre style écrit sont remplis d'indications, de sous-entendus et de nuances. Il me semble que la Fontaine, madame de Sévigné, Voltaire, Montesquieu, Courier ne peuvent être bien traduits en anglais. Leur parfum s'évapore, leur grâce se fane, leur vivacité s'alourdit. Dernièrement, une revue grondait contre *la Vie de Jésus*, contre « ces belles phrases ambiguës qui semblent dire une chose délicate et disent deux choses opposées. » Beaucoup d'Anglais ne comprennent rien à ces finesses, et accusent notre littérature de fausseté, parce que leur sens littéraire est obtus. — En revanche, nous pourrions leur répondre qu'ils ne peuvent discuter sans boxer. La polémique est chez eux d'une rudesse extraordinaire ; ainsi conduite, elle aboutirait en France à des duels quotidiens. Heureusement on admet ici que le duel est absurde, et que jamais un article injurieux n'impose ou ne justifie l'appel à l'épée. Leurs débats ressemblent à leurs assauts de boxe ; les combattants, après s'être tour à tour meurtris et jetés par terre, se donnent la main sans rancune. En quelques mois de lecture, on s'y fait, et l'on finit par trouver que la brutalité du langage est amplement compensée par la franchise de l'accent, par l'énergie de la conviction, par la solidité du raisonnement, par la sincérité de l'indignation, per le souffle viril et continu de l'éloquence.—Ce n'est point à dire qu'ils manquent d'esprit ; ils en ont un à leur usage, à la vérité peu aimable, mais tout à fait original, de saveur puissante, poignante et même un peu amère, comme leurs boissons nationales. Ils l'appellent *humour*; en général, c'est la plaisanterie d'un homme qui, en plaisantant, garde une mine grave. Elle abonde dans les écrits de Swift, de Fielding, de Sterne, de Dickens, de Thackeray, de Sydney Smith ; à cet égard, le *Livre des Snobs* et les *Lettres de Peter Plymley* sont des chefs-d'œuvre. On en trouve aussi beaucoup, de la qualité la plus indigène et la plus âpre, dans Carlyle. Elle aboutit tantôt à la caricature bouffonne, tantôt au sarcasme médité. Elle secoue rudement les nerfs, ou s'enfonce à demeure dans la mémoire. Elle est une œuvre de l'imagination drôlatique ou de l'indignation concentrée. Elle se plaît aux contrastes heurtés, aux travestissements imprévus. Elle habille la folie avec les habits de la raison ou la raison avec les habits de la folie. Henri Heine, Aristophane, Rabelais et parfois Montesquieu sont, hors de l'Angleterre, ceux qui en ont eu la plus large dose. Encore faut-il chez les trois derniers en retirer un élément étranger, la verve française, la joie, la gaieté, sorte de bons vins qu'on ne récolte que dans les pays du soleil. — A l'état insulaire et pur, elle laisse toujours un arrière-goût de vinaigre. L'homme qui plaisante ainsi est rarement bienveillant et n'est jamais heureux ; il sent et accuse fortement les dissonances de la vie. Il ne s'en amuse pas ; au fond il en souffre, il s'en irrite. Pour étudier minutieusement des grotesques, pour prolonger froidement une ironie, il faut un sentiment continu de tristesse et de colère. C'est dans les grands écrivains qu'on doit chercher les spécimens parfaits du genre; mais il est tellement indigène qu'on le rencontre tous les jours dans la conversation ordinaire, dans la littérature, dans les débats politiques, et qu'il est la monnaie courante du *Punch*. En voici un exemple pris au hasard dans un numéro que je viens de lire :

Lettre d'un secrétaire de la trésorerie à un membre du parlement.

BIBLIOTHÈQUE
DE LA CHAMBRE DES COMMUNES.

« Cher monsieur,

« Lord P... m'a remis la lettre dans laquelle, vous lui faites observer que la session est presque finie, que vous avez prêté à la politique de Sa Seigneurie un concours aussi judicieux que constant et que vos services méritent une récompense sous forme d'une place.

« En réponse à votre lettre, je vous demande la permission de faire observer que votre première proposition est la seule sur laquelle le gouvernement de Sa Majesté ait l'honneur et le plaisir de se trouver d'accord avec vous, et, personnellement, j'ai l'honneur d'être, cher monsieur,

« Votre très-fidèle et dévoué serviteur. »

Aimez-vous l'*ale* ? Buvez-en, votre palais y prendra goût ; la boisson est saine et, en somme, fortifiante. De même, la plaisanterie anglaise.

———

Visite à Kensington Musæum, à la National Gallery, et plus tard à l'Exposition. Toute la peinture anglaise, ancienne et moderne, y a été rassemblée ; de plus, j'ai vu à Paris deux expositions des peintres anglais contemporains. Nul document n'est plus abondant, plus instructif, pour montrer les goûts de l'esprit anglais en fait de beauté physique ; voici des traits qui sautent aux yeux.

Rareté et faiblesse de la peinture héroïque, des figures nues ou drapées à l'antique ou à l'italienne ; quelques tableaux religieux bien artificiels ; quelques vastes machines sentimentales et historiques, point solides, *Edith au cou de cygne*, par Hilton, la *Mort du général Wolf*, par West. La grande et noble peinture classique, le sentiment du beau corps compris et aimé à la manière de la Renaissance, le paganisme correct ou savant que David et M. Ingres ont continué en France, n'a jamais pris racine chez eux. Leur école est une branche de l'école flamande, une branche noueuse, rabougrie, qui finit par avorter, mais d'une façon tout à fait originale.

Par Lely et Kneller, ils procèdent de Van Dyck. Au dix-huitième siècle, plusieurs d'entre eux, Gainsborough, Reynolds, gardent dans les grands portraits et dans le paysage un vif sentiment de la couleur et de la chair flamandes. Ce sont des hommes du Nord qui, d'après les maîtres d'Anvers, persistent à comprendre l'homme, la nature et la poésie physique de la contrée humide. — De Gainsborough, *Nancy Parsons, Lady of Dustanville*, l'*Enfant en bleu*; d'autres portraits encore, *the Watering Place, the Market Cart*, des marines : les carnations sont molles et claires, les tons de la soie bleue ou jaune pâle sont doux et fondus, les blancheurs des collerettes froissées s'harmonisent avec ceux du visage, les lointains s'enfoncent dans une vapeur vague, les objets se détachent du fond, non par la précision de leurs contours, mais par la gradation de leurs teintes ; ils émergent insensiblement de l'air trouble. Il a toutes les richesses, toutes les mélancolies, toutes les sensualités délicates, toutes les caresses pénétrantes et ménagées de la couleur. — De Reynolds, *Miss Price, Lady Elisabeth Forster, Miss Boothby, Georgina Spenser, Duchess of Marlborough, Marquess of Hasting, Marquess of Rockingham, Mistress Stanhope, Lord Heathfield, the Banished lord*, la *Sainte-Famille*, les *Grâces*; il est de la même école et aussi un peu de celle de Rembrandt, mais plus moderne. — Les excellentes estampes à la manière noire, et dans lesquelles tant de portraits du dix-septième siècle et du dix-huitième ont été reproduits, montrent aussi le sentiment hollandais du clair et de l'obscur raccordés par un estompage de noirceurs vagues. — Il y a quelque chose du coloris flamand dans les tableaux de Hogarth, moins durs et prosaïques que ses gravures, et on peut en trouver un reste dans Constable, Wilkie, Lawrence et Turner.

Mais, dès l'origine, la séve anglaise a pénétré dans l'écorce flamande, et y témoigne de sa présence par des effets de plus en plus marqués. Le peintre cesse d'être simplement peintre ; l'âme, la pensée, le dedans invisible le préoccupent autant que le corps vivant, et bientôt davantage. Il montre le caractère moral, tantôt la nuance de mélancolie, tantôt la profonde rêverie pensive, tantôt la distinction et la hauteur aristocratique. — Le *Jeune garçon en bleu* de Gainsborough a déjà cette physionomie expressive et toute moderne par laquelle une œuvre pittoresque dépasse les limites de la peinture. Sa Musidora a les pieds si fins et la tête si intelligente qu'elle n'est plus une baigneuse, mais une dame. — De même, Reynolds est un descendant de Van Dyck, mais lointain, tellement affiné et spiritualisé qu'il semble séparé de son aïeul par tout un monde. Ses *Trois Grâces* n'ont rien de naïf et de primitif ; quelque chose d'âpre et de patricien dans leur attitude et dans leur regard laisse reconnaître en elles des *ladies;* malgré leur costume de déesses, on sent vaguement qu'elles doivent avoir un carrosse, un intendant et quinze domestiques en culotte jaune. Son *Lord exilé* est une élégie sentimentale dans le goût de Young. Ses grands seigneurs ne sont plus des cavaliers tranquilles, parés, bons pour le coup de pistolet et pour le bal, non pour autre chose ; cette simplicité de la pure et vraie peinture ne lui a pas suffi ; il s'est ingénié, il a compris la complexité de l'homme intérieur ; il s'est dit « qu'on ne met jamais dans une tête plus qu'on ne trouve dans la sienne propre, » et, muni de sa réflexion, il a peint des âmes réfléchies. — Par degrés, le moral va se subordonner le physique ; la peinture deviendra une psychologie ; la sensation des yeux sera traitée en accessoire, et la toile peinte ne sera qu'un premier plan, un rideau, derrière lequel l'intelligence et l'âme apercevront au loin des idées, des intentions, des leçons, des études de caractères et de mœurs.

C'est Hogarth qui le premier proposa et mit en œuvre cette théorie. — Selon lui, pour qu'un type physique soit intéressant, il faut qu'il soit l'expression et la saillie d'un type moral. De fait, il a traité la peinture en romancier moraliste, à la façon de de Foe, de Richardson, et ses tableaux sont des prédications contre le vice. Devant eux, on oublie la peinture, on assiste à une tragédie ou à une comédie intime. La figure, le costume, l'attitude, les accessoires sont des résumés de caractères, des abrégés de biographie. Ils font une série concertée ; ils composent une histoire progressive ; ils sont les illustrations d'un texte sous-entendu ; à travers eux, chapitre à chapitre, on lit ce texte. Voyez dans le *Mariage à la mode* le geste douloureux du vieil intendant qui prévoit la ruine de la maison et s'en va les mains levées au ciel ; la bêtise brutale et sensuelle du galant qui, étalé sur un fauteuil, chante à plein gosier pendant qu'on l'attife. L'esprit suit les précédents, les conséquences, comprend leur nécessité, et conclut comme au sermon. — Moins concluantes, mais aussi littéraires sont les œuvres de Wilkie, *the Village festival, the Blind Fiddler, the Parish Beadle, Blindman's Buff, a Wedding*; c'est un peintre de la vie humble, un Teniers, si vous voulez, mais un Teniers réfléchi, observateur, penseur, en quête de types intéressants et de vérités morales. Ses tableaux fourmillent d'intentions ingénieuses, de satires gaies, de documents instructifs, comme l'*Antiquaire* de Walter Scott, où l'*Adam Bede* d'Eliot. Il donne à penser et amuse, mais en dehors de la peinture, et, autour de lui, quantité d'autres sont comme lui des écrivains ou des poëtes dévoyés.

Parmi ces artistes qui se méprennent, l'un des grands et des plus égarés est le paysagiste Turner. Nulle part on ne voit plus clairement l'erreur d'un talent qui, devant parler aux sens, entreprend de parler à l'intelligence et à l'âme. Sa collection emplit trois salles. Il y a de lui des paysages très-beaux, simples et grandioses, où l'on trouve un sentiment profond et, j'ose dire, auguste de la nature vivante, *Knighton's Bank*, *Frosty Morning*, *Bligh Sands*, *Cattle in Water*, *Saint-Mawes Cornwall;* mais ils sont de sa première manière. — Par degrés, la sensation de l'œil, l'effet optique lui ont paru secondaires; les émotions et les rêveries de la cervelle spéculative et raisonnante ont pris l'empire; il a voulu peindre de gigantesques épopées, philosophiques et humanitaires, il s'est cru le premier des hommes, et l'on me dit qu'il est mort fou. En tout cas, sa peinture est devenue folle, à peu près comme la prose et la poésie de Victor Hugo. *Apollon tuant Python*, l'*Armée d'Annibal dans les Alpes*, *Pendant un orage*, le *Déluge*, le *Feu de Sodome*, *la Lumière et la couleur le lendemain du déluge*, *la Pluie, la Vapeur et la Vitesse en chemin de fer*, le *Bateau à vapeur par une tourmente de neige*, trente ou quarante autres, rassemblés soigneusement par lui-même et ordonnés d'après ses instructions dans un local distinct, sont un gâchis inextricable, une sorte d'écume fouettée, un fouillis extraordinaire où toutes les formes sont noyées. Mettez un homme dans un brouillard, au milieu d'une tempête, avec le soleil dans les yeux et le vertige dans la tête, et transportez, si vous pouvez, son impression sur la toile ; ce sont les visions troubles, les éblouissements, le délire d'une imagination qui se détraque à force d'efforts.

Aujourd'hui, par l'exagération croissante de la vie cérébrale et mentale, le centre de gravité qui donnait à l'art son assiette s'est tout à fait déplacé. Les peintres anglais se rattachent encore aux maîtres hollandais par quelques affinités extérieures, par la petite dimension de toiles, par le choix des sujets, par le goût du réel, par l'exactitude et la minutie du détail. Mais l'esprit a changé, et leur peinture n'est plus pittoresque. — Comparez, par exemple, aux animaux de Potter ceux de Landseer si soignés, si étudiés, notamment ses cerfs et ses chiens. Le peintre anglais n'aime pas l'animal en lui-même, à titre d'être vivant, ni surtout à titre de forme en relief ou de tache colorée qui s'harmonise avec ses alentours ; il voit au delà, il a médité, il raffine. Il humanise ses bêtes, il a des intentions philosophiques, morales, sentimentales. Il veut suggérer une réflexion, il agit en fabuliste. Sa scène peinte est une sorte d'énigme dont le mot se trouve écrit au bas, par exemple, *la Paix et la Guerre, la Dignité et l'Impudence, Low life and High life, Alexandre et Diogène,* un *Dialogue à Waterloo,* tout cela exprimé par des types et attitudes de chiens. — Même procédé dans ceux qui font des figures. L'essentiel pour eux est l'anecdote, le petit roman, l'historiette littéraire, la scène de mœurs qu'ils prennent pour sujet. L'agrément, l'harmonie, la beauté des lignes et des tons restent accessoires ; tels Maclise, Leslie, Hunt, et l'un des plus célèbres, Mulready. J'ai vu vingt tableaux de lui, *Premier amour*, *le Loup et l'Agneau*, *Ouvrez la bouche et fermez les yeux*, le *Combat interrompu*, le *Frère Cadet*, la *Femme du ministre de Wakefield*. On n'est pas plus expressif, on n'a jamais dépensé plus d'efforts pour parler à l'esprit à travers les sens, pour bien illustrer une idée ou une vérité, pour ramasser sur une surface de douze pouces carrés un plus gros tas d'observations psychologiques. Quels critiques patients et pénétrants! quels connaisseurs de l'homme ! que d'habiles combinaisons ! quelle aptitude à traduire le moral par le physique! quelles admirables vignettes ils auraient faites pour une édition de Sterne, de Goldsmith, de Crabbe, de Thackeray, d'Eliot ! Je trouve çà et là des chefs-d'œuvre en ce genre, par exemple de Johnston, *Lord et lady Russel recevant l'eucharistie*. Lord Russel va monter sur l'échafaud ; sa femme le regarde en plein visage pour savoir s'il est réconcilié avec Dieu. Ce regard intense d'épouse et de chrétienne est admirable ; elle est rassurée maintenant, tranquille sur le salut de son mari. Mais quel dommage qu'au lieu d'écrire, ils aient voulu peindre !

Dans cet effort prodigieux de l'attention concentrée tout entière sur le moral de l'homme, leur sensibilité optique s'est émoussée et désaccordée. Je ne crois pas qu'on ait jamais fait des tableaux aussi désagréables à l'œil. On n'imagine pas des effets plus crus, une coloration plus exagérée et plus brutale, des dissonances plus violentes et plus criardes, des mélanges de tons plus faux et plus durs. — De Hunt, les *Deux gentilshommes de Vérone*, avec des arbres bleus qui tranchent sur le brun des terrains, et des habits écarlates;

un *Christ la nuit avec une lanterne*, dans une atmosphère jaune verdâtre comme celle qu'on aperçoit dans une eau trouble lorsqu'on remonte après un plongeon. — De Millais, les *Filles de Noé sortant de l'arche*; il faut voir le violet de la robe et la façon dont il est relevé par ses alentours. — De Crow, *Pope présenté à Dryden*, ja quettes bleu clair, habits de velours rouge, haut et âpre relief des accessoires, on dirait d'une gageure. — De Mulready, des *Baigneuses* qui semblent en porcelaine. — De Millais, *Saint-Agnès, Eve*, une dame décolletée en grande toilette, qui, par un effet calculé de crépuscule, est teinte, ainsi que toute la chambre, d'un vert cadavérique. — De toutes parts, des paysages où des coquelicots sanglants font des trous dans des gazons vert perroquet, des pommiers en fleurs où le blanc dur des pétales sur la noirceur des branches est une douleur pour l'œil, un cimetière vert-pré en plein soleil, où chaque brin d'herbe accuse son luisant comme ferait une lame de canif, des couchers de soleil qu'on prendrait pour des feux d'artifice. Certainement l'état de leur rétine est particulier. — Pour s'en rendre compte, on cherche des analogies, et on en trouve dans vingt détails de la vie courante, dans les tons rouges, violacés, lie de vin, vert cru, dont ils enluminent la couverture et les images de leurs livres d'enfants, dans la toilette voyante et chargée de leurs femmes, dans le spectacle que leurs prairies, leurs fleurs, leur paysage présentent sous une subite flambée de soleil. Peut-être faut-il admettre que dans chaque pays les dehors des choses font l'éducation de l'œil, que ses habitudes forment ses goûts, qu'une affinité secrète arrange les couleurs du décor artificiel d'après les couleurs du spectacle naturel. Ici, en effet, la toilette par son lustre, par sa fraîcheur, par son opulence, par ses disparates, fait penser à l'éclat, à la jeunesse, à la magnificence, aux contrastes de la végétation et de ses aspects. On pourrait découvrir des ressemblances entre leurs soies mauves et violettes et les couleurs changeantes de leurs lointains et de leurs nuages, entre leurs écharpes de gaze, leurs châles de dentelle vaporeuse et les brumes pâles ou splendides de leurs horizons. — Mais quantité d'effets harmonieux dans la nature sont déplaisants dans la peinture; ils ne peuvent pas être transportés sur la toile; du moins, ils ne peuvent pas y être transportés tout crus. En cet état, ils font dissonance, faute des alentours avec lesquels ils s'accordaient. Car plusieurs des ressources dont dispose la nature manquent à la peinture, entre autres le plein soleil, la vraie lumière, l'éclat du jour sur l'eau, le scintillement des rayons sur une feuille verte. Ce sont là des valeurs suprêmes qui se subordonnent toutes les autres, et leur ôtent leur accent trop dur; privées de ce tempérament, les autres choquent comme un accord dans lequel on aurait omis la note supérieure. Il faut donc les transposer pour les exprimer; aucun peintre, aucun artiste n'est un pur copiste; il invente, même quand il se borne à traduire; car, ce que la nature exécute par un système de moyens et de valeurs, il est obligé de le rendre par un autre système de valeurs et de moyens. — Telle est l'erreur des peintres anglais contemporains; ils sont fidèles, mais littéralement. Quand on a vu leur pays, on trouve que la plupart de leurs effets sont vrais. Voilà bien un gazon anglais avivé par la pluie récente. Voilà bien leur ciel blanc du matin, le luisant des sables à la marée basse, le vert aigre ou violacé des vagues moutonnantes. Voilà bien les bosselures des épis sur la teinte blond pâle des moissons, la pourpre rutilante des bruyères éparses dans un *common* solitaire. A la réflexion, on ne conteste pas l'exactitude ; bien mieux, on se rappelle qu'en présence du paysage réel, on a éprouvé du plaisir, et l'on s'étonne d'éprouver du déplaisir en présence du paysage peint. C'est que la traduction n'a été qu'une transcription. C'est que, pour être fidèles sur un point, ils ont été infidèles dans l'ensemble. Avec une conscience d'ouvriers méticuleux, ils ont reporté une à une sur la toile les sensations brutes de leur œil. Cependant ils rêvaient, ils moralisaient, ils suivaient en poëtes les émotions douces ou mélancoliques que le paysage réel éveillait dans leur âme. Mais, entre l'ouvrier et le poëte, l'artiste a manqué. On loue leur patience, on sent que devant leur original on serait touché ; mais leur copie n'est qu'un *document suggestif*, et on la quitte volontiers parce qu'elle est laide.

Un homme s'est rencontré pour les justifier et pour ériger leur pratique en théorie. John Ruskin, admirateur et ami de Turner, écrivain convaincu, passionné, original, très-compétent, très-studieux, très-populaire et d'un génie tout à fait anglais. Rien de plus précieux que des impressions personnelles, indépendantes, bien coordonnées, lorsqu'elles sont, comme les siennes, bravement exprimées ; elles nous font réfléchir sur les nôtres. Il n'est personne à qui les livres de Ruskin, *Modern painters*, *Stones of Venice*, ne donnent à penser. — Son premier principe est qu'il faut aimer avec enthousiasme la vérité vraie et le détail caractéristique : « Chaque classe de terrains, de roches, de nuages, doit être connue par le peintre avec une exactitude de géologue et de minéralogiste... Quand Salvator met sur son premier plan une chose de laquelle je ne puis dire si elle est du granit, de l'ardoise ou du tuf, je déclare qu'il n'y a là ni union harmonieuse, ni simplicité d'effet, mais seulement monstruosité pure. » Titien avait la fidélité botanique. « Dans son *Bacchus avec Ariane*, le terrain de devant est occupé par l'iris bleu commun, l'aquilegia et la capparis spinosa... Celui de la *Pêche miraculeuse*, par Raphaël, est couvert de cette sorte de chou marin qu'on nomme crambe maritima, » et toutes ces plantes sont peintes avec une vérité scrupuleuse. — Mais, pour produire la beauté, la vérité n'est qu'un moyen : l'art va au delà ; son emploi propre est d'évoquer des émotions supérieures. Il ne lui suffit pas non plus de produire le plaisir sensible. « Ce plaisir peut bien être la base de l'impression, mais il faut de plus qu'il soit accompagné par un mouvement de joie, puis par un sentiment d'amour pour l'objet peint, puis par une perception de la bonté d'une intelligence supérieure, et enfin par un élan de gratitude et de vénération pour cette intelligence... Aucune impression ne peut être à aucun égard considérée comme une impression de beauté, si elle n'est composée de ces émotions ; de même nous ne pouvons pas dire que nous avons l'idée d'une lettre, si nous n'en percevons que le parfum et la belle écriture, sans en comprendre le contenu et l'intention. » — Voilà bien l'esthétique d'un homme du Nord spiritualiste et protestant ; et tous ses jugements y sont conformes. Peu lui importe la peinture pittoresque ; la sensation agréable de l'œil n'a pas d'importance pour lui. « Les anciens peintres de paysage n'ont eu que des qualités mécaniques et techniques : je veux parler de

Claude Lorrain, de Gaspar Poussin, de Salvator Rosa, de Cuyp, de Berghem, Ruysdaël, Hobbéma, Teniers (dans ses paysages), Paul Potter, Canaletto et les divers Van-quelque chose et Back-quelque chose, spécialement ceux qui ont diffamé la mer[1]. La plupart de ces paysagistes de profession, dans l'école hollandaise, n'ont d'autre but que d'étaler leur habileté manuelle. Le meilleur patronage qu'un monarque pourrait exercer sur les arts serait de faire collection de leurs toiles dans une galerie et d'y mettre le feu. » Là-dessus, bien des gens souhaiteront que M. Ruskin, sous aucun prétexte, ne soit nommé roi. — Contre la peinture italienne, contre son esprit, contre son culte du corps athlétique et parfait, il est aussi rude. Selon lui, les mythologies et les nudités, qui en font la moitié, n'ont été peintes que pour flatter la sensualité ; leur place est à côté des ballets d'opéra. Avant Raphaël, « l'art était employé pour mettre en lumière la religion ; avec lui, la religion fut employée pour mettre l'art en lumière... La reine couronnée du Pérugin devient une simple mère italienne, la *Vierge à la chaise*. Ce n'était pas là un changement sain. Le mobile de l'artiste n'était plus l'amour de la vérité, mais l'orgueil. Il pensait à la Madone comme à un sujet convenable pour étaler des ombres transparentes, des teintes adroitement choisies, des raccourcis scientifiques, comme à une belle femme qui, si elle était bien peinte, serait une pièce agréable d'ameublement pour le coin d'un boudoir, et qu'on pourrait former en combinant les beautés des plus jolies contadines... Voilà ce que Raphaël pensait de la Madone. » — Un peu plus loin, Rus-

---

[1] Sans doute l'admirable G. van de Velde et Backhuysen.

kin décrit avec foi et terreur l'apparition de Jésus marchant sur le lac au-devant de Pierre, et il oppose le carton de Raphaël à la scène réelle. « Remarquez les cheveux bien bouclés et les sandales proprement liées de ces hommes qui ont été toute la nuit sur l'eau, dans les brouillards de la mer et sur le pont fangeux. Remarquez leurs habits si incommodes pour la pêche, leurs manteaux qui traînent à un pied derrière eux, leurs belles franges, Pierre surtout qui, enveloppé de plis et de franges, prend son essor pour s'agenouiller et tenir ses clefs avec grâce..., tout le groupe des apôtres, non pas rassemblés autour du Christ comme cela devait être, mais éparpillés en une ligne de manière à se faire voir tous... Au delà, un beau paysage italien plein de villas et d'églises... Nous sentons que notre croyance, notre foi en cet événement, s'évanouit tout à fait ; ce n'est plus qu'une légende absurde, un salmigondis usé de franges, de bras musculeux, de têtes frisées de philosophes grecs... Tout ce que les hommes se seraient imaginé à leur propre usage pour se figurer cette histoire vraie, si extraordinaire et étrange, avec sa sévérité infinie, sa tendresse infinie, sa variété infinie, se trouve effacé comme d'un coup d'éponge par les élégances vides de Raphaël. » — Il est aisé de condamner un peintre, même un très-grand peintre, quand on lui impose un but qu'il n'a pas ; Raphaël songeait à faire de beaux hommes graves, bien bâtis, bien posés, bien groupés, bien drapés, et ne songeait pas à autre chose. — M. Ruskin lui reproche d'avoir fait de saint Paul un Hercule méditatif appuyé sur une épée de conquérant, et il ajoute qu'aucun artiste n'a encore peint le vrai saint Paul. Il vaut mieux qu'on ne l'ait pas peint ; « ce laid petit juif[1] » n'était beau que par l'âme, et son âme est dans ses *Lettres*. Raphaël avait raison ; à l'inverse de la littérature, la peinture, ayant le corps vivant pour objet, ne représente l'âme qu'indirectement et comme accessoire. M. Ruskin demande au second art les effets du premier. « Dans la *Construction de Carthage*, par Turner, le principal objet du premier plan est un groupe d'enfants qui s'amusent à faire voguer de petits bateaux. » Selon lui, voilà une pensée des plus hautes, digne de la poésie épique ; car ce jeu d'enfants montre l'aptitude maritime et la puissance future de Carthage. Au contraire, dit-il, « dans des sujets analogues, Claude introduit ordinairement des gens qui portent des coffres rouges garnis de serrures de fer, et se complaît avec un plaisir enfantin à rendre le lustre du cuir et les ornements du métal. » Mais si le ton rouge et le luisant sont des repoussoirs, des compléments, des valeurs utiles pour arrêter ou retenir ou préparer le regard, et comme une gamme de cor ou de hautbois dans une symphonie? Celui qui supprime la gamme n'a pas d'oreilles ; celui qui supprime le luisant ou le rouge a-t-il des yeux?

Ainsi le fait, la chose réelle, l'objet matériel et physique, étudié pour lui-même, avec sa physionomie propre et son détail le plus complet, transporté intact et scrupuleusement sur la toile, si exactement rendu et encadré qu'un savant spécial, botaniste ou géologue, trouverait dans le tableau un document ; rien pour le décor, pour la volupté des sens, pour les secrètes exigences de l'œil ; au delà, et comme contre-coup ou compensation, les impressions de la personne morale, le dialogue silen-

---

[1] Expression de M. Renan.

cieux de l'âme et de la nature, le retentissement sourd et prolongé d'un *moi* profond plein de cordes vibrantes, d'une grande harpe intime qui répond par des sonorités imprévues à tous les chocs du dehors : voilà l'objet de l'art. Pour eux, ce moi puissant est le principal personnage du monde. Invisible, il se subordonne et se rallie toutes les choses visibles ; leur mérite est d'avoir un sens pour lui, de correspondre à quelque chose en lui, d'ébaucher ou d'achever en lui quelque émotion latente[1]. L'être spirituel est le centre auquel le reste aboutit. — Pour avoir pris une place si dominante, il faut qu'il soit bien fort et bien absorbant. Il l'est en effet, et on s'en aperçoit quand on considère les principaux traits du caractère anglais, le besoin d'indépendance, la capacité d'initiative, la volonté énergique et opiniâtre, la véhémence et l'âpreté des passions concentrées et contenues, les rudes frottements muets des rouages intérieurs, le vaste et tragique spectacle qu'une âme complète se fournit à elle-même, l'habitude de regarder en soi, le sérieux avec lequel ils ont toujours considéré la destinée humaine, leurs préoccupations morales et religieuses, toutes les traces des facultés et des instincts qui se sont manifestés jadis sous la main de Shakspeare et dans le cœur des puritains. A ne prendre que les modernes, on pourrait dire que, dans chaque Anglais, il y a quelque chose de Byron, de Wordsworth et de Car-

An artist....
Who peints a tree, a leaf, a common stone,
With just his hand, and finds it suddenly
A-piece and conterminous to his soul.
Why else do those things move him, leaf, or stone?

(*Aurora Leigh*, 303.)

lyle, trois esprits bien différents et pourtant semblables en un point qui est une force et une faiblesse, et que, faute d'autres termes, je me risque à nommer l'hypertrophie du moi.

Pour une âme ainsi disposée, la véritable expression est la poésie. Autant ils sont médiocres dans les autres arts, autant ils sont grands dans celui-ci. A mon sens, il n'y en a point qui vaille la leur, qui parle si fortement et si nettement à l'âme, qui la remue plus à fond, en qui les mots soient si chargés de sens, qui traduise mieux les secousses et les élans de l'être intérieur, dont la prise soit aussi efficace et aussi poignante, qui saisisse en nous les cordes personnelles et profondes pour en tirer des accords si magnifiques et si pénétrants. — A cet égard, il serait trop long de passer en revue leur littérature : je n'en veux citer qu'un poëme récent, *Aurora Leigh*, par Élisabeth Barrett Browning, œuvre étrange qui est un chef-d'œuvre ; encore n'ai-je pas de place pour dire combien, après vingt lectures, il me paraît beau. — C'est la confession d'une âme généreuse, héroïque, passionnée, en qui le génie surabonde, dont la culture a été complète, philosophe et poëte, qui habite parmi les plus hautes idées et dépasse encore l'élévation de ses idées par la noblesse de ses instincts, toute moderne par son éducation, par sa fierté, par ses audaces, par le frémissement continu de sa sensibilité tendue, montée à un tel ton que le moindre attouchement éveille en elle un orchestre immense et la plus étonnante symphonie d'accords. Rien qu'une âme, et son monologue intime, le chant sublime d'un grand cœur de jeune fille et d'artiste, attiré et heurté par un enthousiasme et un orgueil aussi forts que le sien, le contraste

soutenu de la voix féminine et de la voix mâle qui, à travers les explosions et les variations du même motif, vont s'écartant et s'opposant toujours davantage, jusqu'à ce qu'enfin, rapprochées tout d'un coup, elles s'unissent en un long duo, douloureux, délicieux, d'un accent si exalté et si intense qu'il n'y a rien au delà.
— Autrefois, l'épopée roulait sur des fondations et des destructions de cités, sur des combats de dieux ; elle roule ici sur des combats d'idées et de passions, sur des transformations de caractères. Elle a pris pour matière, au lieu du dehors, le dedans ; et, si large que soit le cadre épique, le dedans est assez riche, assez grand pour le remplir. Les agitations d'une âme si pleine et si vivante valent des chocs d'armées. A défaut de légendes et d'apparitions divines, elle a ses divinations de l'infini, ses rêves et ses aspirations qui embrassent le monde, sa conception orageuse ou lumineuse de la beauté et de la vérité, son enfer et son ciel, ses visions éblouissantes, ses perspectives idéales qui s'entr'ouvrent, non point comme celles d'Homère au-dessus d'une tradition, non point comme celles de Dante au-dessus d'un dogme, mais sur les cimes des plus hautes idées modernes, pour se rassembler plus haut encore autour d'un sanctuaire et d'un dieu. Rien d'officiel dans ce dieu ; c'est celui de l'âme, d'une âme fervente et féconde, en qui la poésie devient une piété, qui amplifie hors d'elle ses propres instincts nobles et répand sur la nature infinie son sentiment de la beauté sainte. — Tout cela est exprimé par un style d'espèce unique, qui est bien moins un style qu'une notation, la plus hardie, la plus sincère, la plus fidèle, créée à chaque instant sur place et de toutes pièces, en sorte que jamais on ne songe

aux mots, que directement et comme face à face on voit toujours jaillir la pensée vivante, avec ses palpitations, ses sursauts, ses essors soudainement rabattus, ses coups d'ailes inouïs, depuis le sarcasme et la familiarité jusqu'à l'extase; langage étrange, mais vrai jusque dans ses moindres détails, seul capable de traduire les hauts et les bas de la vie intérieure, l'afflux, les accès et le tumulte de l'inspiration, la brusque concentration des idées engorgées, l'explosion imprévue des images et ces illuminations démesurées qui, comme des aurores boréales, éclatent coup sur coup dans un esprit lyrique : « Va bravement, et que ton franc poëme saisisse de sa lave ardente — la poitrine aux mille veines, les deux seins palpitants du siècle — en sorte que, lorsque viendra l'âge suivant, les hommes d'alors — puissent toucher l'empreinte avec une main respectueuse et dire : — Regardez, regardez les mamelles que nous avons tous sucées ; cette poitrine semble battre encore ; du moins — elle fait battre la nôtre ; voilà l'art vivant — l'art qui moule et perpétue la vraie vie. » — Un tel style est le complément naturel d'une telle pensée : « Ne point songer à la forme, se fier à l'esprit, s'y fier comme fait la nature souveraine pour créer la forme, une forme qui ne soit pas une prison, mais un corps; toujours partir du dedans pour aller dehors, dans la vie et dans l'art qui est encore la vie. » La poésie, ainsi entendue, n'a qu'un personnage, l'homme intérieur, et qu'un style, le cri du cœur triomphant ou souffrant.

Plus je considère cette conformation d'esprit, cette habitude du retour en soi-même, cette primauté de l'homme moral, ce besoin de le voir d'abord et ensuite la nature à travers lui, plus j'arrive à concevoir les fortes et innombrables racines du poëme sérieux, qu'on appelle ici la religion. — Pour en comprendre exactement la valeur et l'autorité, il faut y distinguer deux choses, d'un côté la rédaction des éditeurs, de l'autre le sentiment du lecteur.

Cette rédaction varie selon les différentes sectes, quakers, presbytériens, wesleyens, unitairiens, anglicans; mais la dernière est de beaucoup la plus accréditée. En effet, l'Église anglicane a pour elle son antiquité, son alliance avec l'État, ses priviléges, ses dotations, la présence de ses évêques à la Chambre haute, sa domination dans les universités, sa position moyenne entre deux extrêmes, entre le culte, le dogme, l'esprit des puritains et le culte, le dogme, l'esprit des catholiques. D'abord elle est un compromis ancien et légal, ce qui convient à la majorité, laquelle partout aime les transactions, suit volontiers la tradition et se laisse conduire par la loi. De plus, elle est riche, elle est un des pouvoirs publics, elle est apparentée dans l'aristocratie, elle a de belles relations, elle est un des grands organes de la constitution; et, à tous ces titres, elle plait aux hommes d'État, aux conservateurs, aux gens du monde, à tous ceux qui veulent être *respectables*. Enfin, son Prayer Book est très-beau; ses cérémonies sont nobles et graves, sa conduite est à demi-tolérante; elle laisse quelque jeu au jugement libre de l'individu. Ainsi accréditée, elle impose ou propose son texte, et l'on peut dire que ce texte est généralement admis. — Trois partis sont distincts dans cette Église officielle : l'un plus aristocratique, plus autoritaire, plus attaché au cérémonial, celui qu'on appelle *High-church* ; l'autre plus populaire, plus passionné, plus appliqué à opérer les conversions et le renouvellement du cœur, celui qu'on appelle *Low-church*. Tous deux, assez étroits et peu flexibles, laissent une place à côté d'eux pour un parti libéral, *Broad-church*, qui comprend les esprits les plus éminents, les plus conciliants, les plus capables d'accorder la science et la foi. Grâce à eux, le fossé qui sépare la pensée laïque de la tradition ecclésiastique cesse d'être infranchissable.

Parmi plusieurs traités polémiques et dogmatiques, je viens de lire *Alford's Greek Testament*, un des commentaires les plus autorisés de l'Écriture. Il ne va pas aussi loin que les critiques allemands ; son tact historique est gêné par un parti pris d'orthodoxie. Mais ses concessions sont assez larges pour satisfaire le sens commun.—Selon lui, les évangélistes ne s'accordent pas tout à fait ; parfois même, et notamment en matière de chronologie, ils se contredisent. « C'est qu'ils n'étaient pas de simples porte-voix, des organes de l'Esprit-Saint, mais seulement de saints hommes inspirés par lui. » Pour écrire, ils avaient un fonds commun, à savoir la tradition et quelques rédactions partielles ; « mais ce fonds était soumis à toutes les variétés de diction, d'arrangement, d'omission, d'addition que comporte un récit, lorsqu'il passe à travers plusieurs esprits individuels et plusieurs lieux différents. » Chaque narrateur, selon l'espèce, les lacunes et le tour de son information, de sa mémoire, de son imagination, de son sentiment, y imprimait sa marque. Le tout est vrai, mais en gros.

Or, entre ce noyau divin et ces enveloppes humaines, la limite n'est pas précise; chacun peut retrancher plus ou moins, et, même dans l'Église, quelques-uns retranchent beaucoup. — Selon M. Stanley, être chrétien, ce n'est pas croire à tels événements de la vie de Jésus, à tels dogmes révélés par Jésus, mais à Jésus lui-même, à l'esprit moral et religieux qui inspire les Évangiles. Il explique le don des langues comme M. Renan. Il admet, comme les théologiens allemands, que les Évangiles, tels que nous les possédons, furent composés longtemps après les Épîtres de saint Paul. Il commente ces épîtres en critique moderne, avec le détail, le tact, la libre et pénétrante divination que l'on porterait aujourd'hui dans un commentaire du Dante ou de Pascal. Il décrit Corinthe, sa mer, ses temples, d'après Pausanias, d'après les voyageurs, d'après ses propres voyages. Il montre saint Paul dictant, et près de lui un disciple, Sosthènes, qui écrit, qui l'arrête de temps en temps pour l'avertir d'un oubli. « Nous pouvons imaginer que la lettre à laquelle Paul répondait était déroulée devant lui, en sorte que, d'un coup d'œil, il pût saisir les difficultés proposées, relever tour à tour les objections, quelquefois les citant en propres termes, quelquefois les exposant dans son langage. » Il décrit et explique très-bien le style de saint Paul, style puissant et extraordinaire comme le sentiment dont il est l'œuvre, style saccadé, violenté par le tressaillement intérieur, tout composé d'explosions, où des fragments abrupts de pensée ardente sursautent et se heurtent comme des laves parmi des flammes et des fumées; à quelques égards, il le compare à celui de Thucydide, mieux encore, à celui de Cromwell. Il montre dans l'apôtre le tempérament hébraïque, l'imagination orientale ; il rappelle à ce propos l'état d'esprit des prophètes et des psalmistes ; il va jusqu'à indiquer certains restes d'une exaltation analogue chez les derviches musulmans. Bref, selon lui, pour comprendre l'âge évangélique, il faut avant tout imaginer des enthousiastes et des scènes d'enthousiasme, comme il y en eut jadis parmi les puritains, ou comme aujourd'hui l'on en trouve dans les *shoutings* d'Amérique.

M. Jowett pousse la critique encore plus loin. Pour lire le Nouveau Testament, il laisse de côté le texte officiel et prend celui de Lachmann. Le premier est au second ce que les Sophocles et les Thucydides de la Renaissance sont à ceux de Dindorf et de Becker ; de même les *Pensées de Pascal*, publiées par Port-Royal, et les mêmes *Pensées*, éditées par M. Feugère. — « La foi des premiers chrétiens ne coïncidait pas exactement avec la nôtre. » Ils croyaient que la fin du monde et le retour du Christ étaient tout proches ; transportés par leur conversion, ils vivaient dans une sorte « d'extase ; » leur foi était « simple et enfantine. » C'était « la croyance d'hommes qui ne voyaient guère avant dans les desseins de la Providence, et qui n'avaient jamais rêvé aux perspectives de l'avenir ; c'était le sentiment d'hommes qui pensaient à la venue du Christ comme nous pensons au retour d'un ami perdu, beaucoup d'eux l'ayant vu sur la terre et ne pouvant croire qu'il leur avait été enlevé pour toujours. » A ne prendre que les dehors et au point de vue du monde, ils laissaient l'impression que ferait aujourd'hui une secte de dissidents, pauvres rêveurs que les gens du monde trouveraient fanatiques, bornés, grotesques et même dangereux. — Leur langage se ressent de leur disposition d'esprit. Les mots justice, foi, charité, sont bien plus vagues dans saint Paul que chez nous ; ils correspondent à un état de l'âme plus violent, à un jeu d'idées moins précises. Quand il dit que le péché d'Adam nous est imputé, il est soulevé par un mouvement de passion, il écrit en style hébraïque ; cela signifie seulement « que nous sommes tous un seul homme par la communauté de notre nature vicieuse ; » par cette communauté, et non autrement, nous sommes tous englobés dans le péché d'Adam. L'exaltation et l'imagination de l'apôtre et de l'oriental se sont exprimées par des à-peu-près, et ses images ne sont pas des formules ; quand il parle de rachat, de sacrifice expiatoire, il fait allusion à une coutume juive. Entre cet esprit orageux, illuminé, qui sort de la synagogue, parle par exclamations, pense par blocs, et l'intelligence moderne, lucide, exacte, discursive, qui démêle et suit fil à fil un faisceau d'idées précises, la différence est immense ; il serait absurde, et en outre horrible, d'ériger des métaphores locales en doctrines philosophiques.

Le lecteur voit de lui-même la conséquence de pareils principes, à savoir l'avénement de la philologie, de la critique, de la psychologie, le renouvellement de la théologie, la transfiguration du dogme. — Déjà l'effet en est visible. Des hommes distingués, des historiens, des clergymen ont quitté leur place dans l'université ou dans l'Église, parce que leur conscience ne pouvait plus souscrire aux trente-neuf articles. L'évêque Colenso, au Natal, interrogé par ses néophytes sur l'Ancien Testament, et requis de donner sa parole d'honneur que tout cela était vrai, tomba dans une réflexion profonde, étudia la question, lut les exégètes allemands, et finit par publier un livre qui reléguait les histoires bibliques au rang des mythes. Un de mes amis bien informé estime que, sur vingt-quatre évêques, il y en a quatre qui favorisent les critiques libéraux d'Oxford ; ceux-ci trouvent d'ailleurs un appui dans le grand nombre des laïques influents et considérés qui les approuvent. L'esprit moderne s'infiltre encore par d'autres fissures, par la géologie et l'histoire naturelle, pour lesquelles l'Anglais a beaucoup d'aptitude, par la psychologie expérimentale, qu'il a toujours cultivée. En effet, l'Anglais aime surtout les faits prouvés, internes ou externes, les faits incontestables et présents dont chacun, à chaque instant, peut avoir expérience en soi, ou hors de soi. De cette disposition peuvent naître des théories et même une philosophie, les théories de Lyell, de Huxley, de Darwin, de Tyndall, la philosophie de Herbert Spencer et de Stuart Mill. Un pareil goût, lorsqu'il est prédominant, conduit l'esprit vers quelqu'une des formes du positivisme ; et, en effet, sous diverses formes, surtout parmi les savants, le positivisme n'est pas rare ici

Chez les autres peuples contemporains, en France, par exemple, les choses, avec d'autres proportions, sont à peu près semblables. Là aussi on trouve un symbole, un texte accepté par la majorité, des interprétations plus ou moins larges admises par divers groupes restreints, un scepticisme scientifique à l'usage de quelques penseurs libres et de plusieurs savants spéciaux. — En tout ceci les ressemblances sont frappantes ; mais elles ne sont qu'extérieures. Il reste à considérer l'émotion intérieure, l'attitude du lecteur en face du symbole accepté ; c'est sur ce point que les deux nations diffèrent du tout au tout. — L'Anglais éprouve naturellement le sentiment de l'*au delà*. Pour lui, au delà de l'expérience humaine, si indéfiniment prolongée qu'on la suppose, il y a un abîme, un grand je ne sais quoi, ténèbres ou lumières ; là-dessus les sectateurs les plus décidés de la pure expérience sont d'accord avec les croyants. Par delà les choses accessibles, Hubert Spencer pose expressément un quelque chose inaccessible, l'*inconnaissable*, le fonds infini dont nous ne saisissons qu'un fragment et une surface. Si Stuart Mill n'ose affirmer cet infini qui déborde hors de toutes limites, il l'admet au moins comme possible. Une énorme noirceur, vide ou pleine, qui enveloppe le cercle étroit où vacille notre petite lampe, voilà l'impression commune que laisse le spectacle des choses sur les sceptiques aussi bien que sur les fidèles. — Une telle impression met l'esprit dans une attitude sérieuse ; elle ne va pas sans quelque effroi ; l'homme est devant un spectacle disproportionné et accablant ; il est disposé au respect, et même à la vénération[1]. — Comme il est réfléchi, enclin à méditer sur la vie humaine (*to moralize*), il n'a pas de peine à reconnaître l'*au delà* dans le monde moral comme dans le monde physique. Il sent vite que sa puissance est bornée, sa prévoyance courte, ses établissements incertains, qu'il ressemble à une feuille emportée dans un immense et tumultueux courant. Pendant les jours d'angoisse, aux funérailles des proches, dans la maladie ou le danger, quand sa dépendance et son ignorance se présentent en lui en traits vifs et terribles, cette émotion devient poignante. Il reporte ses yeux vers le grand branle universel, vers l'obscur et grandiose gouvernement de l'ensemble. A force

---

[1] *Wonder, awe.*

d'y penser, il essaye de se le figurer, et, faute d'autre figure, il se le représente comme le gouvernement de *quelqu'un*, comme une direction intelligente et voulue, comme l'œuvre d'une puissance et d'une pensée, en qui rien ne manque de ce qui lui manque à lui-même. — Encore un pas. Si, parmi les imperfections qu'il découvre en lui-même, les plus graves à ses yeux sont ses mauvais penchants ; s'il est surtout préoccupé par l'idée du juste et de l'injuste, si sa conscience est éveillée et active, l'émotion primitive, dirigée, précisée, complétée, aboutit à la conception du Dieu moral : « Commencez par tout voir au point de vue moral, écrivait Thomas Arnold à une personne tourmentée de doutes, et vous finirez par croire en Dieu. » — Sur l'édifice ainsi préparé, au sommet de tous les piliers convergents, cette croyance vient se placer d'elle-même, comme une clef de voûte. L'*au delà* mystérieux, infini, devient une Providence mystérieuse, infinie, et les textes de l'Écriture et de la liturgie ne font que fournir une expression au cri inarticulé du cœur.

Telle est la sourde élaboration, la fermentation intérieure par laquelle se forme et se développe l'idée de Dieu. L'enfant la reçoit du dehors comme une greffe. Mais, pour que cette greffe prenne et ne demeure pas dans son âme une pièce morte, il faut que l'âme se l'adapte, se la soude et y fasse pénétrer sa propre sève. Elle n'y parvient que par un long travail secret dont elle n'a pas conscience. Ordinairement, il faut des années pour que la suture se fasse et transforme la bouture étrangère en un organe acquis. — Autant que j'en puis juger, elle se fait dans un esprit anglais naturellement et bien, selon la marche que l'on vient de décrire, par la conception des puissances infinies qui nous débordent, par la concentration de ces puissances vagues en une personne, par l'installation de cette personne sur le trône du monde moral. — De cette façon, la religion cesse d'être une formule officielle qu'on récite ; elle devient un sentiment vivant qu'on éprouve. Pour s'en convaincre, le lecteur n'a qu'à regarder le détail de la vie courante dans les correspondances, dans les biographies, dans les poëmes, dans les romans, dans tous les documents spontanés qu'on ne peut soupçonner d'hypocrisie. Dernièrement, à propos d'un procès, les journaux publiaient la lettre qu'un pauvre sergent, tué à Petropavlovsk, écrivait à sa femme Alicia, la veille du combat ; rien de plus grand, de plus touchant, de plus profondément senti ; c'était le testament d'une âme. Parmi trois romans pris au hasard, il y en a deux où, dans les grandes crises, on voit intervenir, sinon la prière, du moins l'émotion solennelle de l'homme qui sent au-dessus de sa tête et de toute tête une justice infinie. — Sur la doctrine on peut discuter ; devant le sentiment on ne peut que s'incliner : il est sublime.

CHAPITRE IX

UN TOUR EN ANGLETERRE

De Manchester à Glasgow ; départ à deux heures du matin. Au lever du jour, c'est encore le paysage anglais, une prairie et une haie, sur un terrain, non pas gras et naturellement fertile comme en Flandre, mais travaillé et contraint à produire par l'industrie de l'homme. — Au delà de Carlisle, le sol s'abaisse et se relève en longues et hautes collines qui sont des pâturages ; solitude, ni arbres, ni cultures ; çà et là une maison ; les moutons tachent de leurs points blancs les énormes bosses vertes. Ce vert éternel, toujours humide et toujours pâle, laisse une impression étrange.

Aux approches de Glasgow, cheminées innombrables, hauts fourneaux flamboyants ; j'en compte seize en un tas. Glasgow est, comme Manchester, une ville de fer et de houille. Elle aussi est sur un terrain teinté de noir dans les cartes, et la Clyde lui fait un port pour rejoindre la mer. — On est tenté de voir dans les caractères physiques du pays la prédiction de son histoire : la terre verte, les troupeaux, le laitage, le climat humide et froid, le sol ingrat produisant l'animal carnivore, énergique, opiniâtre et travailleur ; la houille, le fer, le voisinage de la mer, les fleuves disposés en ports l'invitent à devenir industriel et commerçant. — Trois cent soixante-quinze mille habitants. Mais l'aspect de ces grandes ruches est toujours navrant ; les enfants grouillent pieds nus dans la boue ; des femmes en haillons, en robes déchirées qui laissent voir l'épaule, allaitent assises au coin d'une rue. Le climat est pire qu'à Manchester. Nous sommes aux derniers jours de juillet, et le soleil luit ; pourtant je n'ai pas trop de mon manteau. — Par bonheur, le corps humain s'accommode à ses alentours. De grandes filles couchées sur le gazon de la promenade n'ont ni bas ni souliers ; de petits garçons se baignent dans la rivière. — En outre, certains traits du caractère moral forment une compensation. Je suis tombé dans un hôtel de négociants et commis voyageurs (*commercial gentlemen*), et pendant vingt-quatre heures, à table notamment, je les ai vus par vingtaines. Leur physionomie est un mélange du propriétaire, du professeur et du cordonnier ; celle des nôtres tient du loustic et du militaire. Or, en fait d'affaires et de commerce, le premier caractère réussit beaucoup mieux que le second ; et la différence indiquée ne se rencontre pas seulement entre les commis voyageurs des deux peuples.

Dans la brume lumineuse du matin, au milieu d'une file de mâts et de cordages, le bateau à vapeur descend la Clyde jusqu'à la mer. Nous voguons le long de la côte creuse et dentelée, d'un golfe à l'autre. Ces golfes presque fermés semblent des lacs, et leur large nappe miroite dans un amphithéâtre de collines verdâtres. Toutes les rondeurs et tous les contours de la plage sont semés de villas blanches; l'eau est peuplée de navires; on me montre une hauteur d'où souvent on en peut compter trois cents à la fois; un vaisseau de guerre à trois ponts flotte à distance, comme un cygne parmi des mouettes. — Ce grand espace étalé et rempli de vie dilate l'âme; la poitrine s'ouvre amplement, on respire avec joie la brise active et froide. Mais l'effet sur les nerfs et sur le cœur n'est point celui de la Méditerranée; cet air et ce paysage, au lieu de pousser à la volupté, poussent à l'action.

Un petit bateau, tiré par trois chevaux, nous prend et suit Crenan-canal entre deux bordures de gazon. D'un côté sont des rochers vêtus de broussailles, de l'autre, des pentes escarpées, grisâtres ou rousses; voilà enfin de la couleur, du plaisir pour l'œil, des tons bien composés, appareillés ou fondus. Sur la berge et dans les buissons, des roses sauvages, des plantes frêles au panache blanc sourient avec une grâce délicate et charmante.

Au sortir du canal, nous remontons dans le grand vapeur, et la mer se rouvre plus ample que jamais. Le ciel est tout à fait clair et splendide, et, sous le soleil, les vagues se tordent frissonnantes, avec les reflets de l'étain en fusion. Le navire avance laissant derrière lui une large rue qui bruit et bouillonne; les goëlands rament à sa suite, infatigablement. Des deux côtés, des îles, des roches, des promontoires hardiment coupés, hérissent leur relief sur l'azur pâle ; la vue change à chaque quart d'heure. Mais, à chaque tournant, reparaît la mer infinie qui confond sa ligne presque plate avec la courbe du ciel blanc.

Le soleil tombe, nous longeons Glencoe, et le mon Ben-Nevis apparaît marbré de neige ; le golfe se resserre, et la grande eau, enfermée entre des montagnes stériles, prend un aspect tragique. L'homme est mal venu ici ; la nature est restée indomptable et sauvage ; on se sent sur une planète.

Nous débarquons près de Fort William ; un crépuscule mourant, un reste de rougeur vague laisse apercevoir le paysage désolé, les champs de tourbe, les bosselures de la vallée, entre deux rangées de montagnes énormes. Un oiseau de proie crie dans le silence. Çà et là nous voyons quelques chaumières misérables ; on me dit que celles des hauteurs sont des tanières sans fenêtres, d'où la fumée sort par un trou au milieu du toit. Beaucoup de vieillards sont aveugles. Quelle contrée hostile à l'homme ! — Le lendemain, pendant quatre heures, sur le Caledonian-canal, nous longeons encore des solitudes, une file monotone de montagnes sans arbres, d'énormes bosses verdâtres que tachent par places des pierres éboulées. Quelques moutons, d'espèce naine, cherchent sur les versants un peu de bonne herbe ; parfois l'hiver est si rude qu'ils meurent ; de loin en loin, on voit un bœuf velu, aux yeux sauvages, gros comme un petit âne. Plantes et animaux, tout périt ou se rabougrit. Pour tirer quelque chose d'un tel pays, il faudrait d'abord le reboiser, comme on a fait du Sutherland; l'arbre refait le sol, puis il abrite la culture, le bétail et l'homme.

Le canal aboutit à une enfilade de lacs. Rien de plus noble que leur aspect, rien de plus touchant. L'eau, brunie par la tourbe, fait une vaste plaine luisante entourée par un cirque de montagnes. A mesure qu'on avance, chaque montagne se développe lentement, s'étale, apparaît avec sa forme et sa physionomie; les dernières, bleuâtres, s'enfoncent l'une derrière l'autre, en s'abaissant vers l'horizon qu'elles ferment. Elles siégent ainsi comme une assemblée de grands êtres tristes, autour de l'eau noire où elles se mirent, et, de temps en temps, au-dessus d'elles et du lac, le soleil affleure à travers un linceul de nuages.

A la fin, la solitude devient moins sévère. Les montagnes se boisent à demi, puis tout à fait; elles s'aplanissent, les vallées élargies se couvrent de récoltes ; la verdure fraîche et jeune des plantes fourragères vient parer les creux et les versants. Nous entrons à Inverness, et nous sommes étonnés de trouver, presque à l'extrême nord de l'Écosse, au flanc des Highlands déserts, une jolie ville moderne et vivante. — Elle s'allonge sur les deux bords d'une rivière claire et vive. Quantité de bâtiments sont neufs ; on voit une église, un château, un pont de fer ; partout on sent la propreté, le soin, l'attention active. Les vitres sont luisantes, les carrelages lavés; les boutons de porte sont en cuivre, il y a des fleurs aux fenêtres; les plus pauvres maisons sont reblanchies à neuf. Des dames bien vêtues, des gentlemen en costume correct passent dans les rues. On a même voulu avoir des œuvres d'art, des colonnes ioniennes, du pur gothique, et autres parures architecturales de pacotille, mais qui annoncent au moins la recherche du mieux, l'intention de bien faire. Évidemment, le pays est mauvais; c'est l'industrie, l'ordre, l'économie, le travail des habitants qui fait tout. Quel contraste avec l'aspect d'une petite ville des côtes de la Méditerranée, si négligée et si sale, où le petit bourgeois vit comme un ver dans une poutre vermoulue!

Je passe huit jours aux environs chez un ami. Presque tous les cottages sont bien tenus ou remis à neuf. De petites fermes, des chaumières de paysans sont encadrées de chèvrefeuilles et ont un jardin plein de roses fleuries. — Sans doute, ces maisons trop basses n'ont souvent qu'un rez-de-chaussée et sont étroites, parce que les matériaux de construction sont chers. Sans doute encore, le lit mal aéré reste enclos à demeure dans une forte alcôve en planches, parce qu'en hiver le froid est trop grand. — Mais ces inconvénients du sol et du climat ont été un aiguillon pour l'homme. Partout, dans les moindres cottages, on trouve des livres, la Bible d'abord, en outre quelques biographies, voyages, conseils d'hygiène, manuels du pêcheur, traités d'agriculture, de huit à trente volumes. Presque tous les paysans écossais savent lire et lisent. Nos hôtes donnent la main à toutes les bonnes femmes, aux jeunes filles, et nous disent de la donner; elles n'ont point l'air embarrassé. Chaque paysan se sent maître chez lui, libre au spirituel et au temporel, chargé de son salut, ce qui lui donne une dignité naturelle. Les riches et les gentlemen ne se cantonnent pas et ne se tiennent pas à l'écart par défiance, répugnance, égoïsme, comme en France; ils font des lectures publiques, ils souscrivent aux fondations. L'un d'eux a bâti une église qu'on me montre; un autre, un pont en fil de fer ; par une inscription, il « prie les passants d'y conduire leur voiture au pas. » Le mur de son parc n'a que deux pieds de haut ; chacun peut y entrer ; la seule défense est d'y faire du dégât.

Entre Keith et Aberdeen, je rencontre un train à bon marché, dont les wagons sont gorgés de monde. Tous ces gens vont à un meeting religieux ; c'est une assemblée d'édification et d'émotion protestantes, un *revival* où parleront plusieurs prédicateurs célèbres. La foule est si nombreuse, qu'on est obligé de mander par dépêche télégraphique des wagons supplémentaires ; et pourtant, dans beaucoup de voitures, les jeunes filles sont assises sur les genoux des hommes. Mon voisin dit qu'il y aura vingt mille personnes ; quelques-unes viennent de très-loin, de cinquante ou soixante milles. Pendant l'arrêt du train, les femmes, avec un air sérieux et convaincu, entonnent un psaume ; la musique religieuse est toujours ici grave et douce, et n'a jamais manqué de me faire plaisir. Les wagons sont de troisième classe, et les assistants sont des boutiquiers, des ouvriers, des cultivateurs, tous vêtus comme notre petite bourgeoisie ; habits propres, souvent neufs, en drap gris ou brun ; physionomies actives et intelligentes : la race est plus dégourdie, plus avisée qu'en Angleterre. Ce sont des gens du peuple, mais visiblement bien plus cultivés que nos villageois.

En arrivant à l'auberge, dans un Temperance-hôtel, je trouve sur la table de la maîtresse de la maison, parmi divers romans moraux et livres pieux, un traité apologétique en faveur des *revivals*. On y justifie les exclamations, les évanouissements et autres explosions passionnées. « Dans le monde le plus choisi, une mère, un père, en présence d'un fils qu'ils croyaient perdu, s'écrient, défaillent de joie, et personne ne blâme leur transport comme inconvenant ; combien plus légitime est celui de l'âme qui tout d'un coup se sent sauvée, rachetée par la grâce ! » Dans le journal, un clergyman réprimande Walter Scott qui, par ses romans, a jeté de la défaveur sur les covenantaires. — A mon sens, le protestantisme presbytérien est le poëme qui convient ici, triste, grandiose, borné, excellent pour replier l'homme sur lui-même, pour l'attacher au travail et lui faire supporter la vie.

A l'office, le dimanche, ni tableaux, ni statues, ni musique instrumentale. L'église est une simple salle d'assemblée, munie de bancs, pourvue d'une galerie au premier étage, très-convenable pour des conférences publiques ; en effet, le service divin n'est guère ici qu'une conférence de morale. Le texte du ministre est « que nous devons opérer nous-mêmes notre salut[1], » ne pas attendre de secours étranger, faire effort, agir par nous-mêmes ; Dieu nous aidera, nous donnera sa grâce, non pas à cause de notre effort (elle est gratuite), mais en proportion de notre effort. Sermon bien dit, sobrement, sensément, sans phrases, ni cris. Quoiqu'un peu abstrait, le précepte est pratique et peut éveiller des réflexions, un raisonnement personnel dans quelques têtes, surtout en hiver ou par la pluie. Suivre et poursuivre un tel raisonnement, avec l'aide du texte évangélique ou biblique, est une occupation qui élève l'esprit, et provoque un travail de la conscience. — Outre le sermon, le service comprend une lecture de certains textes tirés de la Bible, notamment de saint

---

[1] We must work out our salvation.

Paul, des prières en prose récitées tout haut, des psaumes et hymnes chantés par la congrégation. Les prières et les hymnes sont correctement plates et assez modernes ; on n'a vraiment su parler à Dieu que dans le grand siècle littéraire, de Shakespeare à Milton. Mais les psaumes, quoique traduits faiblement, se soutiennent par la force du sentiment et du souffle ; encore, aujourd'hui, une âme troublée, et qui se sent responsable, peut les comprendre ; ils sont le dialogue du cœur humain et du Juge éternel, seuls à seuls et face à face. Par eux, au milieu de la théologie disputeuse, de la prédication aride et du travail monotone, le sentiment moral s'épanouit en une fleur poétique. Ce n'est pas trop d'en avoir une, une seule, dans une religion dont les usages et les dogmes ressemblent à une haie d'épines. — Figures recueillies des assistants ; on me dit que l'Écosse est encore plus religieuse que l'Angleterre ; le presbytérianisme, si rigide, n'y a pas paru assez rigide. En 1843, plusieurs jugèrent que la nomination du ministre par le patron était contraire à la loi de Dieu ; ainsi se forma l'Église libre, entretenue par les dons volontaires des fidèles. En quelques années, elle est devenue l'égale de l'Église établie. Présentement, elle a 330,000 livres sterling de revenu, elle a fondé 700 écoles, elle a un parti dans chaque village. Par le peu d'importance du point débattu, par l'énergie de la séparation effectuée, par la promptitude, la grandeur et les dépenses de l'œuvre, mesurez la susceptibilité théologique et le zèle des contribuables. — Même remarque pour l'observation du dimanche ; comparé à celui d'Edimbourg, celui de Londres est agréable.

Le paysage autour de nous est bien fin et bien joli ;

le sol semble médiocre, mais les cultures n'ont pas la régularité artificielle de l'Angleterre. La nature plus rude se prête moins à la discipline ; elle est accidentée et plairait à un peintre. Les fleurs abondent, délicates, mignonnes, surtout les roses sauvages qui s'épanouissent aux flancs de tous les chemins. De petites rivières claires et murmurantes courent au hasard à travers les prairies. Sur les versants, des bruyères violettes s'étalent comme un tapis de soie sous des pins clair-semés. Plus haut sont de grands pans de forêts toujours vertes, et, sitôt qu'on approche de la montagne, on voit à l'horizon un cercle brun de hauteurs stériles. — Au bout d'une heure, c'est le désert ; le climat est hostile à toute vie, même à celle des plantes. Un lac, couleur de topaze brûlée, dort froid et morne entre des versants pierreux où poussent çà et là des touffes de jonc et de bruyères. Une demi-lieue plus haut, un second lac, dans le brouillard qui monte, est encore plus morne. Alentour, des plaques de neige marbrent les cimes et descendent en ruisseaux qui font des fondrières. Les petits chevaux du pays, avec un instinct sûr, gravissent la lande, et nous voici sur une hauteur d'où la vue, aussi loin qu'elle peut porter, n'embrasse qu'un amphithéâtre de sommets désolés et pourtant verdâtres ; par la destruction des bois, tout a péri ; une nature ruinée est plus lugubre à contempler que toutes les ruines humaines. — Au retour, sur le lac, un joueur de cornemuse sonne de son instrument. Musique étrange et sauvage, dont l'effet s'accorde avec l'aspect des eaux clapotantes, toutes veinées de reflets éclatants ou sombres. Un même petit motif, sorte d'air de danse, grimpe à travers tous les tons, faussement, bizarrement, et revient sans cesse, mais toujours aigre et âpre; on dirait d'une orange rabougrie par le froid et devenue amère.

Ce sont là les Highlands. De Brœmar à Perth, pendant de longues lieues, on les traverse encore. Toujours la solitude; quelquefois cinq ou six vallées de suite sont tout à fait nues, et l'on voyage une heure sans rencontrer un arbre; puis, pendant une heure encore, c'est à peine si l'on aperçoit de loin un pauvre bouleau tordu, qui meurt ou qui est mort. Au moins, si le roc était nu et montrait la structure minérale dans toute son énergie et sa rudesse! Mais les montagnes, médiocrement hautes, ne sont que des bosses aux formes mollasses, effondrées en fragments, en cailloux qui ressemblent aux débris d'une carrière. L'hiver, les chutes d'eau déracinent la bruyère et laissent sur les versants une cicatrice lépreuse, blanchâtre, mal roussie par le soleil trop pâle. Les sommets sont tronqués, sans audace. Une misérable verdure fait des traînées sur leurs flancs et marque le suintement des sources; la bruyère brunâtre couvre le reste. Tout en bas, dans le fond de la vallée, un torrent encombré de pierres se débat dans son goulot, ou s'attarde en mares stagnantes. On découvre parfois une chaumière avec une vache rabougrie. Le ciel gris, bas, achève l'impression de monotonie lugubre.

La voiture gravit une dernière montagne. Voici enfin une pente abrupte, un grand mur de roc, mais c'est l'unique. — On redescend, on entre dans la contrée habitable. La culture gagne les fonds, ensuite les versants; les pentes se reboisent, puis des montagnes entières; des forêts de pins étendent sur les croupes leur manteau sombre. Les champs d'avoine et d'orge s'élargissent; on voit de jolis bouquets de bois, des maisons entourées de jardins et de fleurs, puis, sur les collines amollies, toutes les variétés de la culture ; çà et là un parc, un château moderne. Le soleil se dégage et luit gaiement sans ardeur; la plaine s'ouvre, fertile, abondante en promesses de commodité et d'agréments, et l'on entre à Perth, en pensant aux descriptions historiques de Walter Scott, au contraste de la montagne et de la plaine, aux injures et aux dédains que se renvoyaient l'homme des hautes terres et l'homme des basses terres. — De Perth à Édimbourg, le paysage reste gracieux et varié. Plus ondulée, plus découpée, plus maigre que l'Angleterre, l'Écosse est plus pittoresque ; la nature, moins uniforme et moins maniable, n'y est pas une simple fabrique de lait et de viande.

De même Édimbourg comparé à Londres. — Au lieu d'une ville régulière, moderne, en plaine, le rendez-vous du négoce, du confortable et du luxe, on trouve une vieille cité pleine de contrastes, épandue sur trois vallées et sur plusieurs hautes collines, où les rues escarpées, les hautes maisons, les empreintes multipliées du passé font partout des perspectives inattendues. Un château féodal se dresse sur un des sommets. De là, en descendant vers Holyrood, sur les flancs de la rue, des ruelles antiques plongent en pente abrupte vers les bas-fonds ; là, sont des allées et des enceintes (*lanes and closes*), véritables taudis du moyen âge, dont les murailles noircies par la pluie et la fumée gardent leur lèpre depuis quatre cents ans. Des tourelles rondes ou carrées s'y accrochent et surplombent. Les étroites fenêtres, baroques, biscornues, sont grillées comme les soupiraux d'une prison. Des escaliers de pierre, bas et suintants, s'enroulent dans l'obscurité intérieure, parmi des ombres rampantes dont un rayon de lumière fait sentir la profondeur. On voit sur les marches des tas d'enfants pieds-nus, au crâne blanc, des hommes accroupis qui mangent ; cela rappelle les formes fantastiques, les demi-ténèbres, les étranges hôtes qui peuplent les celliers de Rembrandt.

Quantité de statues, de monuments gothiques et surtout grecs, deux galeries de tableaux. — Carlton-Hill, avec sa colonnade et ses deux ou trois petits temples, tâche d'être une acropole, et la cité savante, lettrée, philosophique se dit l'Athènes du Nord. Mais quel disparate ici que l'architecture antique ! La brume pâle, fouettée par le vent, flotte et s'éparpille de toutes parts. Les profils des édifices sont noyés dans la vapeur, ou se détachent faiblement sous un jour malade. Un voile de vapeur traîne sur la pente verte de Carlton-Hill, et s'entortille autour de ses colonnes. Le climat répugne à ces formes du pays sec et chaud, et les besoins, les goûts, les mœurs de l'homme y répugnent encore davantage. — Par exemple, ici, la tentation principale est d'être ivrogne, et les sociétés de tempérance la combattent par un mélange d'idées bibliques et de raisonnements utilitaires. A cet effet, on voit sur des affiches deux figures expressives : l'une représentant « un homme » (*a man*), le travailleur ; l'autre, représentant « une chose » (*a thing*), l'ivrogne ; au-dessous sont des conseils appropriés. Six pence par jour de bière et de tabac font tant au bout de l'année, et l'on démontre, chiffres en main, qu'avec cette somme on eût pu acheter telles pièces de literie ou d'ameublement, tant de paires de souliers, tant de chemises, outre cela le livre indispensable, « une bible de famille. » Ce calcul et cette mention de Bible sont des traits de caractère. Quand on entre ensuite dans le Musée et qu'on y regarde les trois ou quatre grands Van Dyck, un Garofalo, un Véronèse, surtout deux esquisses de femmes par Tintoret, on se sent à l'autre bout du monde.

Au sortir d'Édimbourg, sur la gauche, on voit la mer encadrée de montagnes lointaines ; par degrés elles s'abaissent et font une bordure délicate, ouvragée, autour de la grande eau qui brille. — Berwick passe, gai et pittoresque sous ses toits rouges, avec son port tranquille où dorment quelques navires. Plus loin, c'est Newcastle, dont la houille n'a qu'à descendre dans les navires pour approvisionner les côtes de la mer du Nord ; ville de charbon et d'usines, noire et fumeuse, triste comme une prison. — Sur tout le trajet, la campagne est plate, presque dépourvue d'arbres et de haies ; parfois cependant, une petite crique boisée abrite un hameau. — Mais, d'un bout à l'autre du voyage, la mer est en vue et le train rase la côte, tantôt enfermé dans une rainure de roches, tantôt surplombant. Le cœur se dilate devant cette immense nappe luisante ; la ligne indistincte, régulière va rejoindre le bas du ciel ; de petits monticules d'écume parsèment son azur de leurs taches blanches. Deux ou trois navires à distance planent comme des oiseaux. Au-dessus, le grand ciel pâle arrondit son arche, et l'on oublie le spectacle agité de la fourmilière humaine, en sentant de nouveau le calme, la simplicité, la divine immutabilité des choses...

... York, le matin. Une rivière gracieuse et limpide fuit doucement entre des lignes de tours gothiques ; plus loin est un pont, un amas de bateaux noirs ; on traverse l'eau dans un bac ; personne dans les rues ;

l'air arrive aux joues aussi frais que dans la campagne. On longe d'antiques maisons dont chaque étage surplombe l'étage inférieur; on voit des arcatures basses, des portes cintrées et bosselées de gros clous. L'herbe pousse entre les pavés ; sur une place, auprès de la cathédrale, des arbres séculaires étendent leurs dômes de feuillage. Tout est vert, propre, paisible, imprégné d'antiquité, comme dans une ville flamande. L'énorme et vénérable cathédrale ajoute encore à la ressemblance. Intact au dehors, le colosse gothique se dresse plus haut et plus large que Notre-Dame, avec une puissance massive, sous les trois tours qui le chargent. Au dedans, les iconoclastes de la Réforme l'ont dépouillé ; il est blanchi à la chaux, nu et triste. De l'ancienne ornementation, il ne reste que la clôture du chœur, un labyrinthe de dentelures, de statuettes, de pendentifs, de petites chaires sculptées, qui enchevêtrent leurs formes avec une fantaisie délicate et prodigue. Que ces vieilles villes reposées sont charmantes! — Mais, dans la rapidité du voyage, tous ces spectacles passent devant l'esprit comme autant de décors...

... Dernière journée, de York à Londres Il faut faire son métier jusqu'au bout ; je reste en troisième classe, pendant neuf heures, pour bien voir les gens du peuple. Les deux types les plus frappants sont ceux que j'ai déjà rencontrés ; l'homme robuste et l'homme déjà fatigué, l'un avec le torse et la carrure d'un athlète, la face rougeaude, les favoris roux, avec des yeux de taureau, un geste rude, une physionomie boudeuse ou menaçante qui pourtant tourne parfois à la bonté, lorsqu'un sourire la traverse ou qu'on lui adresse poliment la parole ; l'autre, aux yeux clignotants, aux traits tirés, serré jusqu'à étrangler dans sa cravate, à la fois usé et roidi. — Je vois des gens de la campagne ; aucun d'eux n'a la tournure et la mine de nos paysans, cet air avisé, défiant, et pourtant ahuri, qui annonce une autre espèce, un descendant des corvéables, un ancien fellah, une race intelligente, mais inculte, encore parente de la glèbe, à laquelle elle s'attache de tout cœur et borne toute sa pensée. Les villageois qui montent aux petites stations semblent plutôt des ouvriers ou des demi-bourgeois ; en effet, en Angleterre, une ferme est une usine comme les autres, employant des journaliers et des contre-maîtres. De York à Londres, le paysage confirme cette idée : un carré de verdure dans une haie, puis un autre, et ainsi de suite, toujours par grandes étendues, avec une régularité monotone, sans aucun de ces accidents qui annoncent la petite propriété et la petite culture.

Dans le même wagon que moi est une famille de Newcastle, le mari, la femme et sa mère, petits bourgeois assez bien habillés et de neuf. Ils vont à Venise par plaisir, et pourtant ils ne sont pas riches, puisqu'ils voyagent en troisième classe. Aller si loin, d'une façon si incommode, avec une dépense forcément lourde, cela indique une passion bien vive pour les voyages. Des ménages assez modestes, que je connais, emploient de la même façon tout leur excédant ; avec mille ou douze cents francs qui leur restent, ils vont chaque année sur le continent, en Hollande, en Norwége ; ils ne font point d'économies ; chaque année doit pourvoir à ses besoins et suffire à sa peine. — Mes trois voisins se préparent consciencieusement ; ils ont en main un Murray, un Manuel de phrases italiennes, un guide spécial et plein de chiffres pour le trajet des Alpes. La mère, en lunettes, respectable, silencieuse, impassible, se tient droite, avec une patience stoïque, sur son dur banc de bois. La femme étudie les phrases italiennes et cherche les mots dans un dictionnaire de poche. Son mari est un bon combattant dans la bataille de la vie moderne, actif, énergique, la figure trouée par la petite vérole, les yeux fixes et ardents. — Les singuliers visiteurs pour Venise! Gens sensés du reste, capables d'apprendre, et qui, s'ils ne goûtent pas la peinture, reviendront pourtant avec toutes sortes de renseignements, de notions utiles. — Depuis Glasgow, j'ai causé avec quantité de voisins de la classe moyenne ou inférieure, un commis voyageur, un peintre en bâtiments, des boutiquiers, des aubergistes. Ils ne bavardent jamais à vide; ils n'ont pas sur l'étranger des idées trop fausses; ils ne décident pas à tort et à travers; ils ne sont point indiscrets; ils ne sont point fanfarons; je leur ai toujours trouvé un fond d'idées honnêtes et raisonnables...

... Londres, Douvres et le bateau par la pluie. — De Londres à Douvres en première classe, un demi-gentleman propose à ses voisins un jeu de cartes où l'on parie; chaque coup est de cinq livres. Ils refusent d'abord, puis se laissent entraîner, et, naturellement, ils perdent. J'estime qu'en une heure l'homme au jeu de cartes a gagné cent cinquante livres. Ce qui était remarquable, c'était la figure des joueurs; pas un pli, pas un geste, pas une exclamation; l'orgueil concentre et réprime; mais on devinait l'attrait, la passion sourde et violente, l'obstination, la volonté de vaincre. L'un d'eux, gros et grand homme, à figure de bœuf immobile, doublait incessamment sa mise, et tirait ses banknotes avec l'air d'un combattant dans un assaut de boxe. Le risque leur plaît et fait sur leur esprit le même effet que l'eau-de-vie sur leur palais.

———

Un de mes amis revient en même temps que moi, et nous comparons nos résumés. Laquelle des deux civilisations vaut le mieux, celle de l'Angleterre ou celle de la France ? — Cela est trop vague, il faut distinguer et diviser :

Trois choses supérieures en Angleterre :

La constitution politique.—Elle est stable et ne court pas, comme la nôtre, le risque d'être violemment défaite et mal refaite tous les vingt ans. Elle est libérale et invite les particuliers à prendre part comme acteurs et collaborateurs aux affaires publiques, et non à les regarder en simples curieux. Elle en donne la direction à la classe supérieure, qui est la plus capable de les bien conduire et qui trouve en elles son emploi naturel, au lieu de s'étioler ou de se gâter faute de débouché comme chez nous. Elle se prête sans secousses à des améliorations continues, et aboutit en fait au bon gouvernement, celui qui respecte le plus l'initiative des individus et me' le pouvoir aux mains des plus dignes. Le 3 pour 100 anglais est à 96, les citoyens parlent et s'associent comme il leur plaît, il n'y a pas dans le monde une presse aussi bien informée, ni des assemblées aussi compétentes.

La religion. — Elle subordonne les rites et les dogmes à la morale. Elle prêche le *self-government*, l'autorité de la conscience, la culture de la volonté. Elle laisse une place assez large à l'interprétation et au sentiment personnel. Elle n'est pas décidément hostile à l'esprit des sciences modernes ni aux tendances du monde moderne. Ses prêtres sont mariés; elle fonde des écoles, elle recommande l'action, elle ne conseille pas l'ascétisme. Ainsi rapprochée du laïque, elle a de l'autorité sur lui; le jeune homme en entrant dans la vie, l'homme fait en fournissant sa carrière, se trouve jusqu'à un certain point contenu et guidé par un ensemble de croyances antiques, populaires, fortifiantes, qui lui fournissent une règle de conduite et une idée noble du monde. Chez nous, à vingt ans, obligé de se faire, de lui-même et par lui seul, cette idée et cette règle, il n'y parvient que tard, parfois incomplétement, ou point du tout.

La grandeur de la richesse acquise, jointe à la faculté plus grande de produire et d'acquérir.—Toute l'œuvre utile exécutée depuis des siècles s'est transmise et accumulée sans perte; l'Angleterre n'a pas subi d'invasion depuis huit cents ans, ni de guerre civile depuis deux cents ans. Son capital aujourd'hui est plusieurs fois plus grand que celui de la France. Les signes de confortable et d'opulence y sont plus nombreux qu'en aucun pays du monde. Voyez dans les statistiques les relevés de son commerce, de son industrie, de son agriculture et de son gain annuel. — Ceci est vrai au moral aussi bien qu'au physique; non-seulement l'Anglais sait mieux que le Français conduire ses affaires publiques et privées, féconder son sol, améliorer son bétail, diriger une manufacture, défricher, coloniser et exploiter les pays lointains, mais encore il sait mieux se cultiver lui-même. Si l'on ne considère que l'élite, on trouvera, ce semble, en France, des esprits égaux, sauf en ce qui touche la politique, aux plus grands esprits de l'Angleterre, peut-être même quelques esprits supérieurs, de portée plus vaste et plus philosophique, à la fois plus compréhensifs et plus délicats. Mais la majorité des esprits moyens, un gentleman de province, un clergyman ordinaire, possède ici une instruction plus étendue et plus solide. Certainement, sa cervelle est mieux meublée, son mobilier intellectuel est moins suranné et moins incomplet. Surtout, le nombre des hommes suffisamment informés et capables d'avoir un avis en matière politique est plus grand. Comparez notre clergyman, notre gentleman anglais à un bourgeois et à un curé de France, ou bien encore regardez tour à tour le pain quotidien de leurs intelligences, le journal anglais et le journal français, surtout une gazette française de petite ville et une gazette anglaise de petite ville : la distance est excessive. Or ce n'est pas la petite élite, c'est la majorité moyenne qui donne le ton, dicte l'opinion, mène les affaires.

En revanche, trois choses sont meilleures en France :

Le climat. — Ceci est trop évident, mais, à moins d'expérience personnelle et de réflexion prolongée, on ne peut imaginer combien six ou huit degrés de latitude en moins épargnent de misères au corps et de tristesses à l'âme.

La distribution de la richesse. — Il y a quatre ou cinq millions de propriétaires en France, et les successions se partagent entre les enfants par portions égales.

A prendre les choses en gros, nos institutions, nos instincts, nos habitudes se réunissent pour faire que personne n'ait un trop gros morceau et que tous en aient un petit. Beaucoup vivent mesquinement, mais presque tous peuvent vivre sans trop de peine. Les misérables sont moins misérables. Le travailleur qui n'a que ses bras ne sent pas au-dessous de lui un abîme horrible, un cloaque noir et sans fond où un accident, un chômage, une maladie peut l'engloutir, lui et sa famille ; ayant moins de besoins et moins d'enfants, il porte un poids moins lourd ; d'ailleurs, la misère l'abrutit moins, et il est moins ivrogne.

La vie de famille et de société. — Plusieurs circonstances la rendent plus aisée et plus agréable. D'abord le naturel est plus gai, plus communicatif et plus liant. Ensuite l'égalité entière ou presque entière établie par la loi ou par l'usage entre les parents et les enfants, entre l'aîné et le cadet, entre le mari et la femme, entre le noble et le roturier, entre le riche et le pauvre, supprime bien des contraintes, réprime bien des tyrannies, prévient bien des insolences, adoucit bien des frottements. En France, dans le petit cercle domestique, on s'épanche, on se livre tout entier, on s'unit pour passer librement et affectueusement la vie ensemble ; dans le grand cercle social, on cause, on se livre à demi, on se rencontre pour passer librement et gaiement une heure ensemble. Moins de gêne à domicile et chez autrui, la bienveillance et la politesse remplacent la subordination avec avantage. A mon sens, chez nous, une créature humaine sent moins souvent et moins lourdement sur sa tête la main rude et despotique d'une autre créature humaine. — Dernière cause d'expansion : on peut tout dire en conversation, aller jusqu'au bout de son récit ou de sa théorie. Le roman, la critique, l'art, la philosophie, la grande curiosité ne subissent pas chez nous les entraves que la religion, la morale et les convenances officielles leur imposent de l'autre côté de la Manche. On pense à Paris plus librement, avec un désintéressement plus entier, d'une façon toute abstraite, sans se préoccuper de l'application, sans avoir à craindre les foudres de la réprobation publique.

En somme, ces différences contribuent toutes à rendre l'Anglais plus fort et le Français plus heureux. L'habit du premier est plus solide, celui du second est plus commode. Le premier a raison d'élargir son vêtement qui le gêne aux entournures ; le second ferait bien d'éviter les mouvements brusques qui peuvent faire craquer son étoffe fragile. Mais il me semble que chacun d'eux a le genre d'habit qu'il préfère.

FIN.

NOTES

Page 153.

(1) 5 *halls*, 19 colléges anciens et un nouveau, *Kemble-college*, dont on achève la construction.

(2) On estime que le revenu total des colléges et de l'Université d'Oxford est de 500,000 livres sterling; que celui des colléges de Cambridge dépasse 184.000 livres sterling. — Oxford, en 1854, comptait 540 *fellowships*. — Oxford et Cambridge réunis comptent maintenant environ 800 *fellowships* et 900 *scholarships*. — Les unes et les autres sont des primes obtenues au concours par les étudiants les plus appliqués et les plus distingués. (Demogeot et Montucci.)

Page 154.

(1) Aujourd'hui 1800, et à Cambridge 2000. (*De l'Enseignement supérieur en Angleterre et en Écosse*, par MM. Demogeot et Montucci, in-4, 1870.) — Pour l'exposition détaillée et complète de l'instruction supérieure en Angleterre, il faut toujours renvoyer à cet excellent livre.

Page 156.

(1) « Il est bien entendu, dit un maître, que ce grade qu'on leur confère n'implique aucun degré de culture intellectuelle et qu'il a seulement une valeur sociale. C'est une déclaration attestant que le porteur a pu sacrifier, non-seulement l'argent, mais le temps nécessaire pour vivre trois ans parmi des *gentlemen*, sans rien faire, ce qui est le privilége d'un *gentlemen*. Telle est la signification réelle de ces deux lettres B. A. (*Bachelor of arts*). » — A Oxford, on compte 70 *pass-men* contre 30 *class-men*. (Demogeot et Montucci, p. 151 et 175.)

Page 158.

(1) Aujourd'hui, les *servitors* à Oxford et les *sizers* à Cambridge ne sont plus assujettis à aucun office domestique.

Page 160.

(1) « Je voudrais, disait un maître dans une enquête, que le public comprît clairement ce que signifie le diplôme de bachelier ès arts. Ce grade veut dire, non pas que le porteur a passé d'une manière satisfaisante un certain examen, mais qu'il a été pendant un certain temps soumis à certaines influences sociales, morales et disciplinaires, que je regarde et que le public regarde comme importantes. » (Demogeot et Montucci, p. 63.)

Page 162.

(1) La plupart des étudiants ne travaillent, quand ils travaillent, que de dix heures du matin à deux heures de l'après-midi ; c'est qu'ils ont la manie athlétique. « Ces exercices, dit M. Mark Pattison, ne sont plus des amusements, ils sont organisés en un système d'occupation sérieuse. Aussitôt que commence la belle saison, les colléges sont désorganisés. C'en est fait de l'étude et même de l'apparence de l'étude ; désormais on ne pense qu'au jeu. De neuf à dix heures, on fait un déjeuner chaud, suivi d'un tranquille *far niente;* cela s'appelle l'exercice préparatoire (*training*). A midi, le char-à-bancs qui doit emporter les joueurs au champ du cricket commence sa ronde, et le travail de la journée est fini. J'ai dit que l'année académique, avec le système actuel, est de 168 jours. Elle est plus courte en réalité ; il en faut déduire quelques cinq ou six semaines du trimestre d'été, qui doivent passer au compte des vacances. » (Demogeot et Montucci, *ibid.*, p. 77.)

Page 164.

(1) On admet maintenant à Oxford des externes libres, quoique surveillés ; c'est pour ouvrir l'accès des grades aux étudiants laborieux et pauvres. On a calculé que les dépenses indispensables à un externe économe peuvent se réduire à 1200 francs pour les six mois de l'année scolaire. Au contraire, d'après les commissaires de la reine, un père de famille doit s'estimer heureux, si les dépenses de son fils, pensionnaire dans un collége, ne dépassent pas 5000 francs par an (Demogeot et Montucci 26, 86, 97.)

TABLE DES MATIÈRES

Préface . . . . vij
Chapitre I. — Les dehors 1
— II. — Les types. 54
— III. — Mœurs et intérieurs 89
— IV. — L'éducation 135
— V. — La société et le gouvernement 171
— VI. — Promenades dans Londres 249
— VII. — Manufactures et ouvriers 291
— VIII. — De l'esprit anglais 325
— IX. — Un tour en Angleterre 373

38544. — PARIS, IMPRIMERIE LAHURE
9, rue de Fleurus, 9.

LIBRAIRIE HACHETTE ET Cⁱᵉ
BOULEVARD SAINT-GERMAIN, 79, A PARIS

LES
GRANDS ÉCRIVAINS FRANÇAIS
ÉTUDES SUR LA VIE
LES ŒUVRES ET L'INFLUENCE DES PRINCIPAUX AUTEURS
DE NOTRE LITTÉRATURE

Notre siècle a eu, dès son début, et léguera au siècle prochain un goût profond pour les recherches historiques. Il s'y est livré avec une ardeur, une méthode et un succès que les âges antérieurs n'avaient pas connus. L'histoire du globe et de ses habitants a été refaite en entier; la pioche de l'archéologue a rendu à la lumière les os des guerriers de Mycènes et le propre visage de Sésostris. Les ruines expliquées, les hiéroglyphes traduits ont permis de reconstituer l'existence des illustres morts, parfois de pénétrer jusque dans leur âme.

Avec une passion plus intense encore, parce qu'elle était mêlée de tendresse, notre siècle s'est appliqué à faire revivre les grands écrivains de toutes les littératures, dépositaires du génie des nations, interprètes de la pensée des peuples. Il n'a pas manqué en France d'érudits pour s'occuper de cette tâche; on a publié les œuvres et débrouillé la biographie de ces hommes fameux que nous chérissons comme des ancêtres et qui ont contribué, plus même que les princes et les capitaines, à la formation de la France moderne, pour ne pas dire du monde moderne.

Car c'est là une de nos gloires, l'œuvre de la France a été accomplie moins par les armes que par la pensée, et l'action de notre pays sur le monde a toujours été indépendante de ses triomphes militaires : on l'a vue prépondérante aux heures les plus douloureuses de l'histoire nationale. C'est pourquoi les maîtres esprits de notre littérature intéressent non seulement leurs descendants directs, mais encore une nombreuse postérité européenne éparse au delà des frontières.

Beaucoup d'ouvrages, dont toutes ces raisons justifient du reste la publication, ont donc été consacrés aux grands écrivains français. Et cependant ces génies puissants et charmants ont-ils dans le monde la place qui leur est due ? Nullement, et pas même en France.

Nous sommes habitués maintenant à ce que toute chose soit aisée ; on a clarifié les grammaires et les sciences comme on a simplifié les voyages ; l'impossible d'hier est devenu l'usuel d'aujourd'hui. C'est pourquoi, souvent, les anciens traités de littérature nous rebutent et les éditions complètes ne nous attirent point : ils conviennent pour les heures d'étude qui sont rares en dehors des occupations obligatoires, mais non pour les heures de repos qui sont plus fréquentes. Aussi, les œuvres des grands hommes complètes et intactes, immobiles comme des portraits de famille, vénérées, mais rarement contemplées, restent dans leur bel alignement sur les hauts rayons des bibliothèques.

On les aime et on les néglige. Ces grands hommes

semblent trop lointains, trop différents, trop savants, trop inaccessibles. L'idée de l'édition en beaucoup de volumes, des notes qui détourneront le regard, l'appareil scientifique qui les entoure, peut-être le vague souvenir du collège, de l'étude classique, du devoir juvénile, oppriment l'esprit; et l'heure qui s'ouvrait vide s'est déjà enfuie; et l'on s'habitue ainsi à laisser à part nos vieux auteurs, majestés muettes, sans rechercher leur conversation familière.

L'objet de la présente collection est de ramener près du foyer ces grands hommes logés dans des temples qu'on ne visite pas assez, et de rétablir entre les descendants et les ancêtres l'union d'idées et de propos qui, seule, peut assurer, malgré les changements que le temps impose, l'intègre conservation du génie national. On trouvera dans les volumes en cours de publication des renseignements précis sur la vie, l'œuvre et l'influence de chacun des écrivains qui ont marqué dans la littérature universelle ou qui représentent un côté original de l'esprit français. Les livres sont courts, le prix en est faible; ils sont ainsi à la portée de tous. Ils sont conformes, pour le format, le papier et l'impression, au spécimen que le lecteur a sous les yeux. Ils donnent, sur les points douteux, le dernier état de la science, et par là ils peuvent être utiles même aux spécialistes. Enfin une reproduction exacte d'un portrait authentique permet aux lecteurs de faire, en quelque manière, la connaissance physique de nos grands écrivains.

En somme, rappeler leur rôle, aujourd'hui mieux

connu grâce aux recherches de l'érudition, fortifier leur action sur le temps présent, resserrer les liens et ranimer la tendresse qui nous unissent à notre passé littéraire; par la contemplation de ce passé, donner foi dans l'avenir et faire taire, s'il est possible, les dolentes voix des découragés : tel est notre objet principal. Nous croyons aussi que cette collection aura plusieurs autres avantages. Il est bon que chaque génération établisse le bilan des richesses qu'elle a trouvées dans l'héritage des ancêtres, elle apprend ainsi à en faire meilleur usage; de plus, elle se résume, se dévoile, se fait connaître elle-même par ses jugements. Utile pour la reconstitution du passé, cette collection le sera donc peut-être encore pour la connaissance du présent.

Avril 1897. J. J. JUSSERAND.

LIBRAIRIE HACHETTE ET Cie
BOULEVARD SAINT-GERMAIN, 79, A PARIS

LES
GRANDS ÉCRIVAINS FRANÇAIS

ÉTUDES

SUR LA VIE, LES ŒUVRES ET L'INFLUENCE
DES PRINCIPAUX AUTEURS DE NOTRE LITTÉRATURE

Chaque volume in-16, orné d'un portrait en héliogravure, broché. 2 fr.

LISTE DANS L'ORDRE DE LA PUBLICATION

DES **41** VOLUMES PARUS

(Novembre 1898)

VICTOR COUSIN, *par M. JULES SIMON*
de l'Académie française.

MADAME DE SÉVIGNÉ, *par M. GASTON BOISSIER*
secrétaire perpétuel de l'Académie française.

MONTESQUIEU, *par M. ALBERT SOREL*
de l'Académie française.

GEORGE SAND, *par M. E. CARO*
de l'Académie française

TURGOT, *par M. LÉON SAY*
de l'Académie française.

THIERS, *par M. P. DE RÉMUSAT*
sénateur, membre de l'Institut.

D'ALEMBERT, *par M. JOSEPH BERTRAND*
de l'Académie française,
secrétaire perpétuel de l'Académie des sciences.

MADAME DE STAEL, *par M. ALBERT SOREL*
de l'Académie française.

THÉOPHILE GAUTIER, *par M. MAXIME DU CAMP*
de l'Académie française.

BERNARDIN DE SAINT-PIERRE,
par M. ARVÈDE BARINE

MADAME DE LAFAYETTE,
par M. le comte D'HAUSSONVILLE
de l'Académie française.

MIRABEAU, *par M. EDMOND ROUSSE*
de l'Académie française.

RUTEBEUF, *par M. CLÉDAT*
professeur de Faculté.

STENDHAL, *par M. ÉDOUARD ROD.*

ALFRED DE VIGNY,
par M. MAURICE PALÉOLOGUE.

BOILEAU, *par M. G. LANSON.*

CHATEAUBRIAND, par M. de LESCURE.

FÉNELON, par M. PAUL JANET
membre de l'Institut.

SAINT-SIMON, par M. GASTON BOISSIER
secrétaire perpétuel de l'Académie française.

RABELAIS, par M. RENÉ MILLET.

J.-J. ROUSSEAU, par M. ARTHUR CHUQUET
professeur au Collège de France.

LESAGE, par M. EUGÈNE LINTILHAC

VAUVENARGUES, par M. MAURICE PALÉOLOGUE.

DESCARTES, par M. ALFRED FOUILLÉE
membre de l'Institut.

VICTOR HUGO, par M. LÉOPOLD MABILLEAU
professeur de Faculté.

ALFRED DE MUSSET, par M. ARVÈDE BARINE.

JOSEPH DE MAISTRE, par M. GEORGE COGORDAN.

FROISSART, par Mme MARY DARMESTETER.

DIDEROT, par M. JOSEPH REINACH.

GUIZOT, par M. A. BARDOUX
membre de l'Institut.

MONTAIGNE, *par M. PAUL STAPFER*
professeur de Faculté.

LA ROCHEFOUCAULD, *par M. J. BOURDEAU.*

LACORDAIRE, *par M. le comte D'HAUSSONVILLE*
de l'Académie française.

ROYER-COLLARD, *par M. E. SPULLER.*

LA FONTAINE, *par M. G. LAFENESTRE*
membre de l'Institut.

MALHERBE, *par M. le duc DE BROGLIE*
de l'Académie française.

BEAUMARCHAIS, *par M. ANDRÉ HALLAYS.*

MARIVAUX, *par M. GASTON DESCHAMPS.*

RACINE, *par M. GUSTAVE LARROUMET*
membre de l'Institut.

MÉRIMÉE, *par M. AUGUSTIN FILON.*

CORNEILLE, *par M. C. LANSON.*

(*Divers autres volumes sont en préparation.*)

Paris. — Imp. Lahure, rue de Fleurus, 9

Librairie HACHETTE et Cie, boulevard Saint-Germain, 79, à Paris.

BIBLIOTHÈQUE VARIÉE, IN-16, 3 FR. 50 LE VOLUME
Études sur les littératures française et étrangères

ALBERT (Paul) : *La poésie*, études sur les chefs-d'œuvre des poètes de tous les temps et de tous les pays; 9e édit. 1 vol.
— *La prose*, études sur les chefs-d'œuvre des prosateurs de tous les temps et de tous les pays; 7e édition. 1 vol.
— *La littérature française, des origines à la fin du XVIe siècle*; 8e édition. 1 vol.
— *La littérature française au XVIIe siècle*; 8e édition. 1 vol.
— *La littérature française au XVIIIe siècle*; 7e édition. 1 vol.
— *La littérature française au XIXe siècle*; les origines du romantisme; 5e édit. 2 vol.
— *Variétés morales et littéraires*. 1 vol.
— *Poètes et poésies*; 2e édition. 1 vol.
BERTRAND (J.), de l'Académie française : *Éloges académiques*. 1 vol.
BOSSERT (A.), inspecteur général de l'instruction publique : *La littérature allemande au moyen âge et les origines de l'épopée germanique*; 3e édition. 1 vol.
— *Gœthe et Schiller*; 3e édition. 1 vol.
— *Gœthe, ses précurseurs et ses contemporains*; 3e édition. 1 vol.
BRUNETIÈRE : *Études critiques sur l'histoire de la littérature française*. 5 vol.
— *L'évolution des genres dans l'histoire de la littérature*. 1 vol.
— *L'évolution de la poésie lyrique en France au XIXe siècle*. 2 vol.
CARO : *La fin du XVIIIe siècle* : études et portraits; 2e édition. 2 vol.
— *Mélanges et portraits*. 2 vol.
— *Poètes et romanciers*. 1 vol.
— *Variétés littéraires*. 1 vol.
DELTOUR, inspecteur général de l'instruction publique : *Les ennemis de Racine au XVIIe siècle*. 4e édition. 1 vol.
Ouvrage couronné par l'Académie française.
DESPOIS (E.) : *Le théâtre français sous Louis XIV*; 3e édition. 1 vol.
FILON (Aug.) : *Mérimée et ses amis*. 1 vol.
GRÉARD (Oct.) : *Edmond Scherer*. 1 vol.
— *Prévost Paradol*. 1 vol.
LA BRIÈRE (L. de) : *Madame de Sévigné en Bretagne*; 2e édition. 1 vol.
Ouvrage couronné par l'Académie française.
LARROUMET (G.), de l'Institut : *Marivaux, sa vie et ses œuvres*; nouvelle édition. 1 vol.
Ouvrage couronné par l'Académie française.
— *La comédie de Molière*; 4e édition. 1 vol.
— *Études d'histoire et de critique dramatiques*. 1 vol.
— *Études de littérature et d'art*. 1 vol.
— *Nouvelles études de littérature et d'art*.
LE BRETON : *Le roman au XVIIe siècle*. 1 vol.
LENIENT, professeur à la Faculté des lettres de Paris : *La satire en France au moyen âge*, 4e édition. 1 vol.
Ouvrage couronné par l'Académie française.

LENIENT (suite) : *La satire en France au XVIe siècle*; 3e édition. 2 vol.
— *La comédie en France au XVIIIe siècle*. 2 vol.
— *La poésie patriotique en France au moyen âge et dans les temps modernes*. 3 v.
LICHTENBERGER : *Étude sur les poésies lyriques de Gœthe*; 2e édition. 1 vol.
Ouvrage couronné par l'Académie française.
MÉZIÈRES (A.), de l'Académie française : *Shakespeare, ses œuvres et ses critiques*; 4e édit. 1 vol.
— *Prédécesseurs et contemporains de Shakespeare*; 3e édition. 1 vol.
— *Contemporains et successeurs de Shakespeare*; 3e édition. 1 vol.
Ouvrages couronnés par l'Académie française.
— *En France* : XVIIIe et XIXe siècles; 2e édition. 1 vol.
— *Hors de France* : Italie, Espagne, Angleterre, Grèce moderne; 2e éd. 1 vol.
— *Vie de Mirabeau*. 1 vol.
MONTÉGUT (E.) : *Poètes et artistes de l'Italie*. 1 vol.
— *Types littéraires et fantaisies esthétiques*. 1 vol.
— *Essais sur la littérature anglaise*. 1 vol.
— *Nos morts contemporains*. 2 vol.
— *Les écrivains modernes de l'Angleterre*. 3 vol.
— *Livres et âmes des pays d'Orient*. 1 vol.
— *Choses du Nord et du Midi*. 1 vol.
— *Mélanges critiques*. 1 vol.
— *Dramaturges et romanciers*. 1 vol.
— *Heures de lecture d'un critique*. 1 vol.
— *Esquisses littéraires*. 1 vol.
PARIS (G.) : *La poésie du moyen âge* (1re série). 1 vol.
PELLISSIER : *Le mouvement littéraire au XIXe siècle*; 3e édit. 1 vol.
PRÉVOST-PARADOL : *Études sur les moralistes français*, 7e édition. 1 vol.
SAINTE-BEUVE : *Port-Royal*; 5e édition, revue et augmentée. 7 vol.
STAPFER (P.) : *Molière et Shakespeare*. 1 vol.
Ouvrage couronné par l'Académie française.
— *Des réputations littéraires*. 1 vol.
TAINE (H.) : *Histoire de la littérature anglaise*; 8e édition. 5 vol.
— *La Fontaine et ses fables*; 13e édit. 1 vol.
— *Essais de critique et d'histoire*; 6e édit.
— *Nouveaux Essais de critique et d'histoire*; 5e édit. 1 vol.
— *Derniers essais de critique et d'histoire*.

Imprimerie LAHURE, 9, r

www.ingramcontent.com/pod-product-compliance
Lightning Source LLC
Chambersburg PA
CBHW051838230426
43671CB00008B/1000